高等院校“十三五”
网络与新媒体系列教材

微课版

网络新媒体导论

喻国明 曲慧 ◉ 编著

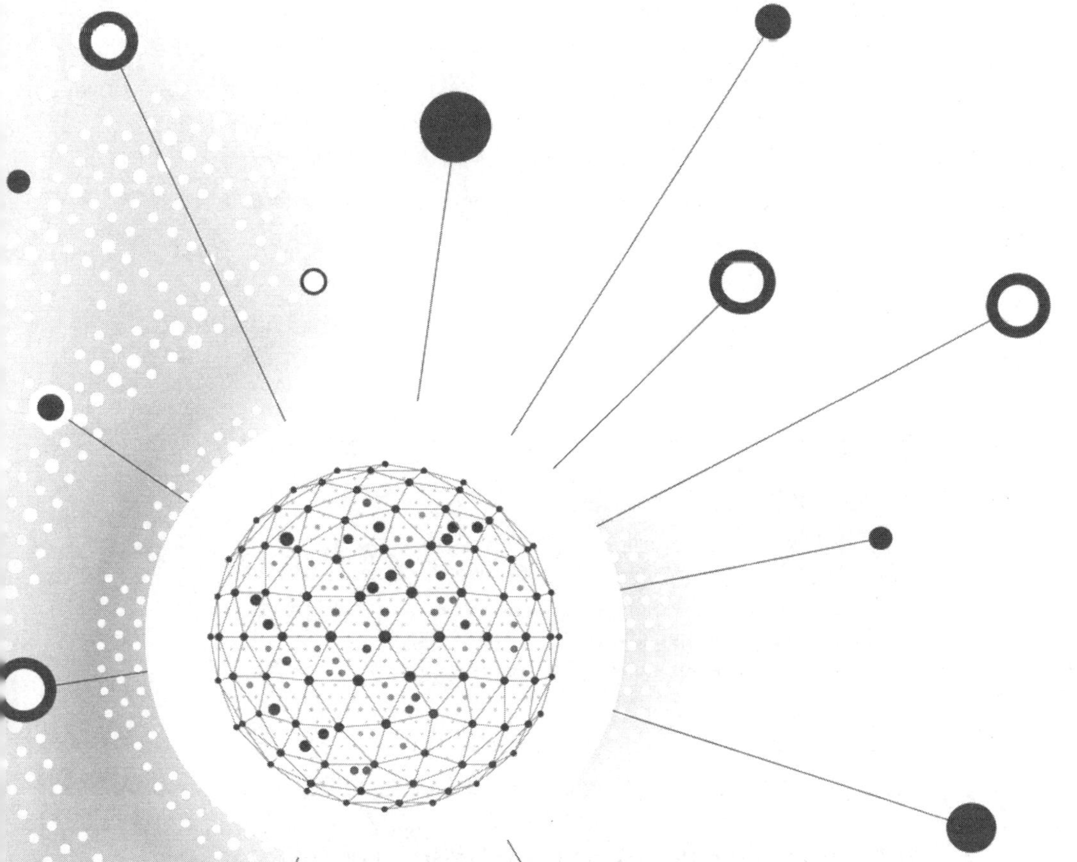

人民邮电出版社
北京

图书在版编目（CIP）数据

网络新媒体导论 ：微课版 / 喻国明，曲慧编著. --
北京 ：人民邮电出版社，2021.4（2021.12重印）
高等院校“十三五”网络与新媒体系列教材
ISBN 978-7-115-55586-1

Ⅰ. ①网… Ⅱ. ①喻… ②曲… Ⅲ. ①计算机网络－传播媒介－高等学校－教材 Ⅳ. ①G206.2

中国版本图书馆CIP数据核字(2020)第248873号

内 容 提 要

本书旨在系统介绍网络新媒体这一领域的基本概念、基础知识、历史变迁、前沿研究以及社会影响，梳理这一前沿学科的现有问题、思路和知识框架，并结合案例解读其在实际中的应用。本书共8章内容，分别是：网络新媒体的本质概念、网络新媒体系统、网络新媒体用户、网络新媒体技术、网络新媒体场景、网络新媒体经济、网络新媒体治理、网络新媒体前沿研究。

本书可作为“网络与新媒体”专业的基础课程教材，同时也可以作为新闻传播大类中的新闻学、传播学、广播电视学、广告学、编辑出版学、数字出版、时尚传播、国际新闻与传播学等专业的相关课程教材。

◆ 编　　著　喻国明　曲　慧
责任编辑　武恩玉
责任印制　李　东　胡　南

◆ 人民邮电出版社出版发行　　北京市丰台区成寿寺路 11 号
邮编　100164　　电子邮件　315@ptpress.com.cn
网址　https://www.ptpress.com.cn
大厂回族自治县聚鑫印刷有限责任公司印刷

◆ 开本：700×1000　1/16
印张：13.25　　2021 年 4 月第 1 版
字数：231 千字　　2021 年12月河北第 3 次印刷

定价：49.80 元

读者服务热线：(010)81055256　印装质量热线：(010)81055316
反盗版热线：(010)81055315
广告经营许可证：京东市监广登字 20170147 号

代序言

理解未来传播：基础法则与发展逻辑

喻国明[①]

我们正经历着“百年未遇之大变局”。所谓传播革命，就是传统发展方式与运作逻辑中断或终结时，新的传播现实需要我们用全新的理论逻辑与实践范式与之匹配。在新的发展时期，人们常常犯的错误大体上有两类。第一类是“菜鸟式”的错误——由于缺乏必要的学习，犯了别人已经犯过一百次、一千次的常识性错误，正所谓“菜鸟死于常识”。第二类是“老将式”的错误。正所谓“成也萧何，败也萧何”。在大势已变的情况下，固守老一套的做法，以不变应万变，这就犯了“刻舟求剑式”的错误。因此，如何站在时代发展的高点上深刻理解网络媒体的传播逻辑，用一种全新的传播范式去理解和把握未来的传播现象及传播发展的趋势，是我们撰写本书的初衷，希望它能够在一定程度上成为各位读者进入未来传播实践逻辑的一个阶引。

本书的序言将以简明扼要的方式谈谈我们对于当下的传播革命所带来的深刻改变的判断，以及我们对于未来传播的基本理解。

一、大势判断的基准线：影响中国传媒业发展的四大基本维度

1. 政策规制

在中国，党和政府的政策规制对传媒业的影响深刻而重大，它同样会继续

① 喻国明：中华人民共和国教育部长江学者特聘教授、北京师范大学新闻传播学院教授、中国新闻史学会传媒经济与管理研究委员会会长。

深刻地影响着整个互联网时代的发展逻辑和运作方式。任何产业的发展都要顺势而为，党和政府的中心工作就是中国发展的大势之一。传媒业尤其如此，所谓“风口”，其实并不仅存于市场产业发展的逻辑中，还包含在党和政府中心工作的逻辑中。

2. 市场产业

在中国，经济社会发展的总方针之一，就是要发挥市场在资源配置方面的决定性作用。市场产业对于媒介最大的一个作用，就是市场是一个高效率的、敏感的、具有响应机制的东西。市场产业发展的不同逻辑、不同阶段，对于何者为优势资源、何者为最有方向性的“风口”意义重大。尽管传媒业在我国属于具有意识形态属性的特殊产业，但再特殊的产业，其最为根本的属性也是产业属性。市场在配置资源方面的决定性作用对传媒业而言也不能例外。

3. 技术革命

就技术而言，改良性技术和革命性技术对媒介影响的程度是不同的。前者引发结构要素、作用机制、运作逻辑的完善与调适；后者导致发展目标、基本构造、运作逻辑的根本性再造。就现实发展而言，技术革命是近十年来影响中国传媒业发展变化的最重要的原生性动力因素。

4. 社会安全

2020 年全面爆发的新型冠状病毒肺炎疫情让我们深刻地认识到，社会的安全状况也是让传媒业的逻辑、目标、机制、布局等发生深刻改变的一个重要因素。非常态下的社会与常态发展的社会相比，无论其政治、经济、管理还是人们的日常生活交往，都有着很大的不同。二者对传播的要求也有着极大的不同。认识和把握这种不同，以及它们之间如何转换，都是必须进一步研究的重要课题。

二、新时期，意味着传统发展逻辑的终结

1. 连接与合竞：创新已经成为未来传媒的生存与发展方式

新时期意味着传统发展逻辑的终结，需要更多的创新与探索，唯有创新才能生存和发展。

传统媒介时代最典型的就是一对多、点对面的大众传播模式，“竞争”是那样一种传播格局中的第一主题词，只有排除其他竞争者，“我”的影响力和

价值实现才能落地。但是新媒介最典型的传播模式是一对一的传播，它消弭了人与人在物理空间和时间上的阻隔，是一种类似人际传播的面对面传播，“竞争”不再是这种传播格局下的第一主题词。这里的第一主题词是什么呢？

今天的一个常识是：互联网改变世界靠的是开放条件之下的连接和再连接，对那些传统社会无法利用的微资源、微价值、微内容等进行连接激活，再进行整合、协同，从而形成巨大的、全新的社会功能和全新的社会价值，这就是互联网逻辑当中最重要的东西，是跟它的全新传播模式关联在一起的。

互联网条件下的竞争是一种“合竞”，即合作之下的竞争。因此，竞争绝对不是在互联网环境下创造价值、创造功能的第一关键点，它的第一关键点就是开放条件之下的连接、整合、激活和协同，这才是在互联网环境下创造价值、创造功能的第一法则。

2. “天道已变”：传播环境与传播现实已经发生根本性的改变

（1）“微粒化社会”的到来

所谓“微粒化社会”就是指颗粒度微小的社会。具体地说，整个互联网对社会的改变是一种核裂变式的能量释放，由原有的以单位（机构）为基本运作主体的社会构造裂解为以个人为基本运作主体的微粒化社会。

微粒化社会是通过数字化和在线化实现的，它完成了两件事情。第一，微粒化社会让那些在历史上从未被看见的个体可以被看见了。那些个体的行为、偏好、诉求都可以留下痕迹。包括你我在内，任何一个微小的人，或者一个微小的点，都可以浮现出来，清晰地呈现在社会的大图景上。第二，微粒化社会给人带来一种新的连接和组合的自由度，个体之间可以产生自由的连接，连接之间还产生很多的互动。这些连接和互动呈现出多样性很足的社会及其价值与功能。

（2）“连接”成为一种赋能赋权的力量源泉

“连接”与“再连接”成为互联网改造世界的基本逻辑，而“连接”的基础性资源是关系资源。你能够在多大程度上激活、掌握、调动和整合关系资源，在互联网的世界中你的影响力就有多大、组织能力就有多高，它是一种不同于传统社会的全新的权力机制——关系赋权。问题在于，我们对这种全新权力的形成机制与推动力量的了解一点也不比我们对天体物理学中“黑洞”现象的了解更多。

（3）“泛众化”传播时代的社会信息结构向分布式（并联式）转型

传统社会是金字塔式的科层制社会，而互联网时代的社会则是一个扁平化的分布式社会，其信息结构已经从过去的“串联式”模型转变为“并联式”模型——其中每一级在信息获得、资源拥有、赋能赋权方面几乎有了差不多的权力分布，每个个体都是主动的主体。因此，如何处理好圈层、群落之间的横向沟通与信任，便成为这一社会形态下最为重要的治理与协调逻辑。

（4）平台型媒体崛起成为传播渠道的寡头独占者

互联网解构了传统的传播格局，尤其是通过“一站满足式”的平台型构建，使其对于渠道、流量及用户的寡头化独占成为常态。今天主流媒体一个最大的问题，就是主流传播渠道的丧失。而我们所熟悉的“媒介融合”问题的提出便源自传统主流媒介的渠道中断或渠道失灵。如何通过整合实现主流意识形态的畅达传播，这便是“媒介融合”的预设目标。

三、新时期传播范式的全面变革：以四大传播要素的内涵扩容、外延扩张为例

1. 传播者：从专业化到精英化，再到泛众化+智能化

在大众传播时代，我们的传播主体是专业化的媒体人，他们掌握着媒介和内容制作的特权。但随着社交网络的崛起，人们借助于社会关系渠道建立沟通与表达渠道，专业人士以外的社会人士参与传播便成为一种现象级的存在。必须指出，虽然在社交网络的加持下，“人人都是传播者”已经成为一种可能，但由于书写文字作为一种数千年传承的表达工具，其蕴涵着深刻的精英化逻辑和标准，因此，实际上并非每一位社交网络的参与者都可以成为有效的传播者。有研究表明，在以书写文字作为主要表达形态的微信、微博上，得到广泛传播的文本中的 95%是由 3%～5%的精英人士书写的，95%的普罗大众在这一平台上的角色依然是阅读者、转发者和简单的点评者。

4G 的崛起开创了泛众化传播的新时代。视频语言作为一种可以容纳多元要素、多样文化的“宽通道”表达方式，前所未有地降低了人们成为传播供给者、参与社会表达的门槛，使过去被压抑的亚文化形态得以释放其表达空间、实现其价值。尤其是短视频，其俨然成为设置社会议题的主流力量。但短视频

有它自身的弱点，因为它毕竟只是一个个文本的碎片，虽然对于引起人们关注的作用巨大，但对于解决社会的复杂问题、核心问题，则需要更具层次性、结构性的表达形式才能承载，这就是中长视频的价值和角色担当。而在我们即将到来的 5G 时代，中长视频的崛起一定将是现象级的存在。随着中长视频的崛起，它们就能跟短视频形成彼此呼应、功能互补的协作体——短视频引起关注、设置议题，中长视频则对社会决策者的选择、判断产生重要的影响。于是，视频作为社会表达的主流语言便成为未来传播的一个重要转型方向。问题在于，我们对视频语言中所包含的元素（尤其是那些在影响人们认知和认同中扮演重要角色的非逻辑、非理性的成分）的使用逻辑和运行法则究竟有多少了解和把握呢？

到了 5G 时代，由于“万物互联”和“全时在线”所产生的海量数据的涌现，数据无处不在、无处不有，它们可以成为未来社会运作、传播驱动最为重要的“能源”。因此，数据将成为未来任何有形产品、服务和内容产品的标准配置。谁掌握数据，谁就掌握着社会运作和传播驱动的主控权。此外，5G 时代所产生的海量数据通过人工智能技术的处理，可以实现机器资讯写作、社交机器人以及“深度合成”等形态的“机器生产内容”（Machine Generated Content，MGC），成为内容生产的一支不容忽略的生力军。

2. 内容范式的三大价值维度：资讯传播、关系表达、媒介功能

过去对于所谓“内容”的理解，几乎100%的概念是“关于资讯传播的内容”，但由于泛众化传播的崛起，关系表达与媒介功能这两个内容范式中的价值层面正在逐渐显露出来并亟待开发。作为关系表达的内容在当下社会表达中具有越来越重要的作用和意义。传播的实践表明，情感共振、关系认同的力量远大于事实与逻辑的力量；而利用内容构造场景、形成新的沟通模式就是一种媒介功能。由于内容极为丰富且成本低廉，以内容作为构筑场景的介质是非常适用和便利的，这一点在未来的传播中将会得到有力探索和丰富展开。

3. 传播媒介：从物理介质到关系介质，再到算法介质

社交媒体出现后，我们发现广播、电视、报纸等物理意义上的媒介在相当大的程度上被关系媒介取代，社会关系成为人们传递信息、表达意见最为主流的信息传播渠道。而到 5G 时代，各种各样的传感器设备能够把我们的心理、

生理都融入互联互通的过程去，构建起虚拟、沉浸式的全新传播空间，只有算法能够洞穿物理世界、生理世界和心理世界，并且能够成为连接现实世界与虚拟世界的、无处不在、无所不能的联结者。因此，算法即媒介，它将成为未来无处不在、无所不能的“万物皆媒”发展阶段里的基础媒介。认识和把握算法型媒介，是认识和把握未来传播发展的又一关键。

4. 受众/用户：内容的消费者、生产者与传播权力的赋能者

在传统大众传播学中，受众是信宿，是信息传播的终端消费者，其权利半径仅限于作为信息消费者的权利边界。随着用户在传播全域的主体地位得以确立，未来传播的制胜关键将是用户洞察基础上的服务以及基于服务的价值变现和意识形态引导。因此，对用户的精准把握成为未来传播发展中的重中之重。未来传播内容服务的四个关键是：使用户能够“看见”（即信息触达）、使用户能够“看下去”（即文化共振）、使用户能够“看懂”（即减少信息解码中的偏差与文化折扣的产生）、使用户“既能看懂又能用”（即认同基础上的行为发生）。说到底，传播致效也好，媒介融合也好，媒介化的社会改造也好，其可行性的前提和基础就是它们是从用户洞察及服务于用户的需求发端的，这便是未来传播的基本逻辑。

四、未来传播的创新标尺：以人为本的三个“有利于”

创新，是未来传播的不二法则；而因循守旧则是走向末路的实践逻辑。传播的创新——无论是传播技术、传播形式还是传播内容的创新，都需要从以下三个“有利于”的价值尺度去加以考量。

1. 能否有利于增强社会成员之间信息的流动性

信息在社会结构与社会阶层中的流动是一个社会协调发展的关键之一。如果信息不流动，一个社会就会形成信息和意见的“板结化”，进而造成利益的板结化、社会的板结化。而利益的板结化、社会的板结化会造成社会未来发展中巨大的政治偏见和政治冲突的出现，由此引发社会危机。所以，信息健康有序的流动永远应该是社会治理中最为重要的，而促进社会信息流动的传播创新一定有其巨大的社会价值、治理价值和发展价值。

2. 能否有利于扩大人们社会实践的自由度

一部人类文明的发展史，从某种角度上看就是人类的实践半径不断扩大的历史。而所谓“媒介是人体的延伸”则突出表明了“以人为本”的媒介发展观。人们能够探索更多的空间，能有更多的资源和更多的领地，可以去展示、安放我们的价值、我们的个性以及我们的生活，这在很大程度上是靠传播（传播技术、传播工具及传播革命）来实现的。VR（虚拟现实）将我们观察世界的视角从第三人称转变为第一人称，并为我们进入虚拟世界提供了无缝连接；区块链技术是在传统社会的社会信任被打破之后为分布式社会中人与人之间的信任建立起的全新的技术保障机制；智能算法型媒介则为人与人、人与信息、人与物以及人与物理世界、生理世界及心理世界的连接提供了新的可能……这便是媒介的发展为人类社会实践自由度的扩大所做出的一次次创新突破。

3. 能否有利于提高人们对主客观世界的把控能力

今天的世界是一个变动不居、复杂性丛生的世界，我们需要不断迭代创新的认识工具和实践手段来简化认识与把握现实变化的难度和复杂性，以提高我们实践操作的有效性。传播创新可以从沟通、连接和文明传承的角度给我们提供一些能够简化这种复杂变动的抓手。因此，谁能提供这种抓手，谁就有巨大的社会价值和未来发展的空间，这是传播创新在社会发展尺度上所担负的重要角色。

必须指出，在智能时代，传播创新越来越体现为人工智能技术对传播的加持与协进，在这种模式下，人机关系会出现四种可能性。机器或者知识帮助人机之间产生更多的价值与可能，这种关系我们称之为“人机共生”；当然也可能在机器提升了人之后，人有了更多的价值与可能，而机器则没有进化，这种关系叫“偏利共生”。但是也很有可能会出现这样的状况：在机器出现在这个世界之中的时候，机器的发展对人造成了伤害，这种关系我们叫作“偏害共生”。还有一种关系可能是我们无法想象的，叫作“吞噬取代”——技术的发展将人与机器共同毁灭掉。我们追求“人机共生”，也可以暂时接受“偏利共生”，拒绝“偏害共生”和“吞噬取代”。但即使在前两者的情况下，我们也要牢记“以人为本”的创新宗旨，它是全部传播创新的“压舱石”和“定盘星”。正如苹果公司CEO蒂姆·库克在第四届世界互联网大会开幕式上的发言中所说的，“我们不担心机器会像人一样思考，相反，我们更担心人像机器一样思考”。因此，“我们必须为技术注入人性”，这或许就是未来传播创新的灵魂之所在。

最后，要感谢人民邮电出版社武恩玉分社长，是她最先提议我组织相关的专家资源，组织“网络与新媒体专业建设”的九家国内新闻传播学科建设中新媒体研究的重镇院系成立“网络新媒体教育 C9 联盟”，并于 2019 年 6 月 22 日举行了论坛和启动仪式，这是新闻传播学科向着未来传播学殿堂迈进的重要一步。尤其要感谢第一批 C9 联盟院校的掌门人或学科带头人共襄盛举，他们是：北京师范大学喻国明执行院长、中国传媒大学丁俊杰院长、清华大学彭兰主任、上海交通大学李本乾院长、复旦大学张涛甫执行院长、华中科技大学张明新院长、华南理工大学苏宏元院长、西安交通大学李明德院长、重庆大学董天策院长。

本书虽然是以个人署名的方式呈现和出版的，但其中不少思想和探索实际上来自我们整个学术团队的智慧和贡献，大而言之，它是这个时代大格局中奋斗和探索中的人们的创新智慧的结晶。我们感谢这个时代，更感谢这个时代中志在潮头的所有探索者、创新者。谨以此书向一切努力前行的人们致敬！

喻国明
2020 年 11 月 26 日于浩思家园

前言 FOREWORD

随着社会与技术的巨大变革，传媒行业中的各要素都在经历深刻而快速的迭代。传统新闻学、传播学理论的现实解释力正在遭遇空前的挑战。本书写作于这样的时代背景之下，努力摆脱传统教材的理论框架和传统教材对既有知识的依赖，以更为广阔的视野对“网络与新媒体”专业所必备的知识体系进行重新梳理。本书作为导论将与此系列的其他教材一起，建立一套从“系统重构”到“深入讲解”的教材体系。

本书分为 8 章，从基本概念的辨析到系统结构的搭建，从传播技术、传媒用户、传播场景的变革到政治经济领域的现象和治理，为“网络与新媒体”专业开辟跨学科和更为宏观的视角，同时为读者后续的深入学习建立一个合理的认知框架。

第 1 章　网络新媒体的本质概念，是学科学习的认知基础。本书从社会科学领域被频繁提及的“网络”与“新媒体”两个基本概念辨析中明晰学科的边界。通过分析“网络”一词在技术、社会学和哲学三个相关领域中的内涵和外延，建立对“新媒体”概念的动态理解与特质认知。

第 2 章　网络新媒体系统，是学科学习的思维立场。系统化传播是新媒体与传统媒体行业最重要的区别之一，系统化思维为本学科学习提供重要的思维立场。从系统化思维出发，看待现有媒介系统之间的分野和组合，理解移动互联网用户各自建立异构化的信息渠道与媒介使用时空，即与庞大的“社会信息系统”相区别的“个人传播系统”，这将成为一定时期内网络化、个人化传播的基本常态。

第 3 章　网络新媒体用户，是学科学习与深入研究的重要对象。置身于复杂的传播系统中，拥有个人传播权力的用户，是新型受众，同时也需要新的审视视角。在对于新媒体用户的学习与研究中，我们将要重新审视传统观念中的受众概念如何被继承和转化，在网络新媒体系统中成为被赋权、自组织、不断进化和流动的要素。

第 4 章　网络新媒体技术，是新型媒体关系变革的基本动因。社会关系正在被技术逻辑改造，5G 正在将人与人、人与物、物与物之间的关系进行崭新的升级重构。在这样的作用之下，传媒社会整合、塑造意义这种信息的传播与控制方式在新媒体时代受到来自技术赋权的挑战。这一章旨在让读者理解算法作为“非人类行动者”，如何与人类的传播活动一起编织出新型关系网络。

第 5 章　网络新媒体场景，是传媒行业未来变革的重基础变量。场景作为一种人为构造且“被建立”的环境，其功能特性在于促进特定用户与用户、用户与生产者以及用户与产品（或服务）之间的连接、集合、协同及价值变现，因此其是未来线上世界最为重要的市场变量和要素范畴。这一章通过对场景概念的学习、对场景要素的分析，以及以 VR/AR 为代表的新媒体技术对媒体场景的拓展，来展望场景对未来传媒产业的深刻影响。

第 6 章　网络新媒体经济，是产业现状的动态现实。这一章讨论了不断演变和发展中的几类产业趋势，对免费与付费经济、共享经济、网红经济、小众经济等几个动态发展的趋势做了讲解、分析与例证。产业是动态发展、不断变化的，对动态趋势的理解和把握是对新问题、新业态、新理论、新路径、新模式理解和学习的前提。

第 7 章　网络新媒体治理，是本学科的基本价值观。随着传播方式的变迁，媒体社会价值也在不断变迁，在此过程中出现的社会风险、价值偏向、传统社会治理方式的失灵都呼唤更为前瞻和科学的管理方式。这一章在对媒体变迁所改变的社会价值观分析的基础上，讲授基于新的社会现实的治理路径。

第 8 章　网络新媒体前沿研究，是本学科研究的前沿探索。作为快速兴起和发展的专业，“网络与新媒体”领域的研究课题也日新月异。在前几章对学科基础知识讲解的基础上，这一章侧重于展示正在进行中的前沿课题研究：媒介化社会、内容范式的新维度、视频语言的非理性传播等议题为本书的前沿性和时新性奠定了基础。

目录 CONTENTS

第1章 网络新媒体的本质概念

"社会科学中对于'网络'这个词的滥用令人担心，这个诞生于技术科学领域的词汇远比我们理解的要复杂得多。"

——布鲁诺·拉图尔（Bruno Latour）

本章学习目标

- 理解"网络"的基本概念。
- 理解社会科学和哲学视野内"网络"的意义。
- 把握"新媒体"的变迁本质。
- 了解网络新媒体的基本特征。

导读

概念是知识学习的起点。

概念从来就不是固定不变的，而是一种具有灵活性的客体。它既与时俱进地得以形塑，又针对当前的问题开展回应。这也意味着如果需要通过掌握概念以把握那些日新月异的、影响社会生活和文化的广泛的科技变迁，那么概念的时新性和灵活性就显得尤为重要。对于"网络与新媒体"这一设立不久的新专业[①]来说，对学科的整体学习，首先要解决的是对本质概念的把握。

在以往的学科研究中，研究界始终未在"网络"与"新媒体"等基本概念上达成共识，这两个在社会科学领域里被频繁提及的概念，有必要在本书的第1章里得到一个系统的梳理。"网络"这一在跨学科研究中不断被提及，并不断被混用的概念，本身存在着多维度的意义，并导向不同的话语体系：技术不

① 2010年，中华人民共和国教育部（以下简称"教育部"）首次组织新媒体与信息网络、媒体创意、网络经济等三个专业申报。2012年，为了适应互联网、移动互联网的发展对新媒体人才的需求，教育部在本科专业目录中增设了网络与新媒体专业。2013年，经专业名称修订，本科专业招生目录中不再有新媒体与信息网络、媒体创意、网络经济等专业，开设"网络与新媒体"专业。

断迭代所创造的"网络"概念是不断更新和扩展的，从最初的计算机之间的"连接"，到连接人与计算机，再到万物互联。因此，在技术层面上，网络的概念的核心意义是"连接"。社会学领域中的"网络"概念由来已久，在网络与社会相关联的概念中，网络也并非指向技术，更多的是指技术带来的社会关系、社会结构与社会秩序的新形态。网络是一个非常复杂的存在形态，它的确引发了现代社会的诸多复杂关系，但并非所有的复杂现象都能依靠引入"网络"概念来解决。当人们提到社会网络时，其中的"网络"不仅仅是技术的概念，更多的是人与人之间的关系，而寻找技术对这一社会网络的改变、社会网络对"无远弗届"技术的限制因素，成了网络传播与社会学交叉领域始终的课题。而在哲学领域，"网络"这一概念也因此凝结成为观察社会的思维方式，上升为一个具有抽象概括能力的哲学范畴。从哲学意义上提出"网络"概念是马克思主义交往实践哲学逻辑范畴的合理延伸。

那么什么是新媒体呢？首先新媒体是一个与新技术密切相关的概念。任何时代的新媒体都是当下最先进技术带来的传播新方式。这也决定了，新媒体不是一个固定的所指而是动态的领域。"新媒体"作为一个研究范畴，其研究的对象并非一种新的媒体，而是随着社会的发展，不断进入"媒体"范畴内的新技术、新实体、新分类、新范畴。传统媒体是给定边界的，而新媒体消费的边界取决于消费者的精力、时间、兴趣的自我配置。因此，新媒体发展的结果就是消费者对信息丰富的焦虑、对冗余信息的不确定、对未知内容的恐惧、对延伸内容的茫然。

在当下，"网络新媒体"传播的基本特性在于：第一，传播的有界性不再被技术设定，而是更为复杂的社会因素；第二，人人都是传播者，技术将释放网络用户更多传播者的主体性；第三，传播看似混沌和无序，超越了分类体系的限制，逐渐形成一种特定的、满足个性需求的新秩序。

1.1 网络概述

"网络"（network）一词，在最基本的意义上是指任何事物（对象）的集合，其中某些"事物对"之间由"连接"（link）关联起来，就是"网络"。[①]例

① 大卫·伊斯利，乔恩·克莱因伯格. 网络、群体与市场：揭示高度互联世界的行为原理与效应机制[M]. 李晓明，王卫红，杨韫利，译. 北京：清华大学出版社，2017：1.

如，连接多条道路的“交通网络”，连接多处神经的“神经网络”，连接不同发电站和传输渠道的“电力网络”等。可以说，现代社会中“网络”无处不在。

在媒体领域里，“网络”首先指向“信息网络”，是由不同的信息传播渠道连接在一起的集合和系统。但信息的“网络”并非指向单一，在这里我们主要梳理的是：技术、社会科学和哲学这三个与媒体关系最为密切、交集最多的领域内的“网络”概念。

1.1.1 “网络”的技术概念

从技术上讲，网络指“计算机网络”。计算机网络，是将地理位置不同的具有独立功能的多台计算机及其外部设备，通过通信线路连接起来，在网络操作系统、网络管理软件及网络通信协议的管理和协调下，实现资源共享和信息传递的计算机系统。

不同类型的计算机网络，因其技术应用方式和范围的不同而存在差异，经常被使用的概念是因特网（Internet）、互联网（internet）、万维网（World Wide Web，WWW）；因其不同的发展阶段又被分为PC互联网（PC Internet）、移动互联网（Mobile Internet）、物联网（Internet of Things）。

1. 因特网、万维网、互联网

总体上说，“互联网”包含“因特网”，“因特网”包含“万维网”。“互联网”是当今社会最大的基础设施之一。互联网、因特网、万维网三者的关系如图1-1所示。

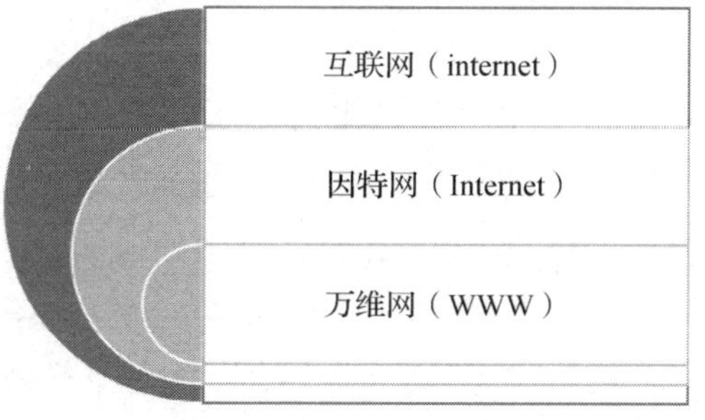

图1-1 互联网、因特网、万维网三者的关系

“因特网”是最早也是最典型的一种计算机系统。“因特网”于1969年诞生于美国，它的前身“阿帕网”（ARPANET）是一个军用研究系统，后来才逐渐发展成连接大学及高等院校计算机的学术系统，现在更是发展成覆盖150多个国家的开放型全球计算机网络系统，拥有许多服务商。

“万维网”就是众多计算机网络系统中的一种。1989 年，欧洲核子研究组织（CERN）的研究人员因为工作需要，希望能够开发出一种资源共享的远程访问系统。这种系统能够提供统一的接口来访问包括文字、图像、音频和视频在内的各种不同类型的信息。因此，英国计算机学家蒂姆·伯纳斯·李（Tim Berners-Lee）开发出了全球首个 Web 服务器和客户机，并将这个发明命名为“World Wide Web”（万维网），也就是如今我们再熟悉不过的“WWW”。1991 年蒂姆开放了这个源代码，使得任何一台计算机都可以访问万维网。这一创举被称为“互联网历史上划时代的分水岭”，蒂姆也因此获得计算机领域的世界最高荣誉“图灵奖”。万维网是当今最卓越的信息网络之一，也是互联网的开端。

“因特网”与“互联网”在中文里似乎只是音译词与意译词的区别，在英文里的区别也只是体现在首字母的大小写上——因特网（Internet）、互联网（internet）。然而这两者所指并非同一事物——“因特网”和其他类似的、由计算机相互连接而成的大型网络系统，都是“互联网”的一种，“因特网”是“互联网”中最大的一个网络系统。

据 IWS①最新的统计数字，截至 2020 年 9 月，世界互联网人口规模约为 49.30 亿，互联网接入率为 63.2%。而 CNNIC②的统计显示，截至 2020 年 6 月，我国网民规模达 9.40 亿，互联网普及率达 67.0%，其中我国手机网民规模达 9.32 亿，网民使用手机上网的比例达 99.2%。这意味着，世界范围内与中国范围内，分别有如上的人口可以获得互联网技术带来的所有体验和便利。

2. PC 互联网、移动互联网、物联网

“互联网”按照不同的发展阶段，出现了 PC 互联网、移动互联网和正在兴起的物联网三个不同的技术阶段，如图 1-2 所示。

以万维网的应用接口为起点，互联网开始进入“PC 互联网”阶段。其主要体现为以个人计算机为终端，以万维网逻辑实现信息传播——个人计算机用户通过万维网的“网页”和“浏览器”两个基本构成进入信息系统浏览信息。这一时期大众新闻门户网站成为最早的与报纸、广播、电视相比较而言的“新媒体”。

---

① IWS 是“互联网世界统计”（Internet World Stats）的简称，IWS 是一个国际性的互联网数据统计网站，成立于 2007 年，为全世界 246 个国家和地区（截至 2020 年）提供最新的互联网使用、人口统计、旅游统计和互联网市场调研数据。

② CNNIC 是“中国互联网络信息中心”（China Internet Network Information Center）的简称，CNNIC 是国家网络基础资源的运行管理和服务机构，自 1997 年 11 月发布第一次《中国互联网络发展状况统计报告》，并形成半年一次的报告发布机制，这一报告是互联网发展数据的权威报告之一。

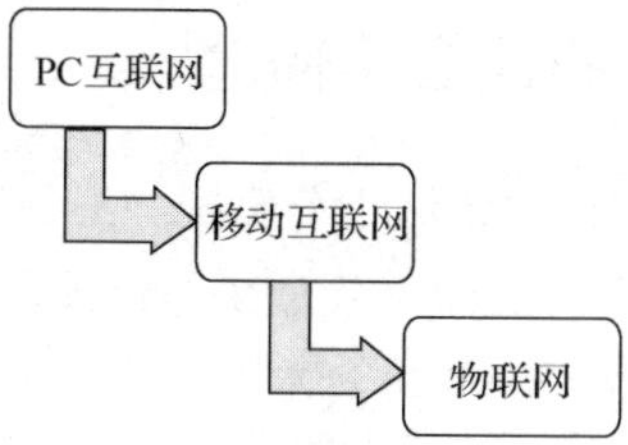

图 1-2　互联网的不同发展阶段和形态

移动互联技术的真正普及是以智能终端和 App 的应用为起点，实现接入信息系统的无时间限制、无空间限制。信息技术经历了从移动模拟通信到移动数字通信再到移动智能通信、移动数字化通信和移动场景通信的发展历程。每一代移动通信技术的发展都带来了系统性质、传输速度、核心技术、数据容量、服务内容等方面的变化。以 3G（第三代移动通信技术）开启的移动互联网为基础的网络传播不仅是一种媒介形态，同时也是一种全新的信息场域。

而新兴的"物联网"更是超越了单纯计算机之间的连接关系，延展为物与物之间的网络，即"物物相连的互联网"；物联网是通过射频识别（RFID）装置、红外感应器、全球定位系统、激光扫描器等信息传感设备，按约定的协议，把任何物品与互联网连接，进行信息交换和通信，以实现智能化识别、定位、跟踪、监控和管理的一种网络。

物联网技术所开启的，是新一轮传播互联网的发展，它将实现从人与人之间的通信走向人与物、物与物之间的通信，实现万物互联，极大地推动社会的变革与发展。而真正支持这种通信成为现实的是 5G（第五代移动通信技术）的普及。与 4G（第四代移动通信技术）相比，5G 的数据传输速率是 4G 的 100 倍，它意味着网络的超级连接能力有了巨大的突破——网络不再是选择性的（有的连接、有的不连接）、分离式的（各个网络之间互不连通）、粗线条式的（指仅仅进行基础性的连接，远未达到细密的、无所不在的连接）连接，无时不有、无处不在、万物互联将成为现实。按照 5G 专家的说法，5G 网络将承载 10 亿个场所的连接、50 亿人的连接和 500 亿物的连接。换言之，5G 把现实世界以数字世界的方式带入每个人、每个家庭、每个组织，构建出了万物互联的智能世界。

总而言之，技术的不断迭代所创造的"网络"概念是不断更新和扩展的，从最初的计算机之间的"连接"，到连接人与计算机，再到万物互联。因此，在技术层面上，网络的概念的核心意义是"连接"。

1.1.2 “网络”的社会学概念

“网络”这个概念在社会学领域十分常见，它既提供给我们了解人类彼此间联系和纽带的样貌的机会，又赋予我们机会以编制这些联系和纽带的相关数据。随着互联网技术对社会影响的日益深入，社会学领域内的“网络”也有了新的概念。社会学家在互联网普及之后创立了众多审视新社会形态的社会学概念：在社会行动上“去序列化”，在个人时间和事务排列上“持续分心”，在人际关系上“永久在线”……

学习社会学领域里所涉及的“网络”，需要首先厘清以下两个理论：“网络社会”与“社会网络”。它们都在内涵、本质上对“网络”概念的理解提供重要的社会学思辨。

1. 网络社会

“网络社会”（Network society）是社会学领域提出的重要理论之一，最早由社会学家简·范戴克（Jan van Dijk）在1991年提出，他认为网络社会是由各种不同网络交织形成的，而网络也决定了社会的走向和目标，影响的层次包括个人、组织以及社会。曼纽尔·卡斯特（Manual Caster）在1996年出版的《信息时代》中大量使用“网络社会”的概念，描述当代社会的转型，并用以描述一种全新的社会结构：它是在以互联网为核心的信息技术作用下，人类社会所开始进入的一个新的社会阶段或所产生的一种新的社会形式。

研究界通常将“网络社会”的含义归纳为两大类，即作为现实空间一种新社会结构形态的“网络社会”（Network society）和基于互联网架构的计算机网络空间（cyberspace）的“网络社会”（Cyber society）。尽管在中文上是同一个词，但各有不同“所指”。

社会学家约翰·厄里（John Urry）对卡斯特论述的“网络社会”有不同的意见，他评价说，在卡斯特的著作中，“世界已然是一个理所当然的事物，由此并没有一系列必要的理论词汇来分析网络化世界的变化特征”①。换句话说，网络是一个非常复杂的存在形态，它的确引发了现代社会的诸多复杂关系，但并非所有的复杂现象都能依靠引入“网络”概念来解决。

由此，我们能从社会学的视角中了解到，在对网络社会的研究中，“社会”是核心词汇，“网络”是定语，是对复杂关系社会的一种表述。在网络与社会相关联的概念中，网络也并非指向技术，更多的是指技术带来的社会关系、社会结构与社会秩序的新形态。

---

① 约翰·厄里. 全球复杂性[M]. 李冠福，译. 北京：北京师范大学出版社，2009：11.

2. 社会网络

社会网络（social network）是社会学研究中的经典视角。社会网络指的是一种基于“网络”（节点之间的相互连接）而非“群体”（明确的边界和秩序）的社会组织形式，也是西方社会学从 1960 年兴起的一种分析视角。毫无疑问，这里的“网络”也并非仅有技术上的简单含义。

著名的关于社会网络的“小世界实验”（见延伸阅读）最早向人们展示了人们之间的网络化关联早在互联网诞生之前就存在。它表达了关于大型社会网络的两个显著事实：第一，它包含丰富的段路径；第二，没有借助于任何类型的全球网络“地图”，人们也能够有效地找到这些段路径[①]。而实验所提出的“小世界效应”（small world effect），也称“六度分隔理论”，是指：若网络中任意两点间的平均距离 L 随网络格点数 N 的增加呈对数增长，且网络的局部结构上仍具有较明显的集团化特征，则称该网络具有“小世界效应”。这里的平均距离具有广泛的含义，如在上述“小世界实验”中，平均距离就是平均传递次数 6。那么当互联网全面介入社会生活之后，是否还存在这样的社会网络效应呢？这样的网络又是如何运作的呢？

延伸阅读

小世界实验

匈牙利作家考林蒂（F. Karinthy）在 1929 年提出了“小世界效应”的论断。他认为，地球上的任何两个人都可以平均通过一条由 5 位联系人组成的链条而联系起来。在 20 世纪 60 年代，美国哈佛大学社会心理学教授斯坦利·米尔格拉姆（Stanley Milgram）通过设计一个连锁信件实验，提出了著名的“六度分隔理论”（Six Degrees of Separation），大意为任何两个欲取得联系的陌生人之间最多只隔着 5 个人，便可完成两人之间的联系。米尔格拉姆给内布拉斯加州奥马哈市随意选择的 300 多人发信，要求他们把他的这封信寄给波士顿市一个独一无二的“目标人”，分别由每个人独自联系。米尔格拉姆告诉每个发信人有关目标人的信息，包括姓名、所在地、职业，如果发信人不认识这个目标人，他们可以把这封信寄给他们认为有可能认识目标人的熟人。以此类推形成了发信人的链条，链上的每个成员都力图把这封信寄给他们的朋友、家庭成员或同事等熟人，以便使信件尽快到达目标人。米尔格拉姆发现，有 60 个链条最终到达目标人，链条中平均步骤大约为 6，即点与点之间连线数为 6，米

① 大卫·伊斯利，乔恩·克莱因伯格. 网络、群体与市场：揭示高度互联世界的行为原理与效应机制[M]. 李晓明，王卫红，杨韫利，译. 北京：清华大学出版社，2017：378.

尔格拉姆由此得出结论：任意两个人都可通过平均 5 个熟人联系起来。这就是六度分隔理论的产生经过。

另一个社会学关于社会群体的经典理论是“邓巴数字”（Dunbar's number）。具体是指，148 人，或者四舍五入为 150 人，这是在一个群体中，保证每个成员都认识所有其他成员的极限。在这个数字之内，可以依靠群体压力维持秩序，超过这个数字的人数必须依靠政治和制度来实现稳定。这同时也是军队中一个连的人数（120～180 人）。在这个群体中，每个人大约有 5 位知心朋友，外加 10 个左右的亲密朋友，类似“梳毛同盟”[①]。

这些都是社会网络即便是在网络普及之前就存在的内在规律，因此当人们提到社会网络时，其“网络”不仅是指技术，更多的是指人与人之间的关系。而寻找技术对这一社会网络的改变、社会网络对“无远弗届”技术的限制因素，成了网络传播与社会学交叉领域始终的课题。

1.1.3 “网络”的哲学概念

网络生存、网络经济、网络文化、网络技术正在成为人们日常生活的物质和精神交往关系的重要内容。“网络”这一概念也因此凝结成为观察社会的思维方式，上升为一个具有抽象概括能力的哲学范畴[②]。从哲学意义上提出“网络”概念是马克思主义交往实践哲学逻辑范畴的合理延伸。

从法国哲学家德勒兹（Deleuze）和瓜塔里（Guattari）的观点来看，网络化的社会正在促使我们从扎根于时空的“树居型”（arborial）生物变为“根居型”（rhizomic）游牧民，每日随意（随何人之意尚存疑问）漫游地球，因为有了通信卫星，我们连身体都无须移动一下，漫游范围便可超越地球[③]。

根据技术哲学先驱马丁·海德格尔（Martin Heidegger）的理解，对于当代人来说，网络就是当代人的宿命，正如尼古拉斯·尼葛洛庞帝（Nicholas Negroponte）所说，在今天“计算不再只和计算机相关，它决定着我们的生存”。网络技术作为一种新的传媒技术，作为“座架”，“促逼”着人类只能以信息化的方式、在信息化的框架下来解蔽世界，从而产生了一种完全不同于工业时代的全新的社会活动场域和环境，即后现代的社会生态地景地貌。可以说，“网络空间与资讯技术，在根本上就和其他技术一样，是对特定社会关系

① 汤姆·斯丹迪奇. 从莎草纸到互联网：社交媒体 2000 年[M]. 林华，译. 北京：中信出版社，2015：35.

② 周成龙. 哲学视野中的网络概念[J]. 社会科学论坛（学术研究卷），2007（01）：13-17.

③ 马克·波斯特. 信息方式：后结构主义与社会语境[M]. 范静哗，译. 北京：商务印书馆，2014.

的揭显与设框，是牵涉人类生存条件的特殊模式”。从本质意义上讲，哲学层面探讨的“网络”实质是一种新的时间、新的空间、新的交往形式。

“网络”概念在不同范畴内的本质特征如表 1-1 所示。

表 1-1 “网络”概念在不同范畴内的本质特征

范畴	概念本质	关键特征
计算机	技术	连接
社会学	复杂系统	网络化、连通性
哲学	空间、场域	交往时空

网络连接观的基本立场是：互联网社会演化的目标和手段是连接。互联网世界虽然纷繁复杂，看似毫无头绪，但其背后都是通过将人们的行为踪迹、生产的内容、无形的服务等转化为计算机通用的数据语言，从而实现内容、关系以及服务等各式各样的表层功能。网络连接起到的是将“语言不通”的人、节点和各类应用连接起来的基础性桥梁作用。因而无论互联网如何变化发展，其通过网络连接的本质都不会改变。通过对互联网连接类型和连接特质的认识，我们能更深入地把握互联网的演进规律①。

综上所述，“网络”这一在跨学科研究中不断被提及，并不断被混用的概念，本身存在着多维度的意义，并导向不同的话语体系。传播学如同施拉姆（Schramm）所说，是多学科的十字路口，有必要从计算机学科、社会学科和哲学学科中汲取营养并廓清分野，以便在更为清朗的话语体系中展开具有传播学优势的系统性学习和研究。

1.2 新媒体概述

“新媒体”一词最早出现在 1959 年，麦克卢汉（McLuhan）将所有“篡夺了印刷术长达 500 年的君王统治”的媒介都称为“新媒体”。随后，在 20 世纪 60 年代，“新媒体”一词普遍用于指电子媒体中的创新性应用，如电子录像技术。时至 2016 年，“新媒体”在新闻传播界较新且较为权威的定义是：“基于数字技术、网络技术及其他现代信息技术或通信技术的，具有互动性、融合性的媒介形态和平台。其主要包括网络媒体、手机媒体及其两者融合形成的移动

① 沈阳，冯杰，闫佳琦，向安玲．网络连接观：类型划分、演化逻辑及风险防范[J]．西安交通大学学报（社会科学版），2020，40（03）：126-131+141.

互联网，以及其他具有互动性的数字媒体形式。[①]

1.2.1 新媒体之争

显然，在“传统媒体”（报刊、广播、电视）与“新媒体”的比较阵容中，“传统媒体”枝叶凋零，而“新媒体”的内涵又显得过于包罗万象，难以清晰分野。

事实上，在本质跨界的传播研究领域，很多概念并不再需要被“重新定义”，而是需要“重新理解”，需要跳出原有思维框架的、无限接近规律本身的再度诠释。其中的问题、争议甚至社会问题都早在上一代更迭中有迹可循。

雷蒙德·威廉斯（Raymond Williams）早在电视诞生之初就将电视称作“戏剧化社会中的戏剧”（Drama in a Dramatized Society）[②]。而尼尔·波兹曼（Neil Postman）这段针对电视的经典批判，即便放在现在社交媒体的语境下也不过时：“……导致理性与秩序、逻辑的社会公众话语权不断瓦解甚至崩塌，导致一切公共话语以肤浅、碎片化、娱乐的方式出现。”历史也验证了，每一代新媒体形式甫一出现，都会带来新一轮的对陌生载体的膜拜与批判。

因此，对于这一媒介领域的变迁，海外互联网学者达成了共识，即：避免网络研究中单纯的二元对立，如新媒体与旧媒体、现实与虚拟、线上与线下等现象和概念的对立。学者们认识新旧之间具有的传承关系，现实与虚拟之间存在的辩证关系，以及线上与线下的互存关系[③]。因此，绝对意义上的“新媒体”指向并不合理。

1.2.2 新媒体之“新”

任何时代都会有新媒体的出现，报纸时代的广播就是新媒体，广播时代的互联网就是新媒体。在移动互联网日益普及的状况下，再出现的媒体形式也必然将目前的“新媒体”概念的内涵更新与取代。“新媒体”可以是一个研究范畴，其研究的对象并非一种新的媒体，而是随着社会的发展，不断进入“媒体”范畴内的新技术、新实体、新分类、新范畴。

1. 新技术：以计算机技术作为基础设施

“新媒体”是一个与新技术密切相关的概念。

---

① 彭兰. 网络传播概论：第四版[M]. 北京：中国人民大学出版社，2017.

② Raymond Williams, “Drama in a Dramatized Society,” in Raymond Williamson Television: Selected writings[M]. London: Routledge, 1989.

③ 刘新传，魏然. 语境、演进、范式：网络研究的想象力[J]. 新闻大学，2018（03）：98-106+150.

1797 年诞生的机器造纸与 1845 年开启的机器印刷成为报纸逐渐普及的开端，而工业化造纸和印刷技术无法实现的远距离的信息传递，由随后出现的电子传输技术解决了。于是 1876 年，有线电话诞生，为有线广播这一“新媒体”的普及打下技术基础；“二战”期间，致力于同时传播声音和画面的电视技术经过反复修改，从实验室走向了商业应用，直接催生了电视媒体的逐渐普及；而随着计算机技术的不断革新，家用互联网的出现让 PC 机成为“新媒体”的代表；至于更晚些出现的移动互联技术，更是将“手机”推到了个人智能移动终端的地位上，从载体上统合了近两百年的媒体发展史。

可以说，每一轮新的技术革命，都是在时间和空间上突破信息传播技术的边界，新的时间和空间上的可能性催生新的媒体形态。人类技术的变迁及大规模商业化应用是移动新媒体形态总体演变的主要动力和引擎。

2. 新实体：复杂系统

借由互联网的连通性，媒介不再是一系列固定的“实体”，媒介是一种网络，是一个复杂系统。因此关于当下的新媒体以及以后的新媒体研究都必须建立复杂思维、系统思维。德内拉·梅多斯（Donella H. Meadows）关于“系统思维”的告诫对变革之后的媒介研究十分有启发意义：（1）不要被表象迷惑；（2）在非线性的世界里不要用线性的思维模式；（3）恰当地划定系统的边界；（4）考虑多重限制因素以及相对强弱；（5）理解无处不在的时间延迟；（6）清晰地意识到“有限理性”。“非线性”与“边界”的复杂性思维对宏观媒介系统的认知意义重大，然后“有限理性”又决定了个人对媒介系统认知的局限。

3. 新分类：物理到心理

无时无刻、跨屏消费的媒介消费者是否还在意他这一刻在电子屏幕上所选择的内容，究竟来自报纸、杂志，还是来自电视台、广播电台？传统的仍以报纸、杂志、广播、电视、互联网几大维度来划分媒介、研究媒介的分类方法，抑或是以传统媒体、新媒体一言以概之的粗暴划分，对媒介研究与学习都会造成巨大的束缚。

近年来出现了各种对于现有媒介的新的分类形式，基于生产类型、消费类型、平台类型、内容类型；针对不同分类群体，从大众这一概念中不断分化更为细致的生理、社会、心理群体，偏好群体，行为群体，习惯群体等。这些不断向更为深层次延展的媒介分类方式，不断为这一领域提供新的启发。

4. 新范畴：不是学科而是领域

基于网络研究的取向，海内外的网络研究各有差异。欧洲网络研究主要使用互联网研究（internet studies）这一概念，侧重于跨学科的新兴研究领域；

在美国，网络传播较流行的概念是计算机中介传播（Computer-mediated communication）。国内受到海外学术和技术发展影响，使用的概念更多，包括网络传播、新媒体研究、新媒体与网络传播、新媒体传播、社会化媒体、移动互联网、数字媒体、全媒体等，概念更为广泛，但界定和范围皆模糊①。

网络研究最好不是一个独立、封闭的研究系统，但可以是在现存完整学科下面的一个富有特色的次级研究领域（subfield）。事实上，目前海外对网络的研究的确是按此布局发展，如在社会学中，有一个新兴的研究领域"网络社会学"（The Sociology of the Internet）；在政治学中，政治学者建立了"网络与政治研究"（Internet and Politics）；在心理学中，有次级的"网络心理学研究"（Internet Psychology）；在经济学中，出现"网络经济学研究"（Internet Economics）；在营销学中，网络研究重点是"电子商务"（E-commerce）；在人类学中，"数字人类学"（Digital Anthropology）成为该学科下一个蓬勃发展的研究领域；在人文学科中，新出现的次级研究领域则是"数字人文"（Digital Humanities）。如前所述，在传播学领域，与互联网相关的研究（Internet-related scholarship conducted within communication studies）定位于网络传播研究（Online/Web/Internet communication）②。

可见，在互联网作为技术、关系、介质对整个社会做了迭代关联之后，对于互联网的研究就不再是一个研究学科，而应该是跨学科研究的一个领域。在传播学领域里，网络化的传播、社交化的传播、传播心理、传播行为都以互联网为基础不断扩展范畴。

1.3 网络新媒体的关键特质

大众媒介兴起于技术，如印刷术、造纸术、广播技术。就传播领域而言，技术都是起点，真正起到变革性因素的是技术所带来的信息传播的基本逻辑。关于当前传播业的逻辑，都柏林大学副教授尤金尼亚曾经在前人研究的基础上归纳为三重逻辑：计算机逻辑（computational logic）、媒体传播逻辑（communicative logic）、社交逻辑（social logic）③。

① 刘新传，魏然. 语境、演进、范式：网络研究的想象力[J]. 新闻大学，2018（03）：98-106+150.

② 刘新传，魏然. 语境、演进、范式：网络研究的想象力[J]. 新闻大学，2018（03）：98-106+150.

③ Siapera, A. Understanding New Media[M]. London: Sage, 2011: 15-16.

所谓计算机逻辑，是指基于计算机技术和大数据算法，对内容传播的收集、制作和分发，依赖于无限的数据与内容，媒介信息与受众信息都无限丰富；媒体传播逻辑，是指从媒介生产的角度出发，不断审视渠道的变迁、受众的变化，力求在生产立场上更多地调整和融合，以维持受众的关注度；社交逻辑是指，由于社交媒介的无处不在，以及通过社交媒介消费新闻和资讯的普遍性，消费者之间的关系网正在与信息传播网络镶嵌在一起。三重逻辑之间互相影响、互相辅助，成就当下传播业的基本局面，也是网络化的、新媒体的媒介系统与传统媒介的根本区别。

1.3.1 特质一：信息的无界

斯各特·拉什（Scott Lash）在撰写《信息批判》时说："互联网是一个通属的空间，它是不特定的空间……网络本质上就是被拔出来的空间。"在他看来，这种通属空间是被"拔"了根的，它的特性比较是"身份认同的阙如而非身份认同的多重"，它的语境是"没有任何语境"，它的差异是"没有任何差异"[①]。从技术上讲的确如此，互联网绝对平行的基本属性加上技术的飞速发展，使得互联网的个人空间与社会空间都可谓"无界"，但作为生产和消费主体的机构与个人，其生产和消费能力存在着边界。

系统很少有真正的边界。所谓边界，只是进行了人为的区分，是人们出于观察、思考、理解、表达交流等方面的需要，而在心理上设定的或社会上一般公认的虚拟边界。系统最大的复杂性也确实出现于边界上。恰恰是边界上的无序、混杂，成了多样化和创造力的根源所在。而这也决定了，网络新媒体研究与传统媒体研究的根本区别之一。在更为复杂庞大的系统内，学习者需要首先建立这样的观念：世界是普遍联系的，不存在孤立的系统。如何划分系统的边界，取决于你的分析目的，也就是我们想问的问题[②]。

但就当下来说，关于传统媒体与新媒体的概念分野，多种声音并不能说服彼此。我们认为，当下传统媒体与所谓新媒体的根本区别，在于"有界"与"无界"：传统媒体的"有界"在于信息的有始有终，有显著的消费结束的边界，如收看一档节目，看完一本杂志，从开始到结束，有种完结的仪式感和确定感；而拜无远弗届的技术所赐，新媒体的"无界"体现在永无休止的超链接、随时更新的新内容，不断延伸至更多信息之上，只要消费者想继续了解，

① 斯各特·拉什．信息批判[M]．杨德睿，译．北京：北京大学出版社，2009.

② 德内拉·梅多斯．系统之美：决策者的系统思考[M]．邱昭良，译．杭州：浙江人民出版社，2012：133-136.

总会有更多的内容不断延展，没有所谓终结。因此，传统媒体是给定边界的，而新媒体消费的边界取决于消费者的精力、时间、兴趣的自我配置。也因此，新媒体发展的一大结果就是消费者对于信息丰富的焦虑，对于冗余信息的不确定，对未知内容的恐惧，对延伸内容的茫然。

独立杂志的回潮似乎可以说明全面拥抱数字之后，人们对传统媒体的触感、质感、完结感的某种回味。独立杂志 *Monster Children* 的一期内容里，“数字原住民”沃恩·布莱基（Vaughan Blakey）的话，或许可以代表部分人对数字生活的厌倦：“当我拍了一张照片，我想把它打印出来；当我读一本书，我希望折下书页，翻到卷角；当我买一本杂志，我希望拿着一本可以跟我一起变老的东西。总之我希望得到一份可触摸的证据，证明我的时间存在过……”

无界的确给了信息消费者空前的自由，但显然必须正视自由的后果，如同鲍曼所说，自由的代价就是失序。在无边无际的信息海洋中遨游的同时，消费者也常常对于信息的真实性、可信性、重要性不断反思和质疑，对于所消费信息在信息海洋中的位置缺乏判断，甚至对兴趣之外的世界充满不安。

1.3.2　特质二：人人都是传播者

比特是一种特殊的数字媒介，它的特殊不仅在于消弭了文字、声音、图像的个体媒介属性，更重要的是它与非原子而虚拟的网络结合，形成了一种几乎没有任何成本因而人人能免费试用的媒介。虽然网络媒介的终端也是如大众媒介一样以原子形式存在的，如手机、PC 机、平板电脑，也同属传播个体所有，但不同的是，网络终端的所有者能免费地自由试用传播媒介，即拥有网络媒介的传播权。[①]

凯文·凯利曾预言：“机器，正在生物化；生物，正在工程化。”如果有一天人类由生物进化阶段发展到人工进化阶段，这将改变“人”的定义。如果说，机器人传播是将人是媒介的延伸推向极致，那么电子人传播则是将媒介传播压缩到极致。但不管是媒介的完美延伸还是媒介的终极压缩，总之后比特时代的信息还是需要载体和通道来传播的，但有一种传播则是将虚拟和现实叠加在一起，而通过主体体验来实现的，这就是在虚拟网络媒介上发展起来的增强现实和虚拟现实。这种以主体体验来实现传播的方式，其实质是人与媒介达到无缝传播[②]。

---

① 谢孝国. 非理性媒介[M]. 广州：羊城晚报出版社，2017：7，14.

事实上，即使在网络社交媒介出现之后，“人人都是传播者”还只是理论上的一种可能，因为这时传播的主要方式还是通过书写文字来进行的。书写文字本身是有一种精英逻辑在里面起着作用的，绝大部分人还是“沉默的大众”，他们只是一个个点赞者、转发者、阅读者、消费者，而不是内容创造者，不是发言的主体。有研究成果表明，在以书写文字为主的时代，社交媒介上虽然内容很多，但是95%的内容都是由3%～5%的人来撰写和发出的，其他人其实就是“打酱油”或者看客，仅进行转发、点赞。

但是从 4G（第四代移动通信技术）出现开始，短视频便成为了一种让普通老百姓毫无障碍地把自己的生存状态和所思所想向全社会进行分享的工具，人类历史上第一次把社会性传播的发言者门槛降到如此之低，拥有智能手机的用户无论是否可以描摹书写、遣词造句，按下拍摄键的同时就开始了内容创造，这开启了海量普罗大众成为今天真正意义上的传播者的状态，是一个革命性的转变。抖音、快手上涌现的草根创作者就是这种变革的实际体现。在智能手机普及率极高的今天，拿起手机拍摄一段视频并上传到网络并不是一件技术门槛很高的事情。技术将释放网络用户更多传播者的主体性。

1.3.3 特质三：传播的“三阶秩序”

大众传播阶段——大众传播学诞生于这一时期，因此从某种意义上说，现今我们研究和讨论的很多“媒介”概念，都是基于大众传播的。

从长远的整个人类传播史看，大众传播由来已久，但并非主流。在漫长的人类传播史上，大众传播只是借由崛起的传媒技术和社会阶段需要而诞生的一种特殊存在。近些年不断“干扰”大众媒体传播模式的“新媒体传播”，某种程度上说，是传播形态和渠道搭载进阶版技术的一种回归。

如同《经济学人》全球副主编汤姆·斯丹迪奇（Tom Standage）在总结2000年社交媒体史的著作《从莎草纸到互联网：社交媒体2000年》中所说，罗马人传递信息与今天我们传递信息的逻辑有以下联系与不同：莎草纸和以Facebook与Twitter为代表的社交媒体相比较，其传播速度不可同日而语，但二者的本质相同，社交媒体的这种双向互动早在罗马时代的莎草纸传播中就已经十分广泛，信息由此沿着个人与个人之间的横向关系网不断游走，并非由“非人中心来源”垄断发布和信息的源头，做自上而下的纵向的传播。我们现在所谓的“大众媒体”就是借由这个非人中心来源所创造的特殊时代。“大众传播技术能够以空前的速度和效率把信息直接供应给大批受众，但它们的高昂费用意味着对信息流的控制集中到了少数人手中。信息的传递于是采取了一种单向、集中、广播的方式，压倒了过去双向交流、社会化的传递的传统”[①]。

哈佛大学伯克曼互联网与社会研究中心资深研究员戴维·温伯格（David Weinberger）新近提出了理解互联网时代信息与知识重组的“三阶秩序”[②]：第一层是实体秩序，是约定俗成的秩序，对事物本身的排列；第二层是理性秩序，是根据预先设计好的秩序或分类体系，将有关事物的信息，分配到相对应的、固定的位置；第三层是数字秩序，是混沌和无序的，因为它没有预定的秩序，也超越了分类体系的限制，是在利用信息时根据需要重新排列组合，是一种特定的、满足个性需求的新秩序。

而当下的社会，我们正处在第三层秩序全面取代第二层秩序的阶段，因此，新的“需求”“主体”“渠道”分别重构着新知识生产与消费，三个维度的变迁是我们理解互联网时代知识生产格局的基本逻辑基础。

① 汤姆·斯丹迪奇. 从莎草纸到互联网：社交媒体2000年[M]. 林华，译. 北京：中信出版社，2015：35.

② 戴维·温伯格. 万物皆无序：新数字秩序的革命[M]. 李燕鸣，译. 太原：山西人民出版社，2017：255.

本章练习

名词解释

1. 网络社会
2. 三阶秩序
3. 小世界效应

思考与练习

1. 如何理解技术对新媒体概念的影响。
2. 请举例说明“信息的无界”这一现象的具体表现。
3. 请阐述“网络社会”与“社会网络”之间的区别和联系。
4. 结合实际简述网络新媒体的本质特征。

阶梯阅读书目推荐

1. 汤姆·斯丹迪奇. 从莎草纸到互联网：社交媒体 2000 年[M]. 北京：中信出版社，2015.

2. 克莱·舍基. 认知盈余：自由时间的力量[M]. 北京：中国人民大学出版社，2011.

3. 克里斯·安德森. 长尾理论[M]. 北京：中信出版社，2006.

4. 马克·格雷厄姆，威廉·H. 达顿. 另一个地球：互联网+社会[M]. 北京：电子工业出版社，2015.

5. 戴维·莫利. 传媒、现代性和科技：“新”的地理学[M]. 北京：中国传媒大学出版社，2010.

第 2 章　网络新媒体系统

"人们通常持有一种基于时间层面、因果关系而非回路的观点，而忽略了反馈的过程，意识不到行动与反应之间的时间延迟，在交流信息时也未能理解存量和流量，并且对于在系统进化过程中可能改变反馈回路强度的非线性特征不敏感。因此可能产生'系统思考缺症'。"

——德内拉·梅多斯（Donella Meadows）

本章学习目标

- 理解网络传播的系统性。
- 了解网络新媒体产品的基本构成和形态。
- 了解网络新媒体平台的发展和演变。
- 具备创新地看待媒介系统及分类的思维。

导读

互联网技术加持下的新媒体传播系统，其演变表现为传播载体"从原子到比特"，传播渠道"从线性到网络"，传播关系"从固态到液态"的变革式发展。众所周知，如今的传媒领域已经与信息系统须臾不可分。所谓"系统"是一组相互连接的事物，在一定时间内，以特定的行为模式相互影响。在互联网技术为个人的公开传播并选择是否接受公开传播提供更多可能的现实条件下，个人传播系统就成了决定整个信息传播是否有效触达的"最后一公里"。

在移动互联网支持下、个人智能终端的接触方式，将更多的"个人差异"指向理解之前的"接触与选择"。个人传播系统的边界性构成了对整体社会信息系统的框选效应，并随着复杂的社会性因素不断流动，尽管社会信息系统的发展日新月异，但个人传播系统的变迁有其特有的逻辑性、异质性和不确定性。研究表明，人们用来指导自己决策的心智模式，在应对系统的动态行为方面具有天生的缺陷。这将导致个人传播系统建立是盲目的、有缺陷的、有限理性的。两者之间的互相作用是当下网络新媒体系统多维特征的基本逻辑起点。

反观被组织在这个系统中的新媒体，便不应再以生产者立场上的物理介质为入口对媒介系统进行行业化分类，而应不断引入消费者立场上的观念，理解媒介系统作为人与信息系统之界面的基本特质。进而，对信息系统的分类也可以理解为，以产品为使用界面、以平台为关系界面所组成的网络新媒体系统。这一划分本身建立系统性思维，并对动态系统纳入不断组织、变迁和演进的基本观念。

以此视角理解网络新媒体产品与平台可以得到以下结论。不同于传统大众传媒的物质载体，网络新媒体系统的基本单元是“产品”，传播系统以产品为用户接触信息的界面。“产品”的本质特性决定了其价值在于为某一特殊需求提供解决方案。不同的产品划分方式决定了产品的不同特性。作为使用界面的产品具备三个层次的特质——特定需求的解决方案、开放的信息边界与永久性的迭代升级；而作为关系界面的平台媒介在网络效应的加持下，实现以关系为基础的增值。网络新媒体系统是强吸聚性的信息传输渠道，具有多重的信息服务价值，同时与用户实现“价值共创”。

2.1 网络新媒体系统概述

一个不可忽视的事实是，当下的新闻传播渠道已经与信息传播系统融为一体，个体通过移动智能终端接入互联网，在个人所选择的信息源中自由切换时空与内容。网络化传播时代与线性传播时代最根本的区别在于，“社会信息系统”的绝对复杂化与“个人传播系统”建立模式的不可捉摸。

与传统媒体的“群体对群体”传播模式所根本不同的是，移动互联网用户正在依照自己的喜好，各自建立异构化的信息渠道与媒介使用时空，即与庞大的“社会信息系统”相区别的“个人传播系统”。媒介渠道不再有清晰的边界，这一“边界”正在由宏观系统和个人系统共同界定。与曾经的大众传播时代的“框架理论”相反的是，个人正在被授权，通过挑选媒介渠道，不断建立个人的框架。媒介系统的整体变迁，从有限输入源、有限时空选择、有限内容，到无限渠道、无时无刻、无限内容，加之个体化框架的内置，成就一个纯粹的复杂系统，这是传统线性传播的大众媒介研究工具所不能解释的。

2.1.1 社会信息系统

“系统”是一组相互连接的事物，在一定时间内，以特定的行为模式相互影响。信息系统（Information System）是由计算机硬件、网络和通信设备、计算机软件、信息资源、用户、规章制度组成的以处理信息流为目的的人机一体化系统。社会信息系统（Social Information System，SIS）即社会整体信息系统的集合。

在整个人类历史中，人类一直在改进对于周围事物的信息的接受能力和吸收能力，同时又设法提高自身传播信息的能力、速度、清晰度和便利性，不断更新关于信息传播技术与方法论的思考，使传播成为社会发展的生产性要素。

社会信息系统具有如下 4 个本质特征。

（1）社会信息系统是一个开放性系统。

（2）社会信息系统是由各种子系统相互联结、相互交织而成的整体。

（3）社会信息系统是一个具有双重偶然性的系统。双重偶然性（Double contingency）指传播双方都存在不确定性，传播所做出的选择有受到拒绝的可能性。

（4）社会信息系统是一个自我创造、自我完善的系统。

人类社会的信息系统分为个人传播系统和组织化传播系统。组织化传播系统又可分为内部传播系统和公开传播系统，后者主要体现为大众传播媒介系统。借由互联网与万维网的快速成长、全球通信技术的日益便捷以及新闻与信息在全世界以惊人的速度与强度传播。

这种无处不在的“连通性”有两方面的含义：首先，是相互连接关系背后的结构；其次，是位于系统内部的个体行为之间的相互依存性，因此任何人的行为结果至少潜在地依赖与其他人的联合行为[①]。而对于媒介这一系统，讨论的重点常常不在网络结构本身，而在于它所带来的另一种复杂性，即网络作为一个大型的、由各种关联成分构成的总体，以一种难以预知的方式，反作用于中央权威行动的复杂性。

在互联网技术为个人的公开传播并选择是否接受公开传播提供更多可能的现实条件下，个人传播系统就成了决定整个信息传播是否有效触达的“最后一公里”。

① 大卫·伊斯利，乔恩·克莱因伯格. 网络、群体与市场：揭示高度互联世界的行为原理与效应机制[M]. 李晓明，王卫红，杨韫利，译. 北京：清华大学出版社，2017：178.

2.1.2 个人传播系统

传播学奠基人之一的卡尔·霍夫兰（Carl Hovland）曾提出“个人差异论”来阐述对受众“选择性和注意性”的理解。“个人差异论”认为，在大众传播提供的信息面前，个人由于需要、习惯、信念、价值观、态度、技能等多方面因素的差异，将对信息做出不同的选择和理解。如果说大众传播时代，在相对局限的内容中这种“个人差异”主要体现为对统一的大众媒体信息的理解偏好，那么移动互联网支持下、个人智能终端的接触方式，则将更多的“个人差异”指向理解之前的“接触与选择”。正如牛津大学互联网研究中心提出：“下一代互联网用户”最重要的特征，是对媒介资源的“自我配置”。

研究表明，人们用来指导自己决策的心智模式，在应对系统的动态行为方面具有天生的缺陷。“人们通常持有一种基于时间层面、因果关系而非回路的观点，而忽略了反馈的过程，意识不到行动与反应之间的时间延迟，在交流信息时也未能理解存量和流量，并且对于在系统进化过程中可能改变反馈回路强度的非线性特征不敏感。因此可能产生‘系统思考缺乏症’。”[①]这将导致个人建立的传播系统是盲目的、有缺陷的、有限理性的。

正如行为经济学对经济学研究的范式转换的根本假设“有限理性”一样，当人们有足够的权限行使“非理性”本质时，“后真相”的出现并不难理解——随着主流媒体的权威消解，人们失去了对基础价值与同一秩序的基本共识，使得信息传播过程中真相有时变得不再重要，重要的则是情感和观点。后真相时代，真相并没有被篡改，也没有被质疑，只是变得次要了，网民不再相信真相，只相信感觉，只愿意去听想听的和去看想看的东西。这导致假新闻、谣言以及非理性宣泄等问题甚嚣尘上。个体使用媒介完全取决于是否对自己有用、是否符合自我的价值感知。

“个人信息世界”理论提出：个人的空间、时间、知识三个边界限定了信息主体的活动领域，在这里，信息主体通过其信息实践从物理世界、客观知识世界、主观精神世界的信息源中获取信息，汲取信息效用，积累信息资产[②]。这一概念首次将个人作为信息主体，而非经济主体、社会主体加以观察——“信息主体受资源、机会、社会流动、教育模式等因素的限制，只能构建狭小

① 德内拉·梅多斯. 系统之美：决策者的系统思考[M]. 邱昭良，译. 杭州：浙江大学出版社，2012：21.

② 于良芝. “个人信息世界”——一个信息不平等概念的发现及阐释[J]. 中国图书馆学报，2013（1）4-12.

的个人信息世界边界；而狭小的个人信息世界边界又反过来限制信息资源的获取和利用。在这个过程中，个人信息世界至少在一定程度上产生了‘井口’效应，让身置其中者只能看到一部分‘天空’（部分可及信息源）”。因此，个人传播系统的边界性构成了对整体社会信息系统的框选效应，并随着复杂的社会性因素不断流动，尽管社会信息系统的发展日新月异，但个人传播系统的变迁有其特有的逻辑性、异质性和不确定性。两者之间的互相作用是当下网络新媒体系统多维特征的基本逻辑起点。

2.2 作为信息界面的产品

不同于传统大众传媒的物质载体，网络新媒体系统的基本单元是“产品”，传播系统以产品为用户接触信息的界面。“产品”的本质特性决定了其价值在于为某一特殊需求提供解决方案。不同的产品划分方式决定了产品的不同特性。

2.2.1 网络新媒体产品的概念

1. 产品与媒体产品

根据科特勒的定义，“产品”是指任何提供给市场，并能满足人们某种需要和欲望的东西。产品分为物质产品和精神产品。产品是一种需求的解决方案，可以说，“满足需求”是产品的本质特性。

商业是一个价值创造、传递和实现的过程，本质上是价值的交换。企业通过产品或服务为使用者提供价值，从而获得回报，从这个意义上说，产品或服务是价值的载体，一个看得见的价值点。

与普通产品不同，媒体产品本身的特性决定了它具有以下 5 个重要的特性。

（1）媒体产品是有形产品与无形产品的结合。

媒体产品包括有形的媒体终端和无形的信息产品。在传统媒体时代，有形的媒体产品体现在报纸、杂志、书籍和广播电视终端；在新媒体时代，媒体产品更多地体现在网站、App 等界面与入口，体现为无处不在又难以具体衡量的信息流。

（2）媒体产品的使用价值具有共享性与持久性。

媒体产品与普通产品最大的区别是具有共享性，多一个人消费产品并不会损失这个媒体产品，相反会增加媒体产品的重要性和影响力。而媒体产品本身，无论是印刷产品、数字节目还是网络数据都会在一定程度上被长久保存，甚至成为珍贵的历史资料，其价值比普通产品更为持久。

（3）媒体产品通过“二次售卖”拥有受众和广告商两级消费者。

媒体产品都拥有受众和广告商两级消费者。受众消费媒体产品上承载的有价值信息，并为此付出注意力；广告商消费受众付出在媒体产品上的注意力，并为此付出广告费。这两级消费者的存在是媒体产品区别于其他产品的重要特质，也是媒体产品盈利的基本模式。

（4）媒体产品兼具公共产品与私人产品的特性。

媒体产品既可以是私人的，同时也具有不因为增加其他人的所有权而丧失其产品性的特质，因此媒体产品也是公共产品。兼具公共产品和私人产品的特性也使得媒体产品有不同于其他产品的社会属性特质。

（5）媒体产品体现着特定的意识形态。

任何媒体产品都由信息组成，经由人的主观意识加工，具备信息编辑团队的特定意识形态。与此同时，媒体产品本身对社会生活、人们的价值观具有巨大的影响力，在任何一个国家里，无论何种经营模式的媒体产品都体现着一定的意识形态。

2. 网络新媒体产品

网络新媒体产品的概念与媒体产品有交集，同时也是网络新媒体研究的重要部分，是从传统意义上的“产品”延伸而来的，是在互联网领域中产出而用于经营的媒体产品，因此，它是满足互联网用户需求和欲望的无形载体。简单来说，互联网产品就是为用户解决问题而产生的，它是网站功能与服务的集成。

什么是互联网产品？互联网产品就是用于满足用户特定需求的基于互联网技术上的功能与服务集成。今日头条创始人张一鸣说过，好产品离不开“产品直觉和感性认识”。如果没有同理心，做出的产品肯定没有灵魂，不能满足用户需求。知名产品人、湖畔大学的梁宁在演讲中说：“我们需要有理性才能知道别人在哪一个点跟我们共情，才能知道我们所交付的产品，到底会触达用户情绪的哪个点，让用户愉悦还是不爽。这个社会就是这样，共情的力量远大于共识。”

2.2.2 网络新媒体产品的分类

网络新媒体产品有多种分类方式，如按照服务对象的不同，可分为面向用户（2C）的产品、面向客户（2B）的产品、面向家庭（2H）的产品；按照运行载体的不同，可分为 PC 端、移动端、大屏智能终端、可穿戴设备端产品；而按照用户需求的不同，又可分为资讯类产品、社交类产品、社群类产品、娱乐类产品。

1. 按照服务对象分类

（1）面向用户（2C）的产品

面向用户（To Customer，2C）的产品是直接面向个体用户，为个体用户的使用需要而服务的产品，也称“消费互联网产品”。产品一定是为了满足用户的某种需求而存在的，2C 类产品的需求挖掘来自对用户群体的深入细分，或者对大众群体需求的细致甄别，因此用户体验研究是 2C 产品的重要工作。目前网络新媒体产品中，绝大多数产品都是直接面对用户的 2C 产品。

（2）面向客户（2B）的产品

面向客户（To Business，2B）的产品通常面向特定组织（企业、社团、政府），也称“产业互联网”。相对于个人用户而言，组织用户更加理性，往往有明确业务指标作为价值的衡量依据，效益第一，体验第二。对于 2B 产品而言，能够切实解决客户问题，是产品的基本特性。一些帮助连接企业和客户的 2B 产品，解决的实际上是经济需求。用高效、高质、统一、持久的模式，实现工作管理和业务变现。

（3）面向家庭（2H）的产品

面向家庭（To Home，2H）的产品通常面向家庭，也称为“家庭互联网”。这一产品类型以光纤和 5G 为技术基础，以智能家居为场景基础搭建起对以电视为代表的传统家庭媒体产品的继承和发展，成为介于组织使用和个人使用中间的中观单位。以家庭为用户单位的网络新媒体产品将成为新的发展趋势之一。

2. 按照运行载体分类

（1）PC 端产品

个人计算机（Personal Computer，PC）有着巨大的信息展示区域和丰富的外部连接设备，移动端的交互为触摸手势优先，PC 端则是以鼠标、键盘优先，在交互精度上有很大优势。因此 PC 端非常适合一些即时性较低但信息量大、功能操作复杂的产品，如视频编辑类、图形绘制类、企业服务类产品。对于从 PC 端到移动端的 Web 产品设计，响应式设计是应用较多的方法，响应式设计可以根据屏幕大小自动适配页面元素布局，能很好地满足跨终端的网页浏览问题。

（2）移动端产品

移动端产品在用户需求与使用情景的基础上发挥了智能手机的各类特性，使用户更加便捷地操作相应功能模块，达成使用目的。现在，移动端已经超越PC端成为最大、最有活力的产品运行平台。

（3）大屏智能终端产品

以智能电视为代表的大屏智能终端产品成为家庭数字娱乐的主要界面，针对家庭数字娱乐的产品，在大屏智能终端上的应用也应运而生。目前这类产品仍然是移动端产品针对不同使用场景的变形，但作为连接组织应用和个人应用之间的中观单位，家庭数字娱乐产品的不断增多和升级将是未来的发展趋势。

（4）可穿戴设备端产品

以VR眼镜、智能手表、智能手环为代表的可穿戴设备端产品，将信息的传输上升到生理层面，一方面延伸人体的视觉效果，另一方面将人体各种生理信息投射和显示，成为信息传播的一部分，是物联网发展趋势的代表之一。

3. 按照用户需求分类

（1）资讯类产品

资讯类产品主要是解决用户对于信息获取的需求。资讯类产品的形态与技术进步和社会发展事实上有相当大的关联。伴随着信息技术的进步，我们获知信息的界面从物理载体到数字载体，从固定时空到移动时空，资讯的表达方式也不断发生改变，由文字到图片，由音频到短视频、长视频，由视频又衍生出直播，资讯类产品的表达方式越来越高效、丰富、立体。

而伴随着大数据分发的应用，资讯内容的推荐规则进一步个性化、智能化。一方面，大数据参与的资讯分发在海量信息中为用户挑选个性化的内容，匹配用户的偏好和特征；另一方面，算法在不完善的阶段也面临着资讯重复与固化的风险，可谓机会与挑战并存。但获得资讯是媒体类产品的基础性应用价值，真实、迅捷、优质的资讯是网络新媒体的基本价值。

（2）社交类产品

社交类产品主要就是满足人在社会生活中所衍生出的社交需求的产品形态。广义的社交类产品包含了社交、社区、社群等各类人与人之间信息交互相关的互联网产品。社交类产品是与“人”最相关的产品，需要有对人性本质的深刻了解。社交类产品也可按照不同维度进行再细分，如按是否相识可分为熟人、陌生人，按社交介质可分为文字、语音、图片、视频等，按用户共性可分为地域、人脉、兴趣等。

（3）社群类产品

社群类产品最初的形态是网络社区，指包括 BBS/论坛、贴吧、公告栏、群组讨论、在线聊天、交友、个人空间、无线增值服务等形式在内的网上交流空间。典型的社群类产品主要有两大类：一类是内容型社群，典型代表有豆瓣网和大众点评网；另一类是关系型社群，典型代表有早期的开心网和人人网，以关系型社群类产品作为起点的社交产品如微博，经过不断地与用户之间的价值共创和演变，也带有了较为强烈的社群属性。而随着大数据技术的应用，以信息流形态为特征的新社群类产品如小红书，已经成为介于社群、资讯和消费类的综合产品类型。

（4）娱乐类产品

从价值和功能来讲，娱乐是媒体产品历来的重要功能之一。网络新媒体产品中属于娱乐类产品的，仍然可以划分为：休闲娱乐产品、游戏娱乐产品等。随着 4G 兴起的短视频娱乐产品成为休闲类产品的代表，长视频娱乐产品也随之占据更多的用户注意力和时间；而另一个重要的娱乐类产品——游戏类产品所满足的用户需求是复杂而多面的，可以说游戏创造了一个虚拟世界来满足玩家在现实世界中对于虚拟体验、社群、社交、娱乐的多重需要。

2.2.3　网络新媒体产品的基本特征

1. 特定需求的解决方案

“产品”概念是媒体领域变迁的重要标志，产品决定了它要面向特定的需求提供解决方案，决定了媒体产品的用户思维，决定了媒体必须面向市场，建立价值和交换价值意识。

可以说，成功的产品迎合了需求，而伟大的产品创造和引领了新的需求。在网络新媒体领域，具有前瞻性并塑造了新消费需求的产品不在少数，如短视频产品抖音、快手等，成为现象级的网络新媒体产品，并不断沉淀出新的产品类别。

2. 开放的信息边界

网络新媒体产品通过打破传统媒体的物理边界而打破信息传播的边界，通过打破传播节点而打破生产与消费的边界。网络新媒体产品成为一种实时存在的进入社会信息传播系统的界面，用户在不同产品之间流动和游走分配时间和注意力，通过产品界面获得不同使用价值的内容，产品与信息在用户立场上突破了基本边界，并不断被融合。

3. 永久性的迭代升级

网络新媒体产品的重要特征就是随着技术的升级和需求的变化不断升级和迭代。网络新媒体产品区别于传统媒体产品的重要特征之一就是数据的实时反馈，任何一个网络新媒体产品都会沉淀用户数据，积累巨大的用户使用观测数据，为价值提升创造切入口和抓手，这种升级和迭代是在产品周期内不断进行的，通过与用户之间的不断协商、价值共创，为产品的动态演进提供进路。

2.3 作为关系界面的平台

互联网技术带来的第一显著的效应就是“网络效应”。“网络效应”的简单定义就是经济效益外部溢出效用不但是正的，而且可能是递增的。这完全超越了过去经济学中的稀缺性假设——一个市场中的供应是有限的，加入的人越多，给别人带来的效用是递减的①。因此，在网络效应的加持下，进入一个网络的用户越多，对其他用户来说，效用越高并呈现递增态势。因此，平台型媒体迅速崛起。

2.3.1 平台型媒体的概念

2014 年 2 月，乔纳森格·格里克（Jonathan Glick）在《平台型媒体的崛起》一文中首次使用了“Platisher”。这一单词由 Platform（平台）和 Publisher（出版商）两个单词组成。DigiDay 的一位撰稿人随后对其做了进一步阐述：“‘平台型媒体’是指既拥有媒体的专业编辑权威性，又拥有面向用户平台所特有开放性的数字内容实体。简言之，这种平台型媒体不是单靠自己的力量做内容和传播，而是打造一个良性的开放式平台，平台上有各种规则、服务和平衡的力量，并且向所有的内容提供者、服务提供者开放，无论是大机构还是个人，其各自独到的价值都能够在上面尽情地发挥。”

这个定位是相当宽泛的。任何一个开放了自己的内容管理系统（Content Management System，CMS）的媒体机构，直接引入外部撰稿人（撰稿人可以直接在 CMS 上发布内容）的媒体机构，都可以称自己为平台型媒体。另外，那些没有专业编辑，但发布并聚合众多内容的技术平台，因为没有所谓的“专

① 罗家德. 复杂：信息时代的连接、机会与布局[M]. 北京：中信出版社，2017.

业编辑权威性”，而不被认为是“平台型媒体”。

2.3.2 平台型媒体的划分

目前来看，平台型媒体可以分为两类：单一性平台型媒体和综合性平台型媒体。

1. 单一性平台型媒体

单一聚合的平台型媒体通常聚焦同一类内容的深度开掘，如聚合各大媒体新闻资讯的今日头条，聚合视频的 YouTube、优酷等。单一性平台型媒体的另一个重要特征是对用户生产内容（User Generated Content，UGC）、专业生产内容（Professional Generated Content，PGC）、职业生产内容（Occupationally Generated Content，OGC）的全面开放。

UGC 即用户将个人原创的内容通过互联网平台进行展示或者提供给其他用户，生产主体是普通的用户，主要是出于分享个人的经历、兴趣进行内容的生产和传播：PGC 则是指，以“专业用户”为主体做内容和信息的发布，“专业用户”指因个人技能、经历等原因在某些领域具备一定话语权和影响力的用户；而 OGC 则是指“职业用户”以生成内容的方式参与传播，“职业用户”指在某一领域里的专家、从业者，对某一领域的内容有权威感与公信力。传统媒体在平台型媒体.上的发布方式也属于 OGC 这一类型，品牌、机构、组织以官方名义发布与自身相关的内容也是 OGC 的重要组成部分。和 UGC 与 PGC 相比，OGC 更加强调职业身份的公信力。

2. 综合性平台型媒体

综合性平台型媒体功能则较为多样，其既包括媒介内容的聚合，也包括各种应用的聚合，如百度便聚合了信息检索、资讯提供、公共讨论、导航服务、社区服务、移动服务、娱乐游戏、软件工具等多种应用样式，其全覆盖式的功能结构囊括了用户绝大部分需求。微信也属于这类平台型媒体，或者说其正在朝平台型媒体的方向发展。在微信这一平台中，用户可以开展社交、获取新闻资讯、订阅信息、娱乐游戏、购物等多种活动。这种综合性的平台型媒体可以为用户提供多种样式的体验，带有一站式服务的性质。从某种意义上说，这种综合性的平台型媒体才是真正意义上的平台型媒体。

2.3.3 平台型媒体的特征

1. 强吸聚性的信息传输渠道

平台型媒体打破了各类互替代性小的传统媒体渠道之间共存的局面，由入口、通用介质空间、平台交互中心、终端等组成。其中，入口是搭建平台、获取用户的第一步。在这一入口内部，用户可以通过媒介接触获得绝大部分体验，入口内的活动占据了互联网用户的绝大部分上网时间。不少学者认为现如今对于平台的争夺实际上是对于互联网入口的争夺。

2. 多重的信息服务价值

平台型媒体立足于用户需求和偏好，通过管理整合信息内容、重新定义多种合作方式、为用户提供个性化匹配信息等方式，拓展盈利模式和信息服务价值。通过平台交互中心规则和算法，围绕用户需求，开放合作，构建与用户生活场景立体对应的信息服务产品群，平台型媒体可以实现价值链上下游拓展和价值网络延展。

3. 与用户的“价值共创”

可以说，网络技术的价值之一就是将更多的信息节点连接到了一起，这些节点包括人和物。而作为具备主观能动性的用户本身，成为网络新媒体产品的全部消费者、部分生产者和重要传播者。用户互联网著名的梅特卡夫定律（Metcalfe’s Law）告诉我们：网络的价值以用户数的平方速度增长。因此当一个产品的用户数达到一定的规模，它将成为基础应用设施一样的存在。例如微信，因其巨大的用户数成为国民性基本应用。用户对网络的连通性、延展性都有着重要的意义，因此也成为网络新媒体的最重要因素之一。

本章练习

名词解释

1. UGC/OGC/PGC。
2. 梅特卡夫定律。
3. 平台型媒体。

思考与练习

1. 论述新媒体产品的不同分类。
2. 理解媒体产品与普通产品的本质区别。
3. 请阐述“平台型媒体”的基本特征。
4. 请阐述“网络新媒体产品”的基本特征。

阶梯阅读书目推荐

1. 德内拉·梅多斯. 系统之美：决策者的系统思考[M]. 杭州：浙江人民出版社，2012.

2. 罗家德. 复杂：信息时代的连接、机会与布局[M]. 北京：中信出版社，2017.

3. Andrew Chadwick. The Hybrid Media System：Politics and Power[M]. Oxford：Oxford U.P., 2017.

第3章　网络新媒体用户

"在人类的各种知识中，最不完备的就是关于单人的知识。"

——让-雅克·卢梭（Jean-Jacques Rousseau）

本章学习目标

- 了解"受众"身份的变迁过程。
- 知道用户是如何被技术赋权的。
- 把握"用户"的基本特质。

导读

受众正在随着时代变迁经历着主体性的变迁。置身于复杂传播系统中，拥有个人传播权力的用户，是新型受众，同时也需要新的审视视角。本章我们将要重新审视传统观念中的受众概念如何被继承和转化，在网络新媒体系统中成为被赋权、自组织、不断进化和流动的要素：首先，从媒介研究的角度上看，互联网作为一种新的权力来源，它对于个体与自组织群体的激活，更多地为社会中的"相对无权者"进行赋权，使权力和垄断资源从国家行为体向非国家行为体转移。其次，在媒介消费层面，依托于移动互联网技术和社交媒体建立起来的关系网络，个体正在经历前所未有的高权利认知时代。其形式表现为：个体不再是媒介消费的终端，而在个人消费的同时，成为产销者，拥有自门户，担当互释人。再次，受众权利的空前提高并不等于个体对个人传播系统的全面掌控，事实上众多事件表明，网络新媒体用户在获得极高赋权的同时也存在着众多被动与不自治。"积极自由"是做什么的自由，强调参与权；而"消极自由"是免于做什么的自由，强调选择。与此同时，人类的重大改变与人类的连接方式相关，如果我们再以"上帝之眼"鸟瞰全球人际关系网络图的动态变化，原本只有面对面互动而存在的亲缘小团体，因为符号的出现而有了跨时间与空间的弱连带。随着文字的出现，这些小团体开始"自组织"出更大范围的小型子系统，子系统间也有了一定的连接。

新媒体技术提供了各种新平台，由此我们可以观测到很多不同种类的用户行为。但受众研究的基本问题并没变，即受众是主动的还是被动的、理性的还是非理性的、不同受众的活跃程度以及不同受众的理性程度等。这些问题之前一直未能得到很好的解答。现在面临的新情况是，我们有了很多数据来帮助回答这些问题。媒介的碎片化使用、多任务使用、交互化使用、沉浸式使用给受众行为带来了测量难题，以及用户行为的泛在化和复杂性导致了难以获取全部数据的问题。本章梳理了当前用户研究的主要方法与应用趋势，如何更好地测量用户的媒介体验与行为，在任何阶段都是传播学所面临的最大挑战之一。

3.1 被赋权的个体

新受众的身份应该是什么？麦奎尔认为，传统的受众角色将会终止，取而代之的将是下列各种角色中的任何一个：搜寻者（seeker）、咨询者（consultant）、浏览者（browser）、反馈者（respondent）、对话者（interlocutor）、交谈者（conversationalist）——“很显然，在大众受众兴起长达一个世纪之后，这样一种变化也许确实堪称革命”[①]。

3.1.1 高权利的个体

从媒介研究的角度看，互联网作为一种新的权力来源，它对于个体与自组织群体的激活，更多地为社会中的“相对无权者”进行赋权，使权力和垄断资源从国家行为体向非国家行为体转移。在媒介消费层面，依托于移动互联网技术和社交媒体建立起来的关系网络，个体正在经历前所未有的高权利认知时代。其形式表现为：个体不再是媒介消费的终端，而在个人消费的同时，成为产销者，拥有自门户，担当互释人。

1. 产销者

关于媒介消费者的特殊身份，近年来研究界创造了不少词汇。以新闻消费者概念的演变为例，具体如表 3-1 所示。

表 3-1　新闻消费者概念变迁

概念	提出者	新闻消费行为
消费者（Consumer）	—	选择新闻

① 丹尼斯·麦奎尔. 受众分析[M]. 刘燕南，等，译. 北京：中国人民大学出版社，2006.

续表

概念	提出者	新闻消费行为
产销者（Prosumer）	Alvin Toffler，1980	选择新闻、发布信息
Prod-user	Alex Bruns，2014	选择新闻、发布信息、参与UGC
Prod-designer	Alex Bruns，2015	选择新闻、发布信息、参与UGC、不断优化选择

马歇尔·麦克卢汉（Marshall McLuhan）早在1972年的著作《把握今天》中就提出，消费者（consumer）将会通过电子技术演变为生产者（producer）。而未来学家阿尔文·托夫勒（Alvin Toffler）在1980年撰写的《第三次浪潮》中，将生产者和消费者两个词铸成一个新词“Prosumer”，并沿用至今，意思是指生产者和消费者的角色界限模糊，两者将最终融合。在此基础上，澳大利亚学者阿莱士·布伦斯（Alex Bruns）分别于2014年和2015年先后提出了新闻消费领域的Prod-user[①]和Prod-designer[②]的概念，并将Consumer、Prod-user、Prod-designer在新闻消费的主动性上做了由低到高的排序：Consumer是直接选择想看的新闻；Prod-user是用户在新闻接入、选择、生产和分发过程中过滤信息，通过直接链接和评论参与UGC新闻的生产；而Prod-designer是指在新闻的接入、选择、生产和分发过程中都发挥主动作用，不断设计优化调整所看到的内容的重要性和优先次序，甚至参与创意内容的合作。

不仅仅是新闻消费者正在成为直接参与新闻生产的要素，在整个网络与新媒体系统中，个体为代表的用户都不同程度地参与了生产和消费的双重工作，用户以UGC内容制作、社交转发、内容评论等方式全面参与内容建设。有学者在2014年估算，如果以每秒一个网页的速度，浏览完现存的所有网页，需要至少230年。推特（Twitter）的每日信息发布量有超过5亿条，每分钟在YouTube上传的新视频超过1亿小时；而到了2019年底，11.5亿用户的微信每日信息发送量超过450亿条。

2. 自门户

社会化媒体的崛起让任何一个拥有Web2.0主页或者社交账号的个体都拥有了“个人门户”，这个门户既是个人接入信息平台的入口，更是成为很多人

① Bruns, A. Beyond the Producer/Consumer divide: Key Principles of Produsage and opportunities for innovation. in M.A. Peters, T. Besley, & d. Araya, (Eds.), The New Development Paradigm: Education, Knowledge Economy and Digital Futures[M]. New York: Peter Lang, 2014.

② Bruns, A. Working the Story: news Curation in Social Media as a Second Wave of Citizen Journalism. in C. Atton (Ed.), The Routledge Companion to Alternative and Community Media[M]. London: Routledge, 2015: 379-388.

在虚拟世界互相认识的第一张名片。

人性化自我（all-too-human selves）与社会化自我（socialized selves）是欧文·戈夫曼（Erving Goffman）在其著作《日常生活中的自我呈现》中提出的概念。戈夫曼认为，人性化自我与社会化自我是天然不同的：人性化自我是人类的本质，“我们也许只是被反复无常的情绪和变幻莫测的经历所驱使的动物”；而社会化自我是社会角色的一部分，需要“表演”一个相对稳定的状态。为此，他把社会化自我表演的舞台称为“前台”（front region），作为舞台一部分的符号设备，被称为“装置”（setting），表演并不只是面对观众，也是为了“前台”。一个人的社会化角色表演可以看作其个人形象的尽力展示。从某种程度上说，个人门户的存在和动态的不断发送就是网络化的“前台”。

社会心理学中的社会比较理论认为，人类自我评估的欲望是天生的，即便有关于社会评价的量化指标，人们仍然想通过和他人的比较来做自我评估，人们需要依靠外界对自己的不断对照和反馈来审视自我形象的准确性。笔者认为这样不断窥视、比较、再定位的基本欲望也是社交媒体存在和不断维持发展的社会心理基础。

从个人媒介消费的角度上来说，一部分消费是自我认知的内在需要，包括每日新闻、专业知识、娱乐、信息和其他部分的消费是一种社会化自我的需要。通过评论、转发的内容价值的身份，来更新个人门户，不仅是维护社会交际，还是前台的名片升级的个人。这种集体社会化需要支持社交网络的信息流。从这个意义上说，每个人都有一个消费者和一个信息流动的平台。因此，热门话题和文章，用“刷屏”来描述内容，其实是通过“转发”的这种行为，占据了大部分人的个人门户，同时也是个人门户信息的一部分，也是一个关系链中的即时消息，连续传递着信息流。那些不断被各种关系链中的人转发进入个人门户中的内容，其本质含义是内容引起了绝大多数人的共鸣和兴趣，被不同领域的人共同青睐，形成所谓的热门文章。

3. 互释人

当关系网络置入信息传播网络之后，信息传递的通路就与人际关系密不可分。除了新闻机构生产的内容，每个人都会很轻易地从他所关注的人那里获得其创作或者转发的信息，同时，如果获取的内容触动了读者的积极性，就会引发又一个节点的自发传播，抑或带着评论与态度的再次传播。

人际关系的价值除了交往上的联系，也成为彼此信息上的重要“编辑”——社交网络里不乏因为“三观不和”互相“拉黑”、切断信息传播线的行为（如在微博中关注、取关，在朋友圈中阻止、分类的行为），同时也是一种渠道上的不断调整，选定的人通常也认同了他的信息兴趣和价值判断。任何一个热点事件的出现都会引发一轮价值观上的互相窥视和不断对标。在这个意义上说，社交网络上的关系框定，其本质是决定了谁来做你的信息源。基于前面讨论的社会性传播的需要，你将看到的更多的是“信息挑选+态度表达”后的组合，因此社交平台上的信息传播无形中已经形成了互相诠释和表态的讨论氛围。

依托互联网的无界性质，理论上说，个人是可以选择链接上任何一个拥有社交账号的人的，这也让基于共同特征所延伸出的社群的建立更容易、更细分。任何一个社群，都会成为一个意义上的“诠释社群”，互相选择之后的人群，对信息的共同理解是社群建立和稳定的基础，社群中的成员在不断沟通中互为诠释人。

与此同时，社交关系浸入信息传播网络，也几何级地增强了信息“冗余”感。如同牛津互联网学院（Oxford Internet Institute，OII）提到的下一代用户，其创新的信息渠道自我配置是典型的特征，在这个过程中，用户拥有了空前巨大的选择自由，也同时要付出自我配置的时间精力甚至认知能力。在相互连接的个体急于就同一个热点不断发言、表态、诠释的时候，单一用户得到的可能是不断重复的、真假难辨的观点和优劣难分的态度。对具备良好媒介素养的用户来说，是一个听到更多声音的机会，但是对媒介素养并不良好的用户来说，无疑是极大的冗余甚至误导。因此近些年也不乏很多主动退出社交媒介的群体性行为。

但“互释人”的角色有一点是非常值得肯定的，就是观点表态的多元化，以及对用户自身而言，强烈的赋权感，对自己的传播影响力有了更为直观、数字化、可统计的感受。

3.1.2 主动权利与被动权利

受众权利的空前提高并不等于个体对个人传播系统的全面掌控，事实上众多事件表明，网络新媒体用户在获得极高赋权的同时也存在着众多被动与不自治。

1. 受众的自治与不自治

菲利普·M.南波利（Philip M. Napoli）在他的书中将受众自治解释为：媒介受众逐渐对何时、何地以及如何消费媒介有了自己的控制权[1]。营销界甚至有研究者将当代媒介环境描述为消费者的“极度控制”（devastatingly in control）。

① Philip M. Napoli. Audience evolution: new technologies and the transformation of media audiences[M]. New York: Columbia University Press, 2011:5.

但其实受众挑选信息的基础是被媒介选择和把关了的内容，受众的所谓自治只是在于按自由时间安排接收、互动和评价，真正的信息选择仍然有非常多的重复部分，甚至仍然来自主流媒体。很多实证学者都发现即便在选择度非常高的媒介环境中，仍然有相当多的重复受众（audience duplication），这意味着，在传统的传受流向中，受众仍然在信息的接收端。所谓受众的空前自由，只是体现在消费信息的方式上，如何接受信息也进一步决定了用户将看到什么样的信息。

事实上，数字时代的受众行为难以预测，但是很好统计。与传统的订阅用户或者有线电视用户调查单纯的人类学统计数据相比，大数据正在不断地描绘每一个 ID 身份的清楚面目和个人喜好，那些成功运用了“大数据+心理侧写（Psychological Profiling）”的公司，正在展示它们巨大的引导效果。

Cambridge Analytica（下称“CA”）的官网上描述其公司使命：“通过了解个体的动机以及与目标受众互动的方式来实现数据驱动的行为改变。”官网有“政治”和“商业”两个项目入口，显然该公司目前最广为人知的案例是帮助英国脱欧公投和帮助特朗普当选。CA 通过“大数据+心理侧写”和心理计量学（psychometric）来掌握个体受众的心理，它收集个体的大数据信息，并依照一定的心理学机制为个体的心理状态贴标签，并针对不同心理属性的群体投放不同的社交信息，以达到对目标群体行为的干预。CA 的创始人兼 CEO 亚历山大·尼克斯（Alexander Nix）在 2016 年 Concordia 峰会的演讲中说：大众传媒这种所有人收到无差异化的信息已经是过时的概念，人们再也不会收到他们不关注、不关心的信息，只会收到高度定制的信息①。

由此可见，在数字化时代，受众数据被掌握的可能性比从前更大，技术上的引导可以轻易决定你的所思所见，所谓的“受众自治”跟“大数据+小数据”的“共治”相比，不值一提。

2. 积极自由与消极自由

全面理解权利，不可避免地要提及以赛亚·柏林（Isaiah Berlin）的“积极自由”与“消极自由”。他认为“积极自由”是做什么的自由，强调参与权；而“消极自由”是免于做什么的自由，强调选择权②。如同“延伸观”讨论的是能做什么的“积极自由”一样，“建构观”更多地指向免于做什么的“消极自由”，个人在给自己的媒介系统“自设边界”，在拥有丰富的“媒介菜单”和“媒介家具”选择时，衡量权利更直观的维度，恰恰是这种“消极自

① 搜狐财经. Cambridge Analytica 是一家怎样的公司？[EB/OL]. 2017-02-10.

② Nieuwenburg P. The agony of choice: Isaiah Berlin and the phenomenology of conflict[J]. Administration & Society，2004，35(6).

由”权利的体现。作家亨利·戴维·梭罗（Henry David Thoreau）说：“人类已经成了人类工具的工具。”后世文学批评家对梭罗的评价是，他“完全不需要邮局”，“对报纸也表达过蔑视”。但他并非隐士，也绝不避世，他在对瓦尔登湖的极简“隐居”生活的记录中，颇有意味地分配了他房间中的最重要“家具”：“我的房子里有三把椅子，拿出一把用来独处（solitude），第二把用来结交朋友（friendship），第三把用来交际（society）。”在行使这种“消极自由”时，个人便掌握以“自我卷入程度”为标准的媒介关系尺度，为发自内在的关系需要匹配不同开放程度的媒介系统。

参照社会心理学家格林沃尔德的理论，“自我”可以从“自我动机”层面区分为“私我”（private self）、“公我”（public self）和“群体我”（collective self）[①]。那么针对媒介系统的不同层次，我们也可以将三重媒介分别命名：在主动搜索信息、了解事实、浏览新闻、学习知识、自我娱乐等心理上一人完成的情境下，选取的是“私人媒介”（新闻、知识、自媒体、音视频类）；在发表意见、了解他人观点、沟通信息等心理上需要与他人“对照信息”的情境下，选取的是“公共媒介”（论坛、即时通信、微博）；在协商讨论、社群分享、多人娱乐等心理上需要介入集体，满足“社会参与”需求的情境下，选取的是“群体媒介”（社群、游戏类）。

媒介使用的三重自我动机如表 3-2 所示。

表 3-2　媒介使用的三重自我动机

	三重自我动机	三重媒介
独处	私我（private self）	私人媒介（private media）
沟通	公我（public self）	公共媒介（public media）
交际	群体我（collective self）	群体媒介（collective media）

从这一要素上入手，可以了解受众从“消极自由”视角出发对媒介的主观分类。而这样基于关系认知的分类源头，也是个人媒介系统建立的基础。

3.2　自组织的受众

人类的重大改变与人类的连接方式相关，如果我们再以“上帝之眼”鸟瞰

① Greenwald, A. G. “Ego task analysis: An integration of research on ego-involvement and self-awareness”. In A. H. Hastorf & A. M. Isen, Eds., Cognitive social psychology[M]. New York: Elsevier, 1982: 109-147.

全球人际关系网络图的动态变化，原本只有面对面互动而存在的亲缘小团体，因为符号的出现而有了跨时间与空间的弱连带。随着文字的出现，这些小团体开始“自组织”出更大范围的小型子系统，子系统间也有了一定的连接。

3.2.1 从强关系到弱关系

社会网络中的人际关系，可以分为“强关系”和“弱关系”两类。个体同质性较强，个体之间关系较为紧密的关系为“强关系”；而个体异质性较强，个体之间关系并不紧密的关系为“弱关系”[①]。“弱关系”在信息传播过程中影响作用更明显，弱关系对不同关系社群的信息传递，起到了一定的桥接作用[②]。

在社交媒介时代，每一个置身于社交媒介关系之中的人都被这种“弱关系”影响，朋友转发的内容会进入你的社交信息流，成为你的信息源，而亲密家人通常并不是。由于这种“弱关系”的大量存在，社交网站上个人所见内容基本都由媒介框架和个人关系框架共同构成——媒介组织发布海量内容、弱链接们的选择决定部分进入你视线的“媒介菜单”。

相比之下，个人关系框架正在发挥越来越重要的作用。由于社交媒介无处不在，以及通过社交媒介消费新闻和资讯的普遍性，消费者之间的关系网正与信息传播网络镶嵌在一起。以关系为渠道，以多元共同体为特征的社交传播时代正在到来，其表象在于，任何微小的兴趣、事件、话题，都可以集结成为稳定的或者临时的共同体，“人以群分”的基础范围以及集结速度都是空前的。

于是，人们更多地选择在微博与微信上关注与自己兴趣相近、三观契合的人，屏蔽自己不了解的领域，“拉黑”意见不合的观点持有者。社交网络上的“朋友圈”会造成自我价值观的不断强化和固化，偏好成了唯一标准。由弱关系组成的社交网络和信息传播网络，组织成了用户之间的弱关系传播。

3.2.2 从地缘到趣缘

社会本身就是一张巨大的网络，互联网的出现使得这张网更加紧密，人类社会第一次大量出现超越空间距离的社群，在社群内也有大量多向的互动，这是过去超越面对面互动的电话、信件、电报都办不到的。但是这张全球人际网络图却不是均质的。语言与文化是阻碍连接的第一大力量，所以有了几个相对

---

① Granovetter, Mark. The Strength of Weak Ties: A Network Theory Revisited[J]. Sociological Theory, 1983, 1(6): 201-233.

② Caroline Haythornthwaite. Strong, Weak, and Latent Ties and the Impact of New Media[J]. The Information Society, 2002, 18(5).

连接较为紧密的巨型子系统；又因为政治体制与区域整合，所以有了国家、区域联盟等；子系统之下又有第二层的大型子系统，因地理、兴趣、行业、职业等的区隔，所以有了城市社群、全国性社群、大型组织等；在这些大型子系统中区分出一个又一个小型子系统，如组织、社群、社区等，层层分化，最后变成成千上万甚至上亿个"朋友圈"。[①]

社会学家费舍尔（Fischer）曾在其著作《社会网络与场所：城市环境中的社会关系》中阐述了社会网络在城市居民生活中的作用，指出居住在非邻近地域的居民，通过特定关系（如共同兴趣或爱好、共同价值观等）组成一个群体，从而形成自己的社会网络。根据学者盖尔德（Gelder）的界定，亚文化群是指以特有的兴趣和习惯，以共同的身份、行为以及所处的地域而在某些方面呈现非常规或边缘状态的人群。可见，共同的兴趣是构成亚文化群的内在因素之一。算法推送技术下，以具有相似度的兴趣爱好标签为隐性连接线索将用户聚集，用户具有了共同的目标与属性，成为具有共同兴趣的趣缘群体，而这类趣缘群体则具有了亚文化群的特征，他们因为算法推送的标签成为某一类特殊群体，组建成集体的精神堡垒。

但随着互联网的兴起与应用，人与人之间的连接方式、连接范围逐渐被媒介技术拓展。人与人之间的联系不再局限于临近时空当中的连接，互联网技术由最初的终端连接，不断演进为内容连接、关系网络连接，乃至发展到在大数据算法下的趣缘连接，逐渐地将那些在传统社会中类似于小规模、松散化的俱乐部形式的群体连接起来，形成网络空间中的虚拟社区。

隐秘性。算法通过对用户的兴趣、个人偏好、人口统计学特征等进行分析，分析出用户特征之后贴上标签，用户往往意识不到这会达到一个类似于议程设置的效果。而在进入互联网平台后，用户其实已经在被推送的信息中设置了隐性的连接议程，尽管信息落点更加准确，但长期接受这样的"润物无声"的连接，难免会落入"信息茧房"。

强黏性。当前社会大大增强的异质性以及社会节奏加快，"原子化动向"给予人们"复杂、脆弱的人际关系"之感。尽管隐性连接不易被察觉，但因其基于用户的个人兴趣，且收受高效，与主动选择不同的是，倍感孤独的现代人在看似无意地进入与个人喜好相同的环境和群体，容易迅速产生归属感和依赖感。因而，隐性连接具有很强的用户黏性。同时，算法进行的高质量场景匹配，也是增强黏性的一个重要原因。

隐性连接与显性连接实现的由弱到强的关系连接，最终会实现向显性连接

① 罗家德. 复杂：信息时代的连接、机会与布局[M]. 北京：中信出版社，2017.

转化。算法推荐机制会根据用户喜好将用户归于某类标签之下产生一定的聚集，尽管其在信息接收时并没有达到完全的接收，但是基于趣缘的同类信息以及虚拟社区环境中的有类似喜好的用户在互联网中的行为，如转发、点赞等，用户通过“观看行为”，会与这类信息和用户产生潜在的关系，也可看作一种极弱的关系。一方面，算法会根据用户“画像”源源不断地推送相类似的消息，信息落点越来越密集，会增强用户与信息之间的关系；另一方面，当某些用户因为弱关系接触到一些基于趣缘的推送信息，进入网络社群后发现有极高的认同度时，弱关系也会逐渐增强为强关系。强关系出现后，用户与信息、服务之间的连接就会变得主动，很有可能实现由隐性连接向主动的显性连接转化。

3.3 进化的受众

卡斯特尔（Castells）提出“大众自传播（Mass self-communication）”的概念，认为所有的媒体使用都是以使用者“自我”为核心的。何米达（Hermida. A）提出：情绪成为目前所有媒介分享行为的中心机制。德鲁士（Deuze）概括说：“我们不是和媒介生活在一起，而是生活在媒介之中。”也有学者将宏观社会概括为“媒介化的世界”（mediatized worlds），将置身其中的生活描述为“媒介化生活方式”（mediatized way of life），个人永远被连接，永远在线（permanently online）。

3.3.1 数字原住民

每当谈及数字技术的发展对不同年龄段人群的影响时，数字原住民（Digital Natives）、数字移民（Digital Immigrants）这对概念都会进入我们的视野。

最初提出这对概念的是教育家马克·普伦斯基（Marc Prensky）。在 2001 年发表于《地平线》杂志上的文章中，他提出伴随着计算机、电子游戏、音乐播放器、手机等新媒体技术而成长起来的一代叫作“数字原住民”；与之相对应的，并不出生于数字时代，但是逐渐接受了各项新媒体技术的人则叫作数字移民[①]。相比之下，数字移民的特征是“将数字技术当作工具”，如打印出纸质版来做修改、校对，再使用电子版传输；先检查使用手册，再一步步理解新工

① Prensky, M. Digital natives, digital immigrants. part 1. On the horizon, 2001, 9(5), 1-6.

具……而与数字技术同步长大的数字原住民们，是完全可以做到无纸化办公、在数字工具面前丢掉说明书的，他们是秉持“使用中学习”（learning by doing）基本态度的全新群体。

对人群做这样的划分，其背后的假设是在信息技术伴生下生长起来的年轻人与年长一辈的人在许多方面存在差别。

首先，两代人对于新媒体技术的采纳速度明显不同。在创新扩散理论（Innovation Diffusion Theory）和技术接受模型（Technological Acceptance Model）等关于用户与技术产品关系的理论框架中，年龄都是十分重要的影响因素。例如，在创新的扩散过程中，年轻人一般是创新的引领者和早期采纳者；就技术接受而言，年轻人能够对技术产品的感知易用性和感知有用性高于年长的人。因此他们的使用意愿更强，由此导致的使用行为也更显著。

其次，年轻人的注意结构也与长辈有所不同，或者说数字原住民所偏好的媒介样态不同于数字移民。相比于传统的单向传输媒介，年轻人更偏好具有互动性的媒介。尽管有许多关于年轻人注意力持续时间（attention span）缩短的顾虑之声，但是实际上年轻人对于游戏的注意时间可以延续很长，所以不是年轻人失去了长久集中注意力的能力，而是他们有选择性地付出自己的注意力，承载他们注意力的媒介不同于年长人群。

最后，数字原住民对技术环境的期待也不同于数字移民。他们所期待的互联网使用体验，是无缝、流畅、个性化并且掌控权充分在自己手上。因此，他们对于交互界面出现卡顿、推荐内容不合胃口等问题的容忍程度也较低。

3.3.2 搜索一代

与“数字原住民”相互呼应的一个概念是“搜索一代”，指的是出生于1993年以后的互联网时代，最早接触到搜索引擎的一代，他们的成长环境被描述为“沉浸、丰富、互动媒介的文化”。研究人员基于这一概念展开了大量关于新媒体发展对少年儿童的影响的研究，其中对“搜索一代”的基本态度存在差异：在有的研究中，“搜索一代”是熟练使用网络的代名词；而在有的研究中，青少年对搜索引擎形成了强烈的依赖，他们快速而肤浅地浏览，不消化也不做停留。

不过，“搜索一代”的提出与其说是为了描述某一现象，不如说正是为了回应这样的疑问：“搜索一代”在他们获取信息的方式、对信息的呈现方式的偏好等方面，是否有别于互联网前时代的人？问得更具体一些，“搜索一代”究竟确实存在，还是一个伪命题？来自伦敦大学学院（UCL）信息行为与评估研究中心（CIBER）的伊恩·罗兰兹（Ian Rowlands）博士指出，关于年轻用户的“迷思”有很多，如年轻用户永远保持在线，他们擅长与技术打交道、善于寻找信息，对延迟持零容忍态度；但是在关注代际差异的同时，我们也不应将当下的年轻人“特殊化”。实证调查发现，大多数年轻人并不了解自己的信息需求，也不擅长筛选信息源。他们在执行搜索任务时浅尝辄止，花在评估信息价值上的时间通常很短，满足于字面上符合搜索需求的内容，只是浏览（view）而并非阅读（read）。作者因此提出“这一代年轻人太不一样了”这样的观点是站不住脚的。虽然这一研究是在 2009 年进行的，而如今的社会已经从 PC 时代全面迈入了移动互联网时代，但是这一研究对新技术下的代际差异所持的谨慎态度也是本研究所认可的。因此，我们一方面承认代际之间的内容消费习惯和兴趣话题存在差异，另一方面也对信息处理模式与能力的代际差异持审慎态度。

在有关信息系统（information system）的研究中，信息行为可以大致分为积极搜索、持续搜索、消极注意、消极搜索四类。积极搜索是指人们有目的地寻找信息；持续搜索，指的是在已有知识框架的基础上进行有目的的信息搜索和更新；消极注意，指的是人们并未有意寻求而获得的信息，如听广播、看电视；消极搜索，指的是搜索行为（或其他行为）偶然导致人们获得与自己有关的信息。后来有学者专门提出了“信息偶遇”这一概念，专门用来指在没有预想到的情境中意外获得有用信息的现象，与消极搜索所描述的现象有相似之处。

3.3.3 自我认同与群体认同

关于媒介使用的研究主要有两个理论视角：第一是信息搜寻，该假说认为人们使用媒介的主要目的是获取信息或其他社会功用；第二是情感满足，即人们使用媒介的主要目的是弥补现实生活中交流沟通的匮乏，或是通过网络来进一步地丰富人际关系。事实上，这两种理论视角并不是相互矛盾，而是彼此交织的；几乎所有的媒介接触行为都既有其功能性的一面，又有其社会性的一面。

将视野从个体层面放远到集体层面，正如著名社会学家曼纽尔·卡斯泰尔（Manuel Castells）在《认同的力量》中指出，网络社会的意义是围绕一种跨越时间与空间而自我维系的原始认同建构起来的，而这种原始认同也同时构造了他人的认同，在网络社会中是“共同体的天堂”。认同是个体对自我和他人的理解。自我认同和群体认同是两种基本的表现形式：前者以自我为核心，强调个体对自身的反思、认定和追寻；后者指个体意识到自我属于某一特定群体，并体验到群体带给自我的情感和价值。自我认同受到群体认同的影响。

在媒介化社会中，自我认同与群体认同越来越多地通过社交媒体得以实现，信息的发布与传播均承载着寻找认同的心理动机。在一项针对大学生展开的分享新闻意愿的调查中，研究者以使用与满足（Use and Gratification）理论作为框架，发现信息搜索、社交和地位寻求这三项需求越强的个体，越倾向于在社交媒体上分享新闻。其中社交需求指向通过使用互联网来与其他个体建立联系，从而获得归属感；地位寻求则是指分享新闻有助于人们在自己的社交网络中塑造并保持某种形象。在这里，与他人建立联系，构成某种意义上的共同体，就是对群体身份认同的追求；通过分享新闻来建立自己的社会形象，期待获得好友的点赞和回应，就是对自我认同的追求。

这种认同的需要在年轻人之中显得尤为重要。发展心理学将从青少年向成年人过渡的这一阶段称为成年初显期（emerging adulthood），处于这一阶段的年轻人生活普遍经历较大变化，逐渐获得更多自主性并形成自我（sense of self）。但是，当下社会指导这一成年过渡期的各种社会规约都在弱化，成年不再遵循某一条既定的路径，因此社会支持和社会心理资源就显得愈发重要，而媒介则成了年轻人寻求这种支持与资源的重要渠道。因此，对于“90后”“00后”这些正在经历离家求学、接触社会、初入职场、面临选择乃至结婚生子等人生轨迹的剧烈变动的年轻人而言，哪怕纯粹的信息内容消费都承载着他们对身份认同的追求与期待。

另外一个与身份认同密切相关的现象是偶像崇拜与饭圈文化。粉丝群体的年龄分布一般集中于10～30岁这一区间，以年轻人为主力群体。偶像作为一种媒体人物（media figures），崇拜者与之建立的超社会关系是一种次级依恋（secondary attachment），是崇拜者在情绪上逐步摆脱父母束缚、日益自主的特殊时期，是从父母依恋向同辈依恋的转移；他们从对杰出人物的认同和依恋中肯定自我的价值，这也是他们在自我否定期追求自我肯定和理想自我的一种特殊形式，有助于青少年投射自我以及重新建构自我。粉丝围绕共同的偶像而建构起亚文化社群，形成身份认同，因此追星并不再只是粉丝与偶像的单线关系，而是多条双向的互动网络。更进一步说，偶像崇拜与饭圈文化不是孤立的社会心理事件，而是年轻人媒介化自我建构的有机组成部分。

3.3.4 以“我”为尺的价值评判

互联网的快速发展所带来的信息爆炸和算法分发所带来的供需适配，使得个人化信息需求得到了前所未有的满足，尼葛洛庞帝在近半个世纪前做出的

“我的个人日报”（Daily Me）的预想在今天已成为现实。这是一种技术对个体的赋权，人们得以从固定时间、固定渠道、有限选择的媒介消费中被解放出来，在信息海洋中能动地自我配置媒介和信息菜单。在这种高度自主的背景下，人们对信息价值的认知理念就成了取舍的重要标准。

社会心理学认为，人的价值观能够对长期稳定的行为做出预测，由此我们可以推断人们的新闻消费模式受到其价值判断的影响。尽管个体价值判断标准存在较大差异，但总体来说年轻人对新闻的价值判断标准发生了如下改变：他们不再以新闻对社会的价值作为评判标准，也就是说不是对社会、国家、人类命运越重大的消息越受到关注；“我”成了评价尺度，相关性变成了年轻人消费新闻的标准。

牛津大学路透新闻研究所针对年轻人群的新闻消费习惯进行追踪调查，基于他们的价值取向和行为模式，提出了四种新闻消费模式的类型，分别是专注型、效率型、消遣型和拦截型。

专注型（Dedicated）：“关于……问题的精彩报道”。专注型用户对于新闻消费的态度类似于看小说或电视剧，他们会全情投入，沉浸、深入地阅读新闻。他们将消费对象视作信息大餐，其消费对象主要是叙事性较强、引人入胜的高品质分析性文章和观点性文章。新闻消费的时段一般较为私人和完整，多发生于工作日的晚上和周末。

效率型（Updated）：“今日要闻”。效率型用户关注以最高效的方式获得自己所需要的资讯。此类用户十分看重新闻的环境监测功能，主要通过新闻来了解最新时事动态，他们需要的是高密度、高时效的信息简餐。新闻消费的时段一般在晨间，开始一日学习或工作之前。

消遣型（Time-filler）：“看看有什么新鲜事”。消遣型用户的关注点并不在新闻本身，他们更多地通过新闻来打发时间或找乐子。此类用户的新闻消费往往是一种伴随行为，在看新闻的同时或是在做其他事情（如开会、排队、通勤），或是在各媒介平台之间频繁切换（如微信）。他们所需要的是情境适切的、流动的、随时随地的“新闻零食”。对于此类用户来说没有固定的新闻消费时段，只要有空闲的时间就有可能进行消费。

拦截型（Intercepted）：“快来看这个新闻”。拦截型用户的新闻消费多为被动式的。即时通信软件的弹窗、社交媒体的转发、新闻聚合平台的推送等都有可能拦截此类用户的注意力，使其放下手边的事情，开始新闻消费。对于此类用户来说，新闻与用户的相关属性最强，因为只有个人关切的话题才能成功地改变用户的任务状态。此类用户的消费行为可能发生在任何一个时段。

以上模式的划分从用户的价值取向出发，尝试对行为进行概括和预测。其可取之处在于并没有只聚焦于哪些内容题材比较受某类人群的欢迎，而是将信息消费置于人们的日常生活之中，从而提供一个较为稳定的行为预测指导。上文提到了与“我”的相关性成为年轻人在消费信息产品时的取舍标准，而以上四类模式就是对相关性的一种非内容题材导向的划分。

3.4 流动的用户

人与技术相结合的“新主体”既是具体实在的也是变动不定的。人类学家艾伦·汉森（F. Allan Hanson）将这样的状态称为“能动的流动性”（fluidity of agency）[①]。当下受众研究不得不认清这样的现实：受众在形态上是移动的，在心理上是“流动的”（liquid）。

这里所谓的“流动性”，是社会学概念，并非单纯指技术带来的“可移动通信”。“流动性”被认为是现代社会的一个重要特征，近年来“流动性”丰富而深刻的意义在约翰·厄里（John Urry）、齐格蒙特·鲍曼（Zygmunt Bauman）、乌尔里希·贝克（Ulrich Beck）和曼纽尔·卡斯泰尔（Manuel Castells）等当代著名学者的著作里都得到了详细的阐述。其中鲍曼更是把“流动的现代性”（Liquid Modernity）看作人类历史上比现代性本身的来临更为激进、影响更为深远的一次变革。鲍曼把“时空压缩”定义为“流动的现代性”形成的主要原因[②]。

对生活在流动社会中的人，鲍曼有过一个鲜明的描述：“人们害怕被弄得措手不及，害怕赶不上迅速变化的潮流，害怕被抛在了别人后边，害怕没有留意保质期，害怕死抱着已经不再被看好的东西，害怕错过调转方向的良机而最终走进死胡同[③]。”鲍曼认为这样的心理是当前社会的基本特质。

3.4.1 主体身份上的流动

能将这些角色的本质更扩大化的，在于受众的“永久在线”的链接“解放”。即便是在不断移动中，人们也可以保持联络。麻省理工学院的谢里·特克尔（Sherry Turkle）认为，今天人们已经成了“链接的自我”（the tethered

① Hanson, F. Allan. The New Superorganic[J]. Current Anthropology2004, 45(4): 467-482.
② 陶日贵．鲍曼“流动的现代性”的当代意义[J]．社会科学辑刊，2007（02）.
③ 齐格蒙特·鲍曼．流动的生活[M]．谷蕾，武媛媛，译．南京：江苏人民出版社，2012.

self)，意即总是在我的手机上（on my cell）、在线上（online）、在网络上（on the Web）、在即时信息上（on instant messaging）①，更有学者把“永久在线”（Permanently Online）看作媒介环境的最大变革②。

永久在线意味着，信息可以无障碍直达用户入口，与此同时，什么样的信息被选择和消费，权力早已移交，信息生产者更像是动用各种技术无限迎合受众的需要，但是真正操作点击、转发按钮的手仍然受个体思维的控制。

受众可以在浩瀚的信息海洋里选择，同时也失去了大众媒介时代的编排之后的“秩序”。受众在“链接一切”的兴奋过后，更多的是回归理性，在社交账号“关注与屏蔽”的行为里分配注意力；在自媒体的“置顶”功能里调整信息渠道的优先级别；在付费专栏里为更权威、更想了解的内容用直接付费的方式给予更多的支持和依赖……这一切看似个人主动的媒介行为，都可以归纳为受众正在“编辑”自己的信息流，在无限的信息中配置有限的精力，并寻求一定的秩序。正如列维·施特劳斯所说，只有“创造秩序”的人才具有主体性，人在创造秩序的同时创造自己的人性。

事实上，并不存在超越性的“新身份”，受众是在不同身份之间自由切换以不断寻找新的主体感，同时具备多重身份、随时在线的“超级个体”，是人与终端的结合，是不断在信息中寻求秩序的媒介消费者。

3.4.2 时间与空间上流动

移动互联网时代，受众不仅在时间和空间上掌握主动权，更在多屏终端上自由流动和啮合消费。

关于多媒体共生以及跨屏媒体接触的研究近年来非常丰富。边看电视边更新社交媒体这样的类似行为，被称为媒体啮合（media meshing）。

2014 年，谷歌公司联合市场调查公司 Ipsos 和 Sterling Brands 对美国媒介消费者的消费行为进行大规模调查，发现普通民众 90%的时间属于跨屏消费。他们可能在社交媒体上发现一部电影，在平板电脑上搜索出来观看了前半部，之后回到家里只能在电视上看完；可能在通勤路上在移动端收藏好心仪的商品，在恰当的时候再在 PC 端下单；又或者他与朋友在共同观看一个电视直播节目，同时拿着手机在社交媒体上对节目的细节不断评论和吐槽……

如同鲍曼所总结的那样，时空压缩是流动的现代性诞生的主要原因。时空

① Turkle, S, Always-on/Always-on-you: The tethered self .In J. E. Katz (Ed.), Handbook of communication studies, Cambridge, MA: The MIT Press, 2008: 121-137.

② Peter Vorderer Matthias Kohring, Permanently Online: A Challenge for Media and Communication Research[J]. International Journal of Communication, 2013, 7(1): 188-196.

压缩体现在媒介消费上，不只是麦克卢汉的地球村，不只是伊尼斯的时空偏向，而是多屏联动的啮合消费所自动选择的时空差距在互相弥补着时空的偏向。这种自主安排时空的能力和行为，正在制造一个新维度上的流动。

因此，一直被媒介产业谈及色变的“碎片化”和“自治”，其根源都是时空的利基化使用。由此而引发的，从垄断时空一次性攫取大多数受众的注意力，到从利基时空的消费中获得精准注意力的累积，这种价值单位上的巨变，是产业变革的起点。

更有启发意义的是，受众个体的自由所带来的多样性，开辟了除了大众传播之外的媒介经济形式，即小众经济的可能性。受众个体愈是自由，越是能够依靠新技术的力量来建立属于自己的媒介“食谱”（diets），受众类型便越是多样[①]。探索这些有待满足的“食谱”，并探索以怎样的方式将其送至对位受众的视野中，是一个更为长远的媒介命题。

3.4.3 关系上的流动

“衣帽间式的共同体”（cloakroom community）是鲍曼对流动现代性人群一个特征的概括。在《流动的现代性》中，鲍曼描述了这一共同体的特殊“景象”：演出开始前，人们穿着厚厚的外套和皮夹克，经过不同的街道鱼贯而入，将外套脱在大堂，挂在衣帽间。进入表演大厅后，他们服从特定的着装规则，整齐划一。表演期间，他们全神贯注，有共同的欢笑、悲伤和沉默，如同有过彩排一样，同时发出喝彩、惊叹或抽泣。帷幕降落，他们重回衣帽间，穿上外套和皮夹克，刹那间，消失在街道形形色色的人群中。

“衣帽间式的共同体”具备三个典型的特征：因事件而短时间聚集起来、缺乏身份认同、感情投入脆弱。但这个共同体因为观看同一部戏，而暂时拥有共同的喜悦、哀愁、焦虑、愤怒……是“五分钟的（集体）仇恨与热爱”。鲍曼形容，“许多单独的个体可以紧紧地依靠它来消解他们个人的恐惧”，“更好地去忍受在嬉闹片刻结束之后他们必须回到的日常工作”。鲍曼认为，这样的共同体绝不是痛苦和不幸的疗救办法，它们反而是流动现代性条件下的社会失序的征兆，甚至有时是这种社会失序的原因[②]。

在互联网上，几乎每一个单位的内容都可以短暂激发一个衣帽间式的共同体的出现——对某条新闻义愤填膺的网友、对娱乐明星八卦评头论足的观光团、因为某一部电视剧产生共鸣的职业群体、因为对某种娱乐方式品位一致的

① 丹尼斯·麦奎尔. 受众分析[M]. 刘燕南，等，译. 北京：中国人民大学出版社，2006.
② 齐格蒙特·鲍曼. 流动的现代性[M]. 欧阳景根，译. 上海：上海三联书店出版社，2002.

观众……这些短暂而迅速聚集到一起，爱恨同步又火速退去的群体，是“衣帽间式的共同体”的网络写照。而身份多元又掌控利基时空的消费者个体，则每天在不同的“衣帽间”之间自由流动，随时进退。

网络社群，无论在研究界还是在实践界都是个重要的课题，研究人员一直将“持续互动的群体”作为单位进行研究。但很多社群研究忽略了一个重要现状——任何一个新媒体用户都不只身在一个社群，他们在此之上的多社群的液态游走，是更为典型的消费行为，他们并不想成为某个社群。

“持续联络”的网络社群的确是部分传播的节点和经济形成的基础，但更应看到，那些存在于社群中“永远在线”的个体也可以“永不出现”，他们游走在不同的社群中，控制着在不同社群中的角色，更有效地避免了被任何群体所束缚。社群的建立者通常为线下行为的联络做补充或者做铺垫，但真正引发一次次全民网络狂欢和传播高潮的都“生于线上、死于线上”，与“衣帽间式的共同体”的特点更为契合。综上所述，媒介受众不再是一个统一的概念，而是充满了多样性、变动性、不确定性的个体。在受众无限接近个体细分的过程中，行为日渐与社会心理状态、个人心理差异联系紧密。在分析讨论媒介产业变迁和媒介政策之前，对当下受众的状态做分析是非常有必要的。

综上，“流动的受众”可以理解为：不断切换多元身份的用户，在不同的终端上以 ID 为核心游走在海量信息中，通过调整信息源和社群身份不断消费信息，并逐渐寻求其中的秩序。在这个过程中，享受以事件和情绪为由头引发的，与其他个体随时随地、转瞬即逝的聚集和解散，在消费中不断寻求信息与情绪的满足。而这一切都可以随时随地发生在各种生活必要环节的缝隙里。

3.5 用户行为的分析与度量

新媒体技术提供了各种新平台，由此我们可以观测到很多不同种类的用户行为。但受众研究的基本问题并没变，即受众是主动的还是被动的、是理性的还是非理性的、不同受众的活跃程度以及不同受众的理性程度等。这些问题之前一直未能得到很好的解答。现在面临的新情况是，我们有了很多数据来帮助回答这些问题[①]。

媒介的碎片化使用、多任务使用、交互化使用、沉浸式使用给受众行为带

① 李晓静，付思琪. 智能时代传播学受众与效果研究：理论、方法与展望——与香港城市大学祝建华教授、斯坦福大学杰佛瑞·汉考克教授对谈[J]. 国际新闻界，2020，42（03）：108-128.

来了测量难题，以及用户行为的泛在化和复杂性导致了难以获取全部数据的问题。如何更好地测量用户的媒介体验与行为，绝对是传播学所面临的最大挑战之一。

3.5.1 理性行为与非理性行为

就目前来说，行为经济学的研究尚未形成成熟的理论体系，但行为经济学对当下后现代状态下的社会现象解释力来说，远比传统经济学更贴近现实。诚如塞勒就任 2015 年度美国经济学联合会会长时所言：如果经济学确实沿着这些路径发展，那么“行为经济学”这个术语终将从我们的词典中消失。所有的经济学都将像一般规则要求的那样看待行为，到那时我们将会得到一个具有更强解释力的经济学方法。

1980 年，芝加哥大学行为科学教授塞勒（Thaler）在解释沉没成本影响个体消费决策的原因时，首次提出了心理账户（mental accounting）的概念。心理账户是人们在心理上对经济结果编码、分类和估价的过程，揭示了人们进行财富决策时的心理认知过程。该理论认为，大到公司或组织，小到家庭和个人都存在着一个或多个显性或隐性的账户体系，这些账户体系无论是在记账方式上还是在运算规则上都与传统规范经济学和数学运算方式存在显著差异，从而使个体的决策常常偏离经济人假设。在媒介消费极度个人化之后，对消费的研究显然缺失了有效的比较维度。

但是无论消费者如何在个人化的时间和空间中做选择和安排，每天 24 小时的时间对每个人来说都是公平的，时间不可逆转并且无法储存。所以有两种关于时间的理论可以在衡量媒介消费时借鉴，它们一个是经济学上的“时间预算”（time budget），一个是行为经济学上的“时间心理账户”（psychic accounting of time）。

时间预算，来自经济学的“预算”的概念，在进行一项消费之前最大的花费评估是怎样的，时间预算也来源于此，鉴于媒介消费主要是时间和注意力层面的“消费”，那么你愿意在某类媒介消费活动上花费多少时间和注意力呢？美国学者 Zhang & Ha 在 2012 年做了一个基于时间预算视角的政治新闻消费兴趣研究，对 253 份邮件调查样本做了分析后得出以下调查结果：移动消费人群比非移动消费人群的时间更紧张（工作时间更长、自由时间更短暂），因此对政治新闻更感兴趣的人在移动消费中更积极。这一结果也侧面表明了移动消费对空隙时间的利用。

时间心理账户的概念，来源于行为经济学的“心理账户”（psychic

accounting）概念。这一概念最早是在 20 世纪 80 年代，由行为经济学家理查德·泰勒（Richard Thalar）在解释沉没成本效应时首次提出的。之后不同的经济学家在泰勒的基础上系统分析心理账户的特征分类以及对人们众多行为的影响，其中对消费和金融投资的影响层面的研究尤为丰富，成为行为经济学中一个重要概念。其内容主要是人们在面对不同决策时的一些看似不合理性的决策，其实是由于心理账户上的损益感造成的。国内有学者借鉴相关的概念，将时间心理账户定义为：人们在心理上对自己的时间资源进行分类、预算、监控和评价的账户系统[①]。也有实证研究结果发现，在日常生活中，人们通常会基于这个时间的活动内容来进行分类。“时间心理账户”具有较为稳定的五维结构模型，分别为工作时间心理账户、家庭时间心理账户、社交时间心理账户、休闲时间心理账户、学习时间心理账户。不同账户之间边界模糊，但不能互相替代，否则将产生不良心理障碍[②]。

3.5.2 用户决策行为的分析要素

在非理性行为理论中，构成一个决策主要包括三个方面的要素：决策的情景因素、个体的偏好结构和个体的信念特征。因此在对用户媒介行为这一偏向非理性决策行为进行分析时，可以从如下三个要素入手。

1. 要素之一：媒介认知

认知需求（Need for Cognition，NFC）是一种重要的人格特征。认知需求即用有意义的、整合的方式组织相关情景的需要，当这种需要不能得到满足时，个体将产生一种紧张感，此时个体会积极努力地去组织情景、提高理解[③]。从马斯洛需求层次理论看，认知需求和安全上的需要紧密相关，个体需要感知安全威胁、消除紧张感。在这个意义上，认知需求是最为基本的需求。认知需求往往驱动信息搜寻行为。信息是人类活动的基础。信息论创始人香农首次将物理热力学中“熵”的概念引入信息论，认为信息就是“负熵”，即信息是人们对事物了解 的不确定性的消除或减少。信息对于人的人际交往、社会活动、心理建构等方面具有重大意义。

受众如何认知媒介，是对整体信息系统的理解和采纳的前提。有研究认为受众价值观是指在新闻传播活动中，新闻传媒具有能为人们提供鲜为人知的、

① 赵星. 时间心理账户的理论研究[J]. 科学中国人，2015，33：131-132.

② 李爱梅，魏季. 基于“时间心理账户”视角的幸福体验研究[J]. 第十五届全国心理学学术会议，会议时间：2012-11-30，会议地点：中国广东广州.

③ 曹锦丹，程文英，兰雪，王崇梁. 信息用户研究的认知需求视角分析[J]. 情报科学，2015（5）：3-7.

具有新闻特质的新信息、新知识，能够满足受众由社会交往所引起的认知需要而具有的客观价值在受众头脑中的反映，是促使受众接近传媒、获取传媒、欣赏传媒、享受传媒的内在驱动力。受众价值观，是调节受众接触传媒行为，决定受众同传媒关系疏密的意向观念，是体现受众本位的核心内容①。

如果说大众传播时代，在相对局限的内容中这种“个人差异”主要体现为对统一的大众媒体上信息的理解偏好，那么信息技术与移动互联网技术所共同促成的当下个体化消费的现状，则将更多的“个人差异”指向理解之前的“接触与选择”。随着“信息加工学说”的引入，研究界逐渐将媒介行为的驱动力量指向互联网的认知架构，进而出现了一种以认知勾连传播结构与行为的研究路径。研究认为，始于接触与使用新闻之前的“媒介认知”（media cognition）、媒介观影响媒介的接触与选择成为这一研究路径上的基本假设。

“媒介认知”与“媒介观”一直是现代传播研究中的重要概念，受众使用何种媒介、如何使用媒介及采纳媒介传播中的何种信息，都与媒介观念相关②。早在 20 世纪 60 年代，有社会学者在关于现代性的研究中已经不断涉及“媒介观”③，将“媒介观”置于媒介使用与接触行为之前。随后在 20 世纪 70 年代，我国台湾地区学者曾将“媒介观”作为受众现代性研究中的变量之一加以考察④。而在媒介技术突飞猛进的近年，移动化传播的常态更加催生“媒介观”研究的紧迫性和变迁意义。

研究表明，在社会性媒介认知中，传统媒介的基本认知仍然产生着巨大的影响，与此同时，个体化、社交化媒介使用和普及促进了社会性媒介认知的部分迭代，这意味着传统媒介时代的某些传播手段正在与全民性媒介选择的框架产生错位。

第一，媒介的本质意义。传统的对于媒介的基本认知仍然是主流，表现为对“信息功能”“娱乐功能”“真实性”特质的较高选择率，这说明无论媒介系统多么丰富多元，真实信息仍然是媒介的生存之本。第二，对连接到“人”的高度重视。社交化媒介使用生态使得“社会联系”“社交功能”成为全民性的选择，媒介系统本身正在发生质变，是否更广泛地连接他人成为人们对媒介选择和使用的基本期待。第三，空前的媒介“不安全性”。“安全性”成为全民性的特质选择，仅次于真实性，这也侧面证明了媒介系统的数据隐私和安全等社

① 陈崇山. 受众本位论[M]. 北京：社会科学文献出版社，2008.

② 卜卫. 传播学思辨研究论[J]. 国际新闻界，1996，5.

③ Alex Inkeles, Making Men Modern: On the Causes and Consequences of Individual Change in Six Developing Countries[J]. American Journal of Sociology, 1969, 75(2): 208-225.

④ 杨孝荣. 传播社会学[M]. 台北：台湾商务印书馆，1979.

会性问题深入人心、亟待解决。第四，本研究在调研前期广泛收集提供的多元化的媒介价值、功能、特质选项，在主流媒介认知选择之外正在成为不同人群的差异化选择，这些长尾性质的差异化选择是媒介认知的“第二梯队”，同时也是媒介产业多元化发展和争取不同群体用户的选项池。

2. 要素之二：媒介人格

受情绪、生理、环境等因素影响，用户短时间内的价值感知会产生瞬时变化，但人格特质则由先天获得的遗传素质与后天环境相互作用而形成，是具有持久倾向性的和比较稳定的心理特征与精神面貌，其构成了对事物或人相对持久的态度、认知和理解。因此人格对于媒介用户使用行为也会产生持续不断的影响。例如，对游戏玩家的研究中，有学者从“其他用户—媒介系统—自主行动—他人互动”的象限出发描述六种游戏者人格，即注重“社会倾向—个人倾向；利他倾向—利己倾向；建构倾向—解构倾向”。社会倾向者更注重于跟多人互动，建立更多的社会关系；而个人倾向者则更倾向于自我的表达和创造，如在媒介环境中求得遁世等自在表现；利他倾向者倾向于帮助他人，不求回报，如填补维基百科和回答其他网友的问题；利己倾向者则只有在有利益时才会行动；建构倾向者倾向于通过努力学习、提升自我，进而在一个系统里出人头地；解构倾向者则表现出无视规约而“越轨”与“反常”的行为或态度，如在网上做出撒野、反智和好斗的“抬杠”行为等。

系统的媒介人格的划分方式将有利于用户行为与动机分析测量的开展。每一种“人格”及其次级指标都能够找到对应的较为成熟的价值观概念和量表，如利己—利他主义量表等。由于任何人都可能存在多种“人格”的重叠，在实际测量中，需要记录被调查者不同“人格”上的得分，并根据价值观的偏好程度来予以“安置”。在价值观偏好的测量基础上，再根据人口统计学特征，考察现实中“城乡二元”或“代际冲突”是否与媒介环境中的价值观离散呈现某种相关，以及不同价值观偏向的用户群体在多元价值场景下媒介使用行为上的异同和变化。

3. 要素之三：媒介时空

用户使用媒介的行为都发生在一定的情境之中、时空之下。流动的空间（space of flows）和无时间的时间（timeless time）是卡斯特对媒介时空的论述，在他看来，“流动的空间”是这样的地方：通过它的媒介基础设施使得来自不同地方的社会生活能够继续进行，就好像它们实际上在场和相近一样。它是“没有低于邻近性的社会共时性”。而“无时间的时间”是我们关于过去和未来融合在当下的感觉，因为数字媒介将已经发生的事情带给我们，并让我们立即体验来自遥远地方的文化。它既破坏了我们的“逻辑时间序列”，也破坏了我们的“生物时间感”。

人如何使用媒介一直都是媒介研究的重要课题，在移动化使用的今天，探寻媒介使用的模式，人们如何在众多媒介中分配注意力意义重大。威廉·斯蒂芬森（William Stephenson）主张从自我意志的“游戏”和“选择聚神”入手考察传播活动的个体主观性[①]。使用者在媒介接触中如何“选择聚神”，受制于组织环境、制度环境或者社会环境的影响，人们并不能随心所欲地安排自己的时间和节奏。从这个意义上讲，注意力分配的研究可能要超越一般意义的时间管理范式，去挖掘真实世界更深层次的环境约束条件或者因素。社会学的注意力分配研究主要集中于时间社会学领域。与其他学科相比，时间社会学侧重研究注意力分配背后的环境因素。根据研究层次的差异，把已有研究分为三类：从天文时间到社会时间的宏观研究；从社会时间到组织时间的中观研究；从组织时间到个体时间的微观研究[②]。

用户使用的操作化通常是基于时间（time-based）的测量（例如，接触媒介的时长或频率），这是对传统媒介的使用研究的一种沿袭，主要与广播、电视播出时段较为固定有关[③]。以往的研究对媒介使用的测量多关注人们使用媒介的“时长”（how long）、“频率”（how often）、形式或“内容”（what），而“在哪里”（where）、“如何”（how）的使用往往被大多数研究者忽略；大多数研究仅涉及其中一个或两个方面，多变量的综合性测量相对较少，而且这些“综合”中的不同变量、不同指标之间的关系和权重问题也没有得到很好的解决[④]。

目前，对空间（场所或情境）维度的实证考察相对较少，主要集中在对互联网媒介使用的测量，因为网络接入的便捷性和移动终端的发展使得受众媒介使用的空间行为越来越复杂。Google 于 2011 年 10 月组织的“移动星球报告”研究，旨在调研不同国家的手机使用行为，研究覆盖 47 个国家，44 400 位参与者。报告显示，我国城市智能手机用户使用手机的空间，包括家里、公共交通、办公室、餐馆、路上、店内、社交场合、咖啡馆、诊所、学校、机场等。然而经验告诉我们，智能手机的使用并非会因绝对的物理空间而变化，

---

① 宗益祥. 游戏人、Q 方法与传播学：威廉·斯蒂芬森的传播游戏理论研究[M]. 北京：中国政法大学出版社，2017.

② 景天魁，等. 时空社会学：拓展和创新[M]. 北京：北京师范大学出版社，2017.

③ JUNG, J.-Y., QIU, J. L. & KIM, Y.-C. Internet connectedness and inequality: beyond the “divide”[J]. Communication Research, 28(4): 507-535.

④ 廖圣清，黄文森，等. 媒介的碎片化使用：媒介使用概念与测量的再思考[J]. 新闻大学，2015（06）：61-73.

“碎片化使用”的意识使得研究者通常将不同的媒介使用空间统筹在一个指标下进行全面考察，“碎片化”并不能概括所有媒介使用的现状，非物理性的时间、空间感知仍然是移动化媒介使用的某种边界所在。

3.5.3 用户行为的度量方法

并非所有人的行为都可以被量化，但不断探究其内部原因的复杂性是整个社会科学的目标。近年来普遍为欧洲研究界所接受的“新受众研究”，其“新”在于着眼点上更关注受众和信息接受过程，而不是内容生产者、文本、文本产制过程；方法上更依赖于阐释民族志，而非量化统计、内容分析或文学批评；立场上更倾向于将人口统计学变量所代表的社会结构因素、大众文化意识形态、文化领导权问题以及媒体力量的影响等看成是有限而模糊的，专注于描述受众置身的日常生活及文化情境如何影响特殊个体的媒介信息接受行为。但是在新媒体研究领域，一个较为有利并直接的因素就是，用户的行为都会产生数据，这为用户行为的基本度量提供了如下的、正在被采用的可能。

1. 用户行为度量

度量（metrics）是一种测量或评价特定现象或事物的方法，通过稳定可靠、具有信度和效度的度量方法，我们得以测量或量化人或事物的某些属性①。用户行为度量就是在一套可靠的测量方法基础上，对互联网用户的行为进行直接或间接的观测，并将用户行为量化，通过某些特定指标的观察比较，对用户进行画像，构建用户行为模型，找到用户的行为特点。

一般来说，用户行为是指用户在使用时的具体行为，如使用场景、操作规律、访问路径等，具体化为数据指标，常常用点击次数、使用地点、浏览数等来进行计算。但实际上，要想准确、全面地把握用户行为特征，不能只通过观察用户的线上使用行动表征来得出结论，还要从行为产生的动机、行为实施时的情绪、行为所表达的态度三个角度进行综合评价。

具体的行为实施需要有一个目标，引导个体行为的方向，并提供原动力②。个体对目标的认识，由外部的诱因变为内部需要才能推动行为的实施，这种推动行为产生的动力就是动机。用户行为动机产生的前提是使用某种网络产品的需求，而对于用户来说，这些需求是建立在对产品的个人认知基础之上的。因此，结合动机对用户行为进行分析，能够看到用户眼中对互联网产品的认识究

① 图丽丝，艾伯特．用户体验度量：收集、分析与呈现[M]．周荣刚，秦宪刚，译．北京：电子工业出版社，2016：6.

② 彭聃龄．普通心理学[M]．北京：北京师范大学出版社，2012：320.

竟如何，同时能从单一的行为数据表征中剥离出不同的用户行为特点。

情绪和情感都是人的主观体验，但对于用户行为的度量来说，一方面，情绪能够干预、控制行为；另一方面，情绪也可能是用户使用产品后的一种生理性结果。如果在进行网页浏览时两个人都很快关闭了网页，结合情绪的度量，你也许会发现，其中一个人仅仅是因为对网页内容不感兴趣，而另一个人是因为看到了令他恐惧的内容所以逃避性地关闭了网页。所以说，情绪也是用户行为度量的一个重要部分。

用户的既有态度和使用后对产品的态度是用户行为度量分析需要考察的指标。既有态度能够帮助剥离出行为所表现出的倾向中的主观差异，而对产品的态度可以辅助评估行为特征。由此可见，用户行为的度量与分析是一个综合性的过程，需要使用多种方法，测评多种指标，全面考察行为的具体含义，才能够得出较为准确的结论。

2. 用户行为度量的意义

用户行为度量是进行互联网用户研究以及企业改进互联网产品与服务的必要支撑。将行为数据化、评价结构化，能够对行为进行更深入的洞察和理解。仅仅依靠直觉，是不能够对用户和产品画出完整画像的。借助用户行为度量后的指标，才能得到研究与决策的客观数据支撑。

度量的意义在于“精准”。对于企业来说，用户行为度量为决策提供了明确的数据指标。调整设置如何影响用户行为、行为改变对点阅率等指标的影响如何？这些都可以通过用户行为度量和建模预测得到一个可量化的指标，作为决策的参考。基于用户行为分析，建立用户行为偏好模型，还可以提供更加小众化、定制化的服务。对于研究者来说，小样本的用户行为观察可能无法发现行为中的共性规律与集体特征，但当对用户行为进行统一的、大范围的度量，将一些很细微的特征汇集起来，通过大数据、云计算等技术辅助，或许能够得到新的发现。所以说，用户行为度量的意义在于将行为数据化后，为理解用户行为、更新互联网产品、改善服务提供了准确的参照。

用户行为度量主要有两种应用场景。第一种是事前度量，如在新产品开发阶段，产品设计与调试时需要进行多次实验，通过对用户行为的度量，不断调整界面设计与功能安排，以期提升产品的可用性、易用性，获得良好的用户体验。第二种是事后度量，即在产品发布后，需要随时关注用户的行为动向，通过度量用户行为，调整产品设计中的缺陷或进行针对性的服务。详细、清楚地了解用户的行为习惯，有助于企业发掘高转化率页面，让企业的服务更加精准、有效。对于互联网内容平台来说，则可以通过用户的行为特点，发现内容传播的规律与热点，精准推送适当的内容，提高业务转化率，从而提升企业的广告收益。

3. 线下用户行为度量

用户行为度量的方法有很多种，根据实施地点的不同，可以将用户行为度量方法大致分为线下与线上两个大类。

线下用户行为度量多采用实验法、观察法、焦点小组访谈等方式进行。在实际产品开发时，一般在新产品发布前，发现问题，作为设计调整的参照，或是在产品改进时评估改动影响等。

线下用户行为度量大多是通过给予参与者一个任务，或一个核心问题让其解决，在使用产品、解决问题的过程中，对参与者行为及自我报告进行记录。这些行为既包括使用互联网产品的外现行动特征，如使用模式、浏览轨迹等，也包括参与者自身的生理性行为，如表情、心跳、出汗、身体的不自觉动作等。线下用户行为度量的优势在于能够最大限度地观察参与者在做出行为时的一切表征。在实验或长时间的行为观察中，基于一系列生理信号采集处理的新技术、新方法，如眼动追踪、脑电、皮电、心电、压力感应、行为分析系统等，有助于更好地收集和分析用户多维度的行为数据。

眼动追踪（Eye-Tracking）是获得参与者眼部活动数据最直接、应用最广泛的方法，人类的眼睛会透露很多信息，包括注意力、感知觉、记忆、情绪等，揭示认知与决策等心理行为。眼动仪通过图像处理技术，使用能锁定眼睛的摄像机，记录人眼角膜和瞳孔反射的红外线的变化，从而实现对视线的跟踪记录。目前常用的眼动指标有注视时长、注视次数、注视点序列、回视次数等，可以用来评估所看区域对受试者的吸引力程度①以及受试者对该区域的关注度、注意力投入程度等②，还可以直观轨迹显示受试者的浏览路线。眼动数据可以通过常见的 Neurobox 等品牌眼动仪进行精确测量，后续可对数据做统计分析。此外还有一些随行式的摄像头眼动数据收集设备（如 Eye Track Shop），方便研究者走出实验室进行相关研究。

借助脑电（Electroencephalogram，EEG）相关设备，研究者可记录人头皮表面的神经活动，用数据信号反映人体信息加工的过程，准确反映大脑内部信息处理的过程与机制。通过脑电实验采集受试者的脑电数据后，研究者可采用 EEGLAB 等工具对 EEG 数据进行离线分析，可对用户使用互联网产品时的认知加工行为、情感、注意程度等进行测量评价。此外，通过类似 Bio Nomadix

① 邓铸. 眼动心理学的理论、技术及应用研究[J]. 南京师大学报（社会科学版），2005（01）：90-95.

② 任延涛，孟凡骞. 眼动指标的认知含义与测谎价值[J]. 心理技术与应用，2015（07）：26-29.

等设备测量用户使用行为发生时的心电、肌电、皮电、呼吸、体温、脉搏等生理信号，或是类似 Face Reader 的面部表情识别系统，也有助于对行为本身进行多维度分析。甚至已有公司在研发鼠标点击压力感应的测试设备，以及用于分析用户坐姿的椅子，提取出一些指标来作为用户行为的分析辅助。

通过线下对用户生理信号的辅助测量，用户的行为不再只是单一的点击量等数据表征，而是一个立体、多维的复杂系统运作的结果，对行为的度量与解读结论也会更加全面、可靠。但不可否认的是，出于对综合成本的考虑，线下用户行为度量往往样本量较少，适合对个体进行深入剖析，但对于互联网上的群体性行为特征研究助益微小。此时我们就需要线上的用户行为度量方法。

4. 线上用户行为度量

线上用户行为度量主要是对用户的线上行为数据进行统计分析，借助一些工具对原始行为数据进行清洗、整理，得到具有参考性的行为度量结论。线上用户行为度量也可以采用实验法，但是需要进行服务改良实验，在比较用户行为差异得出决策结论时使用。大部分情况下，线上的用户行为度量可以针对以下七个方面进行数据采集①②。

（1）用户的来源地区、来路域名和页面；

（2）用户在网站的停留时间、跳出率、回访者、新访问者、回访次数、回访相隔天数；

（3）用户所使用的搜索引擎、关键词、关联关键词和站内关键字；

（4）用户使用的入口链接；

（5）用户访问网站流程；

（6）用户在页面上的网页热点图分布数据和网页覆盖图数据；

（7）用户在不同时段的访问量情况。

基于以上数据的采集，一方面可以对用户行为习惯、规律进行归纳总结，改进算法，优化互联网产品，提供更精准的服务；另一方面，在以流量评估产品效能时，这些数据可以成为量化绩效考评的基础。

上面所说的数据采集是自然状态下的用户行为度量，这种线上用户行为度量也可以与实验法结合进行。例如，在推出某个新产品时，如果在两种不同的产品设计中难以定夺，可以将两种产品作为实验组与对照组，随机分发到不同用户处，再结合数据分析，看哪一类产品的用户黏性更强，可用性与

① 吴斌，郑毅，傅伟鹏，等. 一种基于群体智能的客户行为分析算法[J]. 计算机学报，2003（08）：18-23.

② 余慧佳，刘奕群，张敏，等. 基于大规模日志分析的搜索引擎用户行为分析[J]. 中文信息学报，2007，21（1）：109-114.

易用性更佳。

除此之外，在用户允许的情况下，线上用户行为度量还可以结合一些工具，获取更多的行为发生前后的时间、空间背景信息，结合行为背后的具体事件，对用户行为进行进一步解析。例如，Click Tale 等鼠标点击类工具可以帮助研究者了解用户在网页上的点击和移动行为，帮助研究者探查用户对关键特征的觉察意识、网页内容的吸引力等[①]。此外还有一些分析框架可以帮助研究者梳理数据，如福格行为模型是用来研究用户行为原因的分析模型[②]。它认为要让一个行为发生，必须同时具备三个元素：动机、能力和触发器。借助福格行为模型，对用户行为的动机、行为发生的条件进行场景化分析，比简单对数据进行分析更全面。

值得注意的是，线上、线下的用户行为度量的分析还可以结合自我报告、观察、访谈等定性方法来进行，这样能够更深入地了解某一用户行为的实质。通过用户行为度量，研究者与服务提供商可以提升对用户的认知度，在此基础上提升用户的参与度，增强用户的活跃度，加强用户黏性。

综上，网络新媒体用户具备流动性社会中个体的众多特征，一方面用户成为具有高权利认知的群体，同时又并非高度自治；另一方面，其行为根据数据痕迹可以轻易被统计和测量，但深层次的动机与价值取舍仍然要从更广阔的层面不断探究。

① 图丽丝，艾伯特．用户体验度量：收集、分析与呈现[M]．周荣刚，秦宪刚，译．北京：电子工业出版社，2016：6.

② 刘敏．基于福格行为模型的数字出版产品设计——以《中国地方历史文献数据库》为例[J]．现代出版，2019（5）：64-67.

本章练习

名词解释

1. 流动性
2. 产销者
3. 用户行为度量

思考与练习

1. 用户与受众概念的联系与区别是什么？
2. 流动性与移动性的区别是什么？
3. 请简述用户行为分析在主观层面的几个分析要素。
4. 结合实际使用，简述网络新媒体用户的非理性表现。

阶梯阅读书目推荐

1. 哈罗德·伊尼斯. 变化中的时间观念[M]. 何道宽，译. 北京：中国传媒大学出版社，2013.

2. 赫伯特·马尔库塞. 单向度的人：发达工业社会意识形态研究[M]. 刘继，译. 上海：上海译文出版社，2006.

3. 赫伯特·西蒙. 人类活动中的理性[M]. 胡怀国，冯科，译. 桂林：广西师范大学出版社，2016.

4. 理查德·泰勒. 错误的行为：行为经济学关于世界的思考，从个人到商业和社会[M]. 王晋，译. 北京：中信出版社，2017.

5. 欧文·戈夫曼. 日常生活中的自我呈现[M]. 冯钢，译. 北京：北京大学出版社，2016.

6. 齐格蒙特·鲍曼. 流动的现代性[M]. 欧阳景根，译. 上海：上海三联书店出版社，2002.

7. 詹姆斯·韦伯斯特. 注意力市场：如何吸引数字时代的受众[M]. 郭石磊，译. 北京：中国人民大学出版社，2017.

第4章　网络新媒体技术

“技术是一个科学的人类控制自然的过程，其目的是塑造自己的存在，使自己免于匮乏，并使人类环境具有诸事取决于自己的形式。”

——卡尔·西奥多·雅斯贝尔斯（Karl Theodor Jaspers）

本章学习目标

- 理解技术如何影响新媒体的发展。
- 把握5G对社会的主要影响。
- 掌握算法分发的基本原理和发展趋势。
- 了解区块链技术对未来媒体行业的影响。

导读

麦克卢汉“媒介即信息”的论断强调的是媒介最主要的价值并不在于具象的内容，而在于媒介技术本身，因为媒介技术的基础性作用形塑了整个社会存在的方式，包括一定形式的社会行为方式、具象的社会结构和文化现象。在这一意义上，网络作为媒介，已不仅仅作为一种简单的工具存在，而在整个社会现实生活建构中发挥了重要作用，并在此基础上形塑了一个全新的、不同于以往任何形态的社会生活空间。

本章意在探讨不同的网络新媒体技术对传媒业的影响，对社会生活空间的构建，主要探讨的技术分为：基于通信升级的5G、基于大数据分发的算法应用、基于远程服务的区块链技术。探讨这几个对未来发展起着转折性意义的重要技术及其现实影响。

在5G时代，超高的数据传输速率和超低的延迟性使得一个更加互联互通的世界成为可能，沉浸式视频服务、移动无线设备、物联网等服务预计在未来10年将得到迅速发展。5G对传播格局的影响主要体现为，视频成为社会主要交流手段，视频参与这种关键性传播的时候，它的构成要素已经远远超出事实、逻辑和理性层面，越来越多的场景性因素，关联性因素以及非逻辑、非理性成分，会参与未来的社会性、关键性、主流性传播；传统媒体“在地性”优势凸显，传统媒体只要善用“在地性”的优势就能获得非常好的发展机遇；媒介的定义被深刻改写，内容供给侧将带来巨大冲击，“场景学”“电信传播学”都将成为呼之欲出的学科；与此同时，5G也是对信息网络所连接关系的总体性重构，这将创造一个无限量的巨大信息网络，并将从前不能纳入其间的关系一一纳入，形成更广泛意义上的媒介。

基于大数据的算法分发技术，在海量信息与海量人之间建立匹配关系，这种关系的建立过程本身存在粗线条、绝对化的阶段性特征，从单总体上说，信息的社会性分发历来被视为是一种政治权力，一直以来这个权力都是被牢牢地掌握在政治和商业巨头手中的。现在，在技术驱动和现实需求拉动的双引擎下，基于大数据与人工智能的推荐算法系统的引入，对传媒领域来讲，这实质上是一种传统的寡头权力逐步让位于技术逻辑主导的用户权力的过程，这一技术逻辑与分发范式不断形塑着传媒业的实践，也给信息的采集、制作、分发等流程带来了全新的指导理念，同时也对信息的社会传播效果及传播规范与伦理造成了深刻的影响。这是一个我们不能不认真、严肃对待的重大课题。

从电子货币到金融系统，再到社会生产生活的方方面面，区块链技术正在创造一个去中心化的社会系统。在传媒领域，区块链技术的应用可能性也正在被探索，其中包括基于数据追踪的信源认证、基于分布式新闻数据库的公民新闻审核机制、基于数字签名和算法的版权跟踪、基于智能合约的付费订阅，并将在广告效果、用户隐私、数字资产管理等领域实现创新。

4.1 基于通信技术的网络：5G

依照技术对于社会的改造程度，我们把技术对现实的影响分为两类：一类为改良性的技术，另一类为革命性的技术。所谓改良性的技术，就是不对这个领域的价值实现的基本逻辑和运作规则进行大的调整和改变，只是对其中某些要素和环节的机制进行改善或对其效率进行提升。而革命性的技术则是对某个社会领域的边界、内涵、要素构造、运作规则，乃至价值取向的结构性进行改变。这种改变往往是一种生态级意义上的改变，是这一领域基本构造和运作规则的革命性改变，是价值实现方式的重大转型。

4.1.1 从1G到5G的发展历程

总体来看，1G 到 5G 的演变经历了从移动模拟通信到移动数字通信再到移动智能通信、移动数字化通信和移动场景通信的发展历程，如图 4-1 所示。

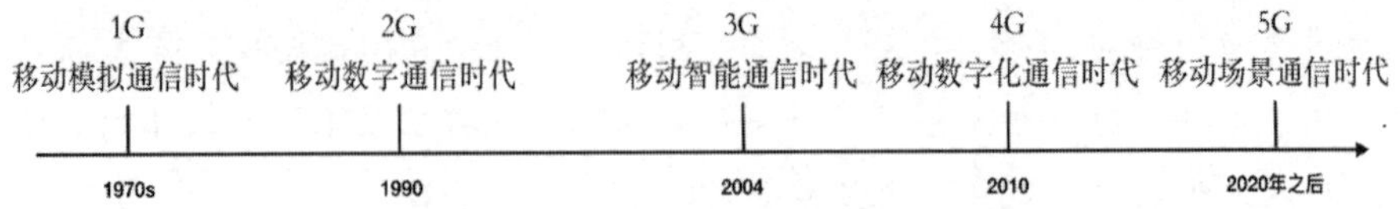

图 4-1　1G 到 5G 移动无线通信代际更迭

1. 1G 移动模拟通信时代

1G（第一代移动通信技术）诞生于 20 世纪 70 年代末至 20 世纪 80 年代。1978 年年底，美国贝尔实验室成功研制了全球第一个移动蜂窝电话系统 AMPS（Advanced Mobile Phone System），并在 5 年之后将该套系统在芝加哥正式投入商用并在全美推广。1G 使得人类社会第一次实现了移动式的语音通话。然而，第一代移动通信技术是以模拟技术为基础的蜂窝无线电话系统，容量十分有限。而且由于受到传输带宽的限制，不能进行移动通信的长途漫游，只能是一种区域性的移动通信系统。与此同时，其安全性也存在较大隐患，由于声音通过未加密的无线电波传播，任何人都可以使用现成的设备收听对话。

2. 2G 移动数字通信时代

2G 是基于全球移动通信系统（GSM）的第二代移动通信技术。2G 出现在 20 世纪 90 年代初，使用数字信号进行语音传输，并能够提供较低传输速率的文本和图片信息传送的服务。相较于 1G，2G 的网络容量和传输质量都有所提高，但仍然无法处理视频、电子邮件、软件等复杂数据。与此同时，2G 需要更为强大的数字信号来帮助手机工作，如果在任何特定区域没有网络覆盖，数字信号就会减弱。部分学者将出现于 2001 年到 2004 年间的介于 2G 与 3G 之间的过渡技术定义为 2.5G，相较于 2G，2.5G 传输速率得以提升，功能更为强大，而且实现了以数据传输量而非联机时间计费，标准更为灵活。但其传输速率和容量仍然无法满足用户的需求。

3. 3G 移动智能通信时代

第三代移动通信技术——3G 于 2008 年开始大规模商用。与 1G 和 2G 相比，3G 主要是将无线通信和国际互联网等通信技术全面结合，从而形成全新的通信系统。这项技术的目的是提供更高速的数据传输，并且基于宽带无线网络，提高了对图像、音乐和视频数据的处理和传输能力。与此同时，它还可以提供移动蜂窝数据服务、电视/视频的接入、全球漫游等新服务。伴随着 3G 而生的移动通信设备也被定义为“智能手机”，拥有着更大的容量和更强的宽带接入能力，处理数据的延迟时间也大大缩短。但与此同时，3G 也存在着许可证服务的费用高昂、全球标准不统一、基础设施铺设难度大等不尽如人意的问题。

4. 4G 移动数字化通信时代

4G 网络是自 2010 年兴起并流行至今的新兴移动通信技术，4G 集 3G 与无线局域网络（WLAN）于一体，可以更加快速地传输数据，以更清晰的方式接收和处理音频、视频和图像等，从而实现无线宽带接入、多媒体信息服务（MMS）、视频聊天、移动电视、数字视频广播（DVB）、语音和数据传输等宽带服务。4G 能够提供 1Gbit/s 的传输速率，可以随时随地根据用户需求提供各种服务，与此同时，4G 的基础设施部署更为易行，覆盖范围更广，通信的灵活性更为强大。但是 4G 对硬件支持的要求更高，而且依然存在着容量受限、标准不一等问题，无法满足对场景要求较高的通信服务。

5. 5G 移动场景通信时代

5G 指的是从 21 世纪 10 年代末开始快速发展的第五代移动通信技术。5G 的重点将放在世界无线万维网上，它是一种完全无线通信技术，提供超过 1Gbit/s 速率的高速、大容量的数据传输服务，突破了容量和传输速率的限制。5G 网络提供了高连接性，是一种具有广域覆盖和高吞吐量的分组交换无线系统，使得覆盖范围达到前所未有的广度。在 5G 时代，超高的数据传输速率和超低的延迟性使得一个更加互联互通的世界成为可能，沉浸式视频服务、移动无线设备、物联网等服务预计在未来 10 年将得到迅速发展。

移动通信技术的进步不是一个孤立的过程，而是整个社会改造和进步的一部分。首先，信息数据将成为基础性的社会资源。以智能手机和物联网（IOT）系统为代表的互联设备和智能对象的兴起使得万物随时随地互联互通成为可能，“信息”的内涵被进一步扩大，海量信息成为勾连社会方方面面的重要资源。其次，移动终端的革新发展推动着社会的转型与升级。超高清晰度（UHD/4K）视频和沉浸式媒体（VR/AR）等先进媒体服务的大量增长，让更加沉浸式、个性化、场景式的娱乐体验成为可能，无限的新兴场景消费将为社会各行各业赋能，推动不同领域的转型与升级。最后，用户的信息消费习惯和选择偏好将被重新形塑，5G 的吉比特级接入速率，将使终端用户的体验发生本质变化，令受众进入“无限网络容量”的体验时代，传统信息生产链将面临内容生产、传输、分发各个环节的变革，移动实时流媒体服务、个性化内容遴选等都将成为新的用户信息消费趋势。

4.1.2 5G 对传播格局的影响

2019 年 6 月 6 日，中华人民共和国工业和信息化部发放 5G 商用牌照，标志着我国正式跨入了 5G 时代。中国联通与华为联合发布的《5G 新媒体白皮书》预测，媒体行业将首先享受 5G 红利，5G 将在 2022 年之前带给中国媒体业超过 400 亿元人民币的市场空间。站在这样一个现实实践与未来发展的节点上，我们有必要认真思考，如何面对 5G 变革所带动的全新格局。

1. 社会主要交流手段的变革

相对来说，书写文字是比较单纯的，表达的含义干净整洁，没有太多杂音或附加成分，适合表达事实性的、逻辑性的、理性的东西。但是 5G 所带来的视频的突起，势必会使社会中的核心表达、关键性交流都被视频取代，这是一个大趋势。5G 的特点可以用“两高两低”来概括，即高速率、高容量、低时延、低能耗。基于这四个特点，5G 会给传播领域带来革命性的影响和变革。其中，信息传输的高速率意味着视频语言将取代文字语言成为社会交流的主要表达形式。传统上，视频仅以提供娱乐为主，对主流新闻的表达、主流价值观的承载是不足的。4G 时代，随着短视频的出现，视频开始逐渐进入社会影响力的中心，对主流事件、重要事项的关键性发展发挥自己的作用。视频中包含的大量非逻辑、非理性成分对传播效果的达成产生了重大影响。我们知道，短视频虽有“快”与“活”的特点，但终究因其“轻”与“短”，缺乏主流与关键逻辑表达所要求的厚重、严谨和周到，对于主流表达的影响依旧有限。随着 5G 的崛起，中长视频必然强势登场，成为社会表达的中心和主流。因此，借助 5G 大带宽、高速率的优势，中长视频“登堂入室”表现自身价值，将成为必然。短视频的缺陷部分一定会由中长视频来弥补，但这并不意味着短视频会失去其现有地位。未来短视频将发挥导视、橱窗的作用，作为先导的接触点，形成信息的普及性轰炸，然后再筛选一部分感兴趣的受众对深层内容进行深度接触。由此，这种分工必然导致短视频在某种程度上的衰退。但这种衰退不是规模上的衰退，而是指短视频的影响力在某种程度上的让渡。而中长视频会在更大程度上扮演负荷重要的、系统性意思表达的角色。

当这种表达方式成为社会表达主要的语言形态时，就会带来一系列问题。因为视频参与这种关键性传播的时候，它的构成要素已经远远超出事实、逻辑和理性层面，越来越多的场景性因素，关联性因素以及非逻辑、非理性成分，会参与未来的社会性、关键性、主流性传播。面对现在出现的新的表达方式和越来越多的非逻辑、非理性成分，如何进行表达方式的配置、如何把握其机制和规律等研究几乎呈现空白状态，缺少把控力。随着 5G 的商用，大概在两三年后，这样的传播应会成为一种社会基本现实。面对如此繁杂的一种话语方式和表达逻辑的改变，无论是主流价值观的传播，还是在社会沟通中形成共识，都有很多问题要解决，这可能是未来传播领域，尤其是政治传播、社会传播中一个相当大的风险所在。

2. 传统媒体“在地性”优势凸显

4G 改变生活，5G 改变社会。5G 商用大幕拉开，将赋能各行各业实现转型发展。5G 的开启对于传统媒体的转型发展而言是一个巨大的机会。5G 将在很大程度上推进媒介融合，这种融合表现为跨行业的发展。众所周知，传统媒介的危机主要是传播的危机而不是内容危机。在互联网发展的“上半场”，就传播领域而言，基于社交的关系链传播和基于 AI 人工智能的算法型内容推送占据社会性传播的半壁江山。大部分传统媒体由于体制的约束、规模的有限、技术的滞后以及市场运营能力的迟滞，在流量之争的发展中明显落伍。这就是人们在近年来所观察到的传统媒体出现“渠道失灵”、用户流失以及影响力衰退的现象。

进入 5G 时代，社会生活的发展逻辑将会沿着进一步“加宽”“加细”“加厚”的方向发展变化，具体地说，就是人们的“线下”生活将逐渐向着“线上”转移，使得“线上”生活日益丰富化、主流化，成为人们社会生活的“主阵地”。此时，传统媒体在互联网发展“上半场”所遭遇的问题大多数已不成问题，如过去“流量（用户）”流失的危机等。因为在 BAT（中国三大互联网公司：百度公司、阿里巴巴集团、腾讯公司）平台上，流量（用户）已经是随处可得的富余资源——而 BAT 在社会生活“加宽、加细、加厚”的过程中，也无法简单地利用自己的“连接能力”就可以独揽这一过程，其未来的生存进退取决于它能否实现人们在互联网上“大众创新、万众创业”的平台性价值。因此，在未来的发展中，流量不是问题，用户也不是问题，一个媒体、一个机构，乃至一个个人，有没有某种专业的服务于用户的适用能力才是问题的关键。在这种情形下，传统媒体只要善用“在地性”的优势（即在一个地区、一个领域内推动、激活和统合各种专业、垂直服务所需的全部资源的优势），就能获得非常好的发展机遇。

必须指出，传统媒体在文明传承和社会逻辑的洞察方面的优势，会成为这一发展阶段上不可或缺的必要推动力量，甚至是一种“稀缺资源”。这便是传统媒体在 5G 时代未来发展中的机会所在。在新的发展阶段上，传统媒体要把握好机会，做好对用户的精细化管理工作。利用自己的核心优势，在技术逻辑的引导下和“线上”新世界的建构中去影响主流、影响主流人群、影响主流人群的决策。

3. 媒介的定义被深刻改写

种种迹象表明，5G 或将成为传播学发展的决定性拐点。更具体地说，5G 不是一项“弯道超车”的技术，而是一项“换道行驶”的技术。传播学已经站在全新的基点上，面对着“换道发展”的新未来。

（1）内容供给侧冲击

著名传播学学者麦克卢汉曾将媒介定义为“人的延伸”，5G 的万物互联则进一步将人与人、人与世界的互联上升到生理级、心理级的互联互通，其疆界的进一步拓展、要素的进一步丰富、结构的进一步生态化，将促成传播学的革命性重构。

5G 的低能耗则可以使各种反映着人与物的状态属性的传感器（如“可穿戴设备”）的无时不有、无处不在成为现实。人与人、人与物、人与场景有了时刻在线、互联互通的现实可能。因此，在内容供给侧，将崛起一个巨量的资讯新品种——传感器资讯，我们将迎来技术生产内容的一波巨量冲击。届时，UGC（用户生产内容）、PGC（专业生产内容）、OGC（职业生产内容）联手 MGC（机器生产内容），共同形成内容生产的“大合唱”。

（2）“场景学”将衍化为应用传播学的主干

5G 时代，高速率、低时延的技术支撑势必使 VR（虚拟现实）/AR（增强现实）/MR（混合现实）崛起，成为传播领域最为耀眼的现象级产品。这为应用传播学的理论与实践开辟了一方极具想象力的全新场域与价值空间。VR/AR/MR 将使“场景”成为未来传播中价值变现最为重要的“节点”范畴。未来的传播学的学科体系中，“场景学”专业包括场景发现、场景设计与场景应用，将衍化为应用传播学的主干。

（3）“电信传播学”呼之欲出

显然，在 5G 的革命性改变之下，传播学的边界得到了极大的拓张。“万物互联”实现了从物理性的连接到生理性的连接，直至心理性的巨大而复杂的连接；传播学的学科基础从过去的社会政治治理、经济规律、伦理规则的交互，实现了今天技术逻辑对上述种种传统因素的基础性叠加与融合；传播学的主导性因素的升级迭代，相应机制与规律也势必发生重大改写。概言之，传播学的学科体系从来没有像今天一样面临着扩容、重构的革命性任务。我们必须认识到技术逻辑对于传播学学科体系构建的基础性结构作用，这便是建设“电信传播学”的原因与依据。

4. 连接关系的总体重构

在互联网、社交媒体出现之前，社会传播的基本职能基本上由专业媒介、专业媒体人、专业传播机构统揽或者承包。社交媒体出现后，内容生产的主体开始多元化，出现了用户生产内容（UGC）、职业生产内容（OGC）、专业生产内容（PGC），而 5G 出现后还会出现一个更重要的生产类别——机器生产内容（MGC）。低能耗和高容量就造成了万物互联的一个基本现实，让所有传感器可以永远在线，而且把很多的传感器连为一体。按照华为 5G 专家的说法，在 5G 网络之下，它可以连接 5 亿个场景、50 亿个人和 500 亿个数据传感器。这就意味着，无论内容产生是来自环境还是我们的可穿戴设备，都会参与未来的内容生产，而这种内容生产所呈现出来的类别、价值以及它对社会、商业和人际关系的影响，是极其丰富和深刻的。

传播学学者麦克卢汉称"媒介是人体延伸"的基本含义，是指与外部的物理性连接。在 5G 条件下，在有万物互联传感器存在的情况下，它还会实现生理性连接、心理性连接，连人的情绪都可以进行数字显示，整个社会就会呈现出全新样貌，社会管理、社会协同、社会协调以及人民的生活都会发生翻天覆地的改变。

因此，5G 是一场技术革命，是对信息网络所连接的关系总体性重构。概言之，5G 的应用将创造一个无限量的巨大信息网络，并将从前不能纳入其间的关系纳入——从人与人之间的通信走向人与物、物与物之间的通信，创造智能终端之间的超级链接，从而巨大且深刻地改变我们的生活和社会，属于"百年未遇之大变故"。

4.2 基于数据技术的分发：算法

所有的连接都可以数据化，这是互联网作为信息化社会底层技术逻辑的基本特征。因此从表层应用的角度看，当前较为主流的网络连接类型包括资讯型连接（编辑推荐或算法推荐等）、互动型连接（微信好友、微博关注关系等）、信用型连接（金融、区块链虚拟货币、服务等）。它们分别指向了互联网应用最为重要的内容、关系和服务三个领域。这些表层应用之所以能够实现，都是基于大数据在底层起到的连接作用。①

① 沈阳，冯杰，闫佳琦，向安玲．网络连接观：类型划分、演化逻辑及风险防范[J]．西安交通大学学报（社会科学版），2020，40（03）：126-131+141.

4.2.1 信息分发模式的演进

迄今为止，人类的信息分发模式大体上经历了三个主要的发展类型：（1）倚重人工编辑的媒体型分发；（2）依托社交链传播的关系型分发；（3）基于智能算法对于信息和人匹配的算法型分发。

这三种类型作为信息分发的主流模式依次出现，各有其特色与擅长之处。譬如，媒体型分发倚重人工进行信息的专业化处理和加工，这种分发模式可以解决社会的共性需要，把那些对于全局、对于所有人具有普遍意义的信息筛选出来，并以点对面的方式传播出去。它的价值在于解决了"头部信息"的社会化分发。但是它无暇顾及人的分众化、个性化及偶然性、体验性及高场景度的信息需求。于是便出现了依托社交链传播的关系型分发模式：你的朋友、你关注的人帮你推荐、过滤信息，他们的评论、转发形成了一种信息筛选机制。关系型分发模式最大的价值是在人类的传播史上第一次激活了大众传播时代那些被忽略的极大量的"长尾信息"，形成了对于信息服务的"利基市场"，实现了信息分发的"千人千面"——不同的人通过不同的"朋友圈"有了个性化的信息世界。2010 年 Facebook 主页访问量超过 Google，可以看作社交驱动的"关系型分发"在全球成为主流的"拐点"，所谓"无社交不传播"即是对关系型分发的一种不无夸张的描述。

但"关系型分发"的问题在于无法解决用户在社交关系爆炸的情况下，内容生产源的爆炸所带来的"信息超载"以及基于社交关系的推荐质量不断降低的问题。经验表明，在微信朋友圈中养生、微商、晒娃、晒吃类的无效信息越来越多；微博上则是"大 V"和营销类账号占据了主体流量——有研究表明，在微博平台上，90%以上的内容是由 3%左右的"大 V"生产和分发的。在此背景下，算法型分发模式便应运而生，渐成潮流：现在人们随便打开一个网站或资讯 App，都会有"个性推荐"或"猜你喜欢"之类的栏目，系统会根据你的浏览记录和阅读爱好，自动为你推荐内容。第三方监测机构易观发布了一个具有标志性意义的数据：早在 2016 年，在资讯信息分发市场上，算法推送的内容已经超过 50%。它意味着，我们现在接触到的信息，主要是由"智能算法"为我们搜索和推送的。算法型信息分发之所以"流行"，有分析者认为是因为算法对流量的分配独立于社交关系，不被"大号"垄断；算法能够处理的信息量几乎没有上限，能够更好地激活、适配"汝之毒药，我之甘饴"的长尾信息；算法能够对用户的社交推荐机制进行二次过滤，优化推荐结果。概言之，算法型分发模式实现了对于海量信息价值的重新评估和有效适配。"汝之毒药，我之甘饴”意味着你觉得不感兴趣甚至是垃圾的信息，对于我可能极有价值。于是，信息价值不再有统一的标准，不再有重要性的绝对的高低之分。对刚生下宝宝的妈妈来说，空气质量指数绝对比英国脱欧更重要；对旅游者来说，当地的天气信息绝对比当地的房价更重要。在算法的驱动下，每个人都有了自己的头条，整个信息世界大一统的秩序被打破。

但也正因为如此，算法型分发模式站在了风口浪尖上。《人民日报》曾连续三天撰文从内容生产、信息分发和社会创新等角度对某算法型信息分发平台进行了全方位、立体式的批判。公允地说，这些批判在现实状况下不无道理。例如，在现在的算法还不够“聪明”的情况下，用机器智能完全替代人的“把关”，这样的资讯“守门人”是否可以完全信赖？再如，由于算法型信息分发更多地建立在对于人们的直接兴趣和“无意注意”的信息需求的挖掘上，它的直接后果是：对于人们必需的那些非直接兴趣和需要“有意注意”所关注的信息的忽略所导致的“信息茧房”问题，等等。这些社会质疑对于算法型信息分发是不能不面对与正视的。

更进一步说，信息的社会性分发历来被视为是一种政治权力，一直以来这个权力都是被牢牢地掌握在政治和商业巨头手中的。现在，在技术驱动和现实需求拉动的双引擎下，基于大数据与人工智能的推荐算法系统的引入，对传媒领域来讲，实质上是一种传统的寡头权力逐步让位于技术逻辑主导的用户权力的过程，这一技术逻辑与分发模式不断形塑着传媒业的实践，也给信息的采集、制作、分发等流程带来了全新的指导理念，同时也对信息的社会传播效果及传播规范与伦理造成了深刻的影响。这是一个我们不能不认真、严肃对待的重大课题。

4.2.2 大数据与算法分发

传统媒体掌握社会信息结构控制权的时代已经过去，以算法为代表的大数据技术形塑着信息的社会传播效果。但这并不意味着技术控制了社会的信息传播结构，“算法推荐导致视野变窄”这样简单因果关系从未被实证研究的结果证明过[①]。算法是一种新的社会权力，也有学者对此提出不同看法，认为算法本身并不具有社会权力，而是算法联合即算法与人的结合（algorithmic associations）在发挥作用。无论是算法自身，还是算法联合，无疑都深刻影响着传媒业。

① 喻国明，杜楠楠. 智能型算法分发的价值迭代：“边界调适”与合法性的提升——以“今日头条”的四次升级迭代为例[J]. 新闻记者，2019（11）：15-20.

1. 算法分发的原理

算法型信息分发最为普及的定义是雷斯尼克（Resnick）和瓦里安（Varian）在 1997 年提出的，指推荐系统向用户提供商品信息和帮助用户决定应该购买什么商品，模拟销售人员帮助客户完成购买的过程[①]。

早期的算法型信息分发被应用于电子商务领域，目前已在各个领域被广泛应用，信息领域亦然。从广义上讲，算法是一种编码程序，被定义为“为了解决问题而输入机器的一系列指令”。从信息生产的角度看，算法型信息分发重塑了新闻生产机制。算法型信息分发带来的新闻生产方式是“新闻内容+数据化精确制导”[②]。

2. 算法分发的类型

目前算法推荐系统有三大主要类型。

（1）协同过滤推荐（collaborative filtering recommendation）

它包含两种主要的推荐技术——基于记忆的（Memory-based）协同过滤和基于模型的（Model-based）协同过滤。前者假设如果两个用户过去对产品有相似的喜好，那么他们现在对产品仍有相似的喜好；后者则假设如果某个用户过去喜欢某种产品，那么该用户现在仍喜欢与此产品相似的产品。因此，前者利用用户历史数据在整个用户数据库中寻找相似的推荐项目进行推荐，后者通过用户历史数据构造预测模型，再通过模型进行预测并推荐。基于记忆的协同过滤可以有效挖掘用户的潜在需求，个性化程度高，在众多互联网平台得以应用，如 Netflix、Hulu、YouTube 的推荐算法的基础都是该算法。但是基于记忆的协同过滤推荐依赖系统内整个用户历史数据库作为其推荐系统的原料，当数据严重稀缺时，会存在冷启动（这里所谓的冷启动是指对于某 App 的新用户，算法系统缺少其历史数据，难以通过算法准确了解和把握其需求的状况）差、推荐精准度下降等问题。而基于模型的协同过滤可以有效地解决这一问题，该算法根据训练集数据学习得出一个复杂的模型，来预测用户感兴趣的信息。基于模型的协同过滤虽然提升了预测的准确度，但也存在建模复杂和冷启动差的缺陷。

（2）基于内容的推荐（content-based recommendation）

基于内容的推荐即根据用户历史项目进行文本信息特征抽取、过滤，生成模型，向用户推荐与历史项目内容相似的信息。它的优点之一就是解决了协同过滤中数据稀疏和冷启动的问题。但如果长期只根据用户历史数据推荐信息，

---

① Resnick, P., &Varian, H.R. Recommender systems[J]. Communications of the ACM, 1997, 40(3): 56-59.

② 王茜，打开算法分发的“黑箱”——基于今日头条新闻推送的量化研究[J]. 新闻记者. 2017（09）: 7-14.

会造成过度个性化和“信息茧房”的现象。另外，该算法更擅长文字信息特征的提取与分析，而在音频、视频等非结构化数据的分析能力上存在缺陷，因此它多用于网页、文字新闻等文本类信息的推荐。

（3）关联规则推荐

关联规则推荐即基于用户历史数据挖掘用户数据背后的相关关联，以分析用户的潜在需求，向用户推荐其可能感兴趣的信息。基于该算法的信息推荐流程主要分为两个步骤：①根据当前用户阅读过的感兴趣的内容，通过规则推导出用户还没有阅读过的、可能感兴趣的内容；②根据规则的支持度（或重要程度），对这些内容排序并展现给用户。关联规则推荐的推荐效果依赖规则的数量和质量，但随着规则数量的增多，系统也会越来越难以管理。随着移动互联网的兴起以及包含内容和关系的社交媒体（如 Twitter、Facebook）的快速发展，某种单独的推荐算法已难以满足用户推荐、内容分类、话题挖掘等需要，因此，融合多种算法、关联更大数据的组合推荐系统得到发展与完善。在推荐系统的实践应用中，经常运用两种或几种推荐算法，以整合优点、弥补缺点，实现精准预测和推荐。

4.2.3 算法即权力

1. 算法的社会本质是一种权力

人工智能技术的崛起已日益成为社会和传媒领域发展中的焦点问题。而“人工智能技术”的本质是一种算法模型，而这种算法模型的“智能化”程度取决于计算能力、数据与大数据，以及算法模型的“三位一体”的品质。如果我们把人工智能比喻为构成世界“三位一体”的物质、能量和信息，在人工智能中，数据就是人工智能得以成长的物质基础。今天的互联网，尤其是移动互联网的连接作用使大数据以一种前所未有的海量形式泉涌出来，并从多种维度上持续不断地对于人的种种属性、状态和外部关系进行实时的描述和呈现；而计算机的计算能力则是使数据得以处理的能量，按照“摩尔定律”日益加速的计算能力是海量多维数据得以有效利用和处理的关键；算法的信息即内容，是计算机通过建模所实现的对于人的认知感知能力、分析处理能力和决策判断能力的一种“模拟仿真”及在此基础上的超越。显然，就人工智能而言，大数据的价值重点不是其数据的大和多，而是其数据的多元和汇聚，这种不同品性的数据集的关联，能够为说明特定对象的属性、状态与内外部的连接起到价值增益的巨大作用。这种联结的价值在互联网的不断发展过程中日益体现出来。我们看到，内容网络、人际网络和物联网络，这三者相互连接并且深度融合。大数据所具备的精准智能价值匹配的特性，将人与人、人与物、物与物之间的关系进行崭新的升级重构，在这样的作用之下，传媒社会整合、塑造意义这种信息的传播与控制方式在新媒体时代受到来自技术赋权的挑战，算法作为“非人类行动者”，和人类的传播活动编织成了新型关系网络。

英国文化研究专家斯科特·拉希（Scott Lash）强调：“在一个媒体和代码无处不在的社会，权力越来越存在于算法之中”。譬如，日活跃用户为 1.2 亿，估值达 200 亿美元的今日头条作为一家成立八年多的公司，定位于“基于数据挖掘技术的个性化推荐引擎产品”，其核心是一套由代码搭建而成的算法，成为今天中国最大的资讯分发商之一。同样，Facebook 是全球最大的社交媒体平台之一，它也早已“行动”在使用机器算法的路上。2016 年 8 月，“热门话题（Trending）”团队被解散，Facebook 决定根据该话题的帖文数量和相关文章数等，由以往的人工编辑转变为由机器算法执行热门话题的编辑、推荐和排名。不管是算法对于新闻业的重塑，还是算法对于各行各业的跨界整合，无一不使人思考：技术不仅能够赋能与赋权，而且它自身就构成一种权力的行使和对于传统权力模式的替代。20 世纪 90 年代初的中国媒介市场化的进程中，“编辑终审权”是作为一条不容市场侵犯的红线，而今却在算法分发的大趋势中毁于无形。

2. “算法权力”在社会进程中的实践沿革

从媒介融合到今日头条，从无人机到机器人写作，从大数据到人工智能，从以“互联”为核心的 Web1.0 时代到现在的以“社交”为核心的 Web2.0 时代，这不可不谓是“五百年未有之大变局”。以消费“人口红利”为特征的规模化横向“圈地”的互联网发展的“上半场”已结束了。如今，我们已进入互联网发展的“下半场”，这个阶段则是以大数据、智能化为特征的细分化的纵向“挖掘”。低频度需要、高场景需要和体验型需要成为这一时期开发长尾市场、利基市场的关键。而算法作为数据与人工智能的结点，在这个下半场中，则发挥着构造流量入口、捕捉用户黏性的关键作用。

从这个意义上说，算法从来不是独立的，从数据智能到满足特定用户需求，如何能在无缝融合之后，创造崭新的用户体验，这才是算法的终极任务，也是其本质所在。算法随着时代发展也在不断更迭，只有在数据、产品、理论等方面注入人的智慧、人的创造力，算法才会具备其应有的价值。

4.2.4 算法在传播全环节中的应用

每一次信息传播方式的变革，都会使社会产生巨大变迁。这种意义并不仅仅在于其传递的信息内容，其核心在于，它还象征并且定义了某种信息的传播速度、传播语境甚至是处于社会表征的意识形态。大数据时代，数据与算法正在重塑新闻业的整个生态系统，算法本身暗含的权力关系在新闻传播全环节中的具体体现如下。

1. 新闻线索获取：信息权的弥散化

在传统媒体新闻生产流程中，除了一些突发新闻、时事热点新闻，新闻大多依赖一些固定的消息源——通信员、政府宣传部门、爆料人等，或者是再经由固定的发现新闻→申报选题→策划会商→可行性认定等环节之后，记者主动去寻找新闻。随着维基百科、YouTube 等草根媒体，Facebook、微信等社交媒体的发展，新闻来源逐渐由原来掌握垄断权力的专业媒体或权力机构逐渐向公众本体进行转移。在这种传播语境下，协作、平等、交流被放置于高位，逐渐压倒之前以宣传和利润为目的的传播方式。这种民主化及下放式的运作模式，使信息权逐渐弥散至公众。

随着算法在新闻来源环节中的应用，相继出现了机器人新闻、传感器新闻。而随着社交网络迅速“占领”人们的全部生活，新闻的生产与传播过程逐渐由先前的集中式趋向分布式，即多重主体在某种模式下共同介入某一个话题的报道、评论、分析与信息的加工和进一步阐释。这种范式的转变与普及得益于人工智能技术，在技术的作用下，分布式新闻生产过程的参与主体甚至扩展到了物体。

在目前的新闻媒体中，一些聊天机器人承担着收集新闻线索的任务。如由 BuzzFeed 实验室研发的即时通信客户端 BuzzBot，采用基于链接点击上升速度的算法，从数百个博客那里获取订阅源，并搜索新链接，迅速向其他网站扩散。BuzzBot 通过和用户的有限互动，来提供即时的新闻报道。但 BuzzBot 只是内容的搬运工，在其背后有一个专门团队负责处理其收集到的信息，同时和现场记者保持联系，将最新内容通过机器人传递给用户。

福柯认为现代新范式下的权力是“无处不在”的，它区别于政治学中自上而下的操纵和支配，强调的是权力在实际运作中的网络结构化和弥散性，个人既是权力的持有者，又是权力的承受者。新闻传播领域中话语的旧权力，掌握在少数人手中。传媒话语的旧权力是一种特权，相对封闭，难以获得，也缺乏流动性，主要由权力者驱动。随着算法等互联网技术的成熟，先前的专业传媒机构的传播垄断范式被打破，大批受众被分流，而呈现“碎片化”现象。受众分流的最大影响则体现在收视率与经济收益上，传统新闻业的广告运作模式被击碎，这种巨大的经济困难在客观上促进了传播领域新权力的诞生。新权力的本质在于拥有文本生产、解构、传播、重构能力的受众。他们可以从现实的符号世界中生产文本，也可以从已有的媒介资源中对原文本进行重构，也可以对文本进行再创作，生产快感、表达自我、重构价值，创造出自己的意义。新权力是一种开放型的范式，它鼓励参与，由同侪驱动（peer-driven，来自同事、同辈、朋友之间的驱动力）或关系驱动。其运行方式的突出特征是纵向“上传”并横向“扩散”。

2. 新闻写作编辑：算法对把关权力的程序化收编

传统新闻生产者是依据新闻的要素、自身新闻价值观，如对新闻重要性、新鲜性等要素的把握，以及自我认同的职业伦理来对新闻事实进行写作和编辑。而面对互联网的便捷性、共享性、碎片化等新的要求，过去作为信息源头的“把关者”不得不让位于数据与算法。

2015 年 7 月，一款可以帮助编辑收集内容的机器人被《纽约时报》R&D 实验室开发出来。这款机器人可以对文章内容进行识别、甄选、标记，在编辑写稿时，机器人会自动弹出文章可以采用的标签和关键词。不仅传统媒体实验室为新闻编辑部提供了一种创造性的收集内容的方式，作为一家美国知名互联网新闻博客的 Mashable 也早已开始使用人工智能辅助编辑。Mashable 开发了一个名为“Velocity”的数据分析工具平台，它可在极短的时间内判断新闻的传播趋势和可能存在的爆点。例外，Velocity 还可做到帮助博客的编辑们发现“饱和点”。比如，这条新闻的分享率达到 95%，它就会告诉编辑无须再多费精力，这样，编辑们则可以考虑迅速对该事件做出其他策划报道，抢占先机。

在传媒社会学看来，媒体一直扮演着维护社会稳定、塑造社会认同和主流意识形态的角色。当算法通过对各种数据的捕捉，在传统媒体和政府之外成为广受认可的消息源，这也就等于算法具备了影响舆论和社会情感的形成和表达的能力。因此，传统媒体的社会控制能力受到了极大的削弱，其所具备的把关能力与议程设置的功能，即根据权力主体的意志与价值取向来选择、编辑、强化或淡化相关新闻，会逐渐交由算法来操纵和实现。算法甚至可以使公众在由自己的意志编织起来的“信息茧房”中背离事实，削弱其理性判断力，从而实现对公众的意识操纵。

算法依靠人工为它写入的运行法则进行计算，由此对海量的、碎片化的信息加以筛选，并研判事实，引导用户的价值判断。算法会通过对用户使用习惯的把握和预测，为编辑的写作构造“最有料”的模板。原本意义上的“媒介接近权”，特别是进行新闻写作编辑的部分权力已被算法收编，从而构成了一种新的权力。这种权力不仅代表了原有权力格局在新时代、新领域的延伸，在某种程度上甚至破坏或超越了原有的权力格局，造成传媒领域的原定权力的大转移，给新闻业带来颠覆性的变化。当然，现阶段由算法参与的自动化新闻生产基本上还是一种“人工模板+自动化数据填充”的模式，在新闻敏感、深度分析及选题发现，特别是在重大而敏感的议题上的算法暂时还无法对把关权力进行完全的收编。但从算法迭代的可能性的角度看，其在这一路径上的权力版图的扩张是必然的。

3. 新闻事实核查

算法通过非制度性权力来构建“社会共识”权力作为一种特殊的影响力，从社会角度来看，其可划分为两种类型：制度化的权力与非制度化的权力。在传统媒体的话语体系中，制度对传播者有着极高的要求，同时制度也赋予了传播者强大的话语权。作为现代治理术的一部分，宣传或者说通过精心计算的信息传播操纵大众行为的社会控制已成为现代性的重要标志之一。今天，由于商业力量的操纵以及受众市场细分的需要，算法凭借着令人难以察觉的这种非制度化的权力进入大众的视野并达到对社会合意的控制。这些非制度化的权力关系在政治控制与资本驱逐的背景下可以强化为权威，有的甚至被制度化的权力收编，成为权势圆心的所推送的新闻会将边缘性的与非消费的受众排除在外。

4. 新闻分发与推送

大数据构建算法无所不至的传播权力，也导致其传播结果的新一轮“窄化”。传统媒体中的新闻推送是以传播者的价值考量为本位的。今天，信息空前爆炸，人们的信息需求版图也全方位、多层次地扩张，用户无法仅仅依赖媒体完成全部的信息过滤，于是原先交给媒体的权力实际上被人们部分地收回了。这一权力有两个主要的去处：一是让渡给社交关系，社交推荐和信息分发成为今天人们信息的主要来源之一，如微博和微信；二是让渡给算法，让算法来识别用户的喜好，推荐用户可能感兴趣的内容，如今日头条、一点资讯等。Blossomblot 是《纽约时报》数字部门研发的一款数据分析机器人，它通过对社交平台上所推送文章的分析，能够预测适宜在社交平台上传播的信息，帮助社交媒体网站打造爆款。《纽约时报》内部数据显示，由 Blossomblot 预测具有社交推广效应的文章的点击量是未经预测文章的 38 倍。在我国，用户在使用今日头条等算法型媒体平台时，他们的每一次点击、评论或其他行为都会被系统记录，与他们所读文章的特点，如作者、关键词、DOM 标签等，共同作为用户画像的数据资料，被系统用于刻画每一个用户的特征，以便在下一次阅读中能够为其精准推送。整个过程中，用户的行为都是自然发生的。

算法对新闻的推送，实际上可分为两个层面。一是在个体的层面上，算法可对个体需求进行准确的计算，并有效地对信息需求的长尾市场进行挖掘。基于算法的个性化信息推送，即利用算法刻画出用户的特征，以信息聚合的方式，自动筛选出符合用户个性化需求的信息，从而实现信息需求与信息传递之间的无缝对接。但是社交平台中意见的碰撞和聚合，是以兴趣为基础的群体快速聚合，这种以用户的体验为中心的传播模式成为主导之后，随之而来的是个人接受信息的“窄化”及“茧房化”。

二是在总体层面上的类别需求中，利用算法来推送适合大多数人的新闻，实际上是大数定律在新闻生产中的应用，这也是算法新闻的底层逻辑——针对类别需求的计算问题。大数定律表明，在实验条件不变的情况下，重复实验多次，随机事件的频率便近似于它的概率，即偶然中包含着某种必然。这项定律适用于所有的数据，但同时也是处理大数据时存在的通病。一方面，能够发现大多数人需要的信息，这对新闻编辑来说具有莫大的吸引力；另一方面，在制作满足大多数受众满意的内容的同时，失去的则是个体的差异性。在后结构主义看来，任何同一性都有一个“构成的外部”（constitutive outside），如果存在这个“构成的外部”，其普遍性就是不可能实现的。在算法型媒体中，这种“构成的外部”是在用大数据对受众进行研究的过程中以三种相关的方式产生的。首先，对大量受众数据进行操作的算法进行了优化，以使受众行为的特定消费模型凸显出来；其次，寻找最大多数的受众，产生一个“常模化”的社会平均值，这样便排除了异常值；最后，算法基于大数据所进行的新闻资讯的推送操作，在事实上形成了一整套传播的规范与法则，建立其算法的网络权力。因此，由算法所推送的新闻会将边缘性的与非消费的受众排除在外。

5. 受众接收：平等与分化的悖论——算法以“座驾”的方式实现着对人的自由度的新限定

在传统的新闻生产中，传播的主导权掌握在新闻媒体手中，媒体控制着传播渠道与传播内容，通过文字、图片、音频与视频等为受众构建起新闻事实的拟态环境，受众在很大程度上只能作为新闻文本的“解码”者而存在。因此，在传统传播模式中，受众始终无法逃脱“木偶”这一角色。

而随着算法在新闻环节中的应用，其对用户兴趣的关注，使得用户的自我意识在不断觉醒；自我发布新闻表达话语，提高了用户的参与意识；用户也可以通过聊新闻的方式来获取资讯，增强了用户与新闻产品之间的黏性。如数字新闻商业网站 Quartz 在 2016 年 2 月推出了同名 iOS 新闻应用产品，与其他新闻 App 将所有新闻同时呈现在用户的屏幕上不同，Quartz 通过聊天的方式来为用户推荐新闻。而这一互动式阅读功能是由机器算法来执行的。

在这种算法的权力范式之下，用户被平等地赋予了网络主体的身份，并对其赋能和赋权。这种新的权力范式逐渐渗透到人们的日常生活、团体和社会的运行系统当中，与之相关的一系列价值观和信仰也随之出现。在这一过程中，权力的流动方式发生了变化，用户的身份也发生了变化。拥有自己 YouTube 频道的年轻人不再被动接受他人意见，而是成为内容的生产者。这些作为反馈回路（feedback loops），是基于参与、分享甚至是共有的模式，让同侪的集体行动有了可观成效，并赋予参与者一种权力感。

4.2.5 算法分发的趋势

1. 算法的必然、实然与应然

目前主流的推荐算法，尤其是针对内容推送的算法，主要是一种语义算法，其核心思想是将语义知识融合到推荐过程中，来克服传统推荐算法的不足。其基于对内容的标签化分类与对用户的分类匹配。基于语义的内容推荐算法、基于语义的协同过滤推荐算法、基于语义的混合推荐算法以及基于语义的社会化推荐算法[①]。算法推送的本质是科学而有用的，但在实际应用中遭遇了阶段性问题。

（1）算法的必然：链接了人与信息

算法的本质是在海量信息和海量用户之间的匹配技术，是信息通信技术发展的必然。如果没有算法的介入，信息将无法完成更为有效的传播。曾经在“大众传媒”与“大众”之中桥接信息的“发行”“收视”工作，对受众需求的颗粒度分析是粗放的，满足最大公约数需求的，而在信息碎片化、用户个体化的当下信息传播系统内，算法以先进的技术链接人与信息，其存在和不断发展是必然的。

（2）算法的实然：简化了人与信息

目前的发展阶段，算法最受诟病的根源在于它的“不可见”，在于不同的机构、系统赋予算法不同的模型和赋值，更在于这些简化的赋值方法、模型方式，在海量的信息海洋中不断打捞重复、无效、雷同的内容，造成个人对信息“偶遇”的“疲劳”和“不满”。

对个人需求的简单量化，正是香农所说的“工程传播”的基本逻辑方法。海量信息时代，算法对受众的分析如果仍然停留在大众时代的受众观念之中，

① 黄震华，张佳雯，张波，喻剑，向阳，黄德双. 语义推荐算法研究综述[J]. 电子学报，2016，44（09）：2262-2275.

粗颗粒地为受众标签归类，必然会造成需求的流动、复杂、演化与供给的直接、简单、重复之间的矛盾。

（3）算法的应然：协同人与信息

算法推送仅是算法在媒体平台中的应用之一，面向未来的算法指向更为革命性的人工智能领域，而“人工智能技术”的“智能化”程度取决于计算能力、数据与大数据，以及算法模型的“三位一体”的品质。与人工智能相对应的是自然智能，是依靠自然进化所造就的智能，如人类智能，但人类的智能由多种智能构成，它们分别是：语言智能、音乐智能、逻辑—数学智能、空间智能、身体动觉智能、人格智能和自省智能[①]。人工智能始终在学习怎么成为人，但是在人格、自省、音乐、语言等非数理化领域，需要依靠更为多元、精密甚至革命性的算法来实现与人类智能之间的协同。

2. 算法的价值观赋予

基于对算法技术的支持和对实际应用的客观问题，我们提出算法推送“以人为本、以影响力为追求、以结构建设为入口、以公共性为底线”的基本价值观。

（1）还复杂性于人：多维内容标签，为“不确定”留有余地

正如上文所述，信息传播越来越以个人为节点，以智能终端为目标，在“人类传播”与“工程传播”的轴尺两端无限接近复杂而不可量化的个人特性。深入研究用户的信息消费行为动机会发现，用户对信息消费的动机并非单一可统计，甚至有很多信息消费完全是“无意识”“不确定”的。在这样的信息消费情境下，算法如果仍然以标签化内容做推送，便是忽视了人的复杂性。

（2）还商业模式于影响力经济：流量经济的短期利益与长久危机

包括 Facebook 在内的所有巨头互联网企业都曾在采访中表示他们不是媒体，是互联网公司。相对于具有公共产品属性的媒体产品而言，他们更关注的是用户、流量，对价值观并不负有重要的责任。但“流量经济”正在传媒产业的发展中显现出危机，流量经济本质上仍然是一种注意力经济，以吸引眼球为途径，以拉动点击量为目标，在获得最大公约数受众的共同兴趣旨趣下，内容必然流于低俗、猎奇这类人类共性的方向上。如果算法技术基于这样的内容池去分发，模型基于这样的类别去赋值，技术可以短期实现真正的流量暴增，但长期的危机将不言而喻。与互联网公司相比，有媒体责任的平

① Bornstein M H. Frames of Mind: The Theory of Multiple Intelligences, by Howard Gardner[J]. Quarterly Review of Biology，1985，4(3)：19-35.

台需要在流量的赋值上有自己的态度和价值观，还“注意力经济”驱动为“影响力经济”驱动。

（3）还监管重点于结构：真正有效传递价值观的是信息结构

传统媒体是结构化的信息，任何一个媒体品牌的价值不在于单条新闻的质量，而在于持续稳定传递的结构。在选择、篇幅、排序等机构性手段上体现一个媒体的态度和所追求的价值观。因此，在碎片化传播的今天，在用户手机端内容充分融合的当下，平台媒体须用结构上的意识引领价值观。英国《卫报》的专栏“刺破你的泡泡”，指向“信息茧房”的弊端，帮助用户遇见不同观点和意见的内容，突破局限；《华尔街日报》创设了“红推送，蓝推送”，将社交媒介上的同类内容的自由倾向、保守倾向的信息并列推送给用户，以拓宽视野。拥有大量用户的抖音短视频，自 2018 年以来不断搭建科普类内容的框架，在结构上给予引导和倾斜，随着博物馆、科技馆等机构陆续入驻抖音，抖音先后发起了“嗯～奇妙博物馆”“最美科技辅导员”等系列抖音话题活动。其中，2018 年 9 月 16 日，中国科技馆联合抖音共同发起“我的科学之 yeah”话题，相关视频的播放量突破 18 亿，点赞超过 5000 万，获得了良好的传播效果，在网上掀起了一股科学热潮。这些都是以算法推送为技术基础，在顶层设计上表达平台价值观的体现。

（4）还公共价值引导于新闻专业主义：专业人才的内容权利回归

2018 年，Facebook 宣布将招聘 2 万人从事内容安全审核工作。纽约城市大学教授杰夫·贾维斯（Jeff Jarvis）指出，全美国的记者不到 3 万人，这个社会宁可选择雇用 2 万人来处理别人生产的“仇恨、偏见、谎言和愚蠢”，而不是将这些资源投放到直接带来正面影响的新闻业。

贾维斯教授一直赞同互联网尤其是社交媒体对新闻传播行业的推进，也始终呼吁“有判断”“有权威”的人士对机器算法加以必要的干预。但在这个招聘发布时，他仍然表达了强烈的批判，资源与人力的分配不均，将导致整个内容行业根基的枯萎，被要求对海量信息做出快速判断的专业人士，也只能在快速判断中疲于奔命，置那些优质但独树一帜的内容于不顾，不断产出平庸和重复的内容，这是整个产业的危机所在。

算法推送是有效内容传播的趋势，但算法在经过“工程传播”的伦理困境之后，须从更复杂的“人类传播”层面优化设计，不断探索算法的复杂性与系统性可能。算法在内容推送的应用上，须建立“以人为本、以影响力为追求、以结构建设为入口、以公共性为底线”的基本价值观。

案例

2018年1月3日，今日头条宣布招聘2000名内容审核编辑，由算法为王向人机结合转变。2018年1月11日，今日头条首次系统公开了其算法分发的技术原理：内容上主要考虑提取不同内容类型的特征做好推荐，用户特征包括各种兴趣标签、职业、年龄、性别等，环境特征基于用户在不同场景中信息偏好不同。结合这三个维度，模型会给出一个预估，即推测推荐内容在某场景下对某用户是否合适。这三个变量都基于对用户信息的反馈，算法的内在逻辑迎合着用户需求。此外，有四个典型的特征会对推荐起到重要的作用：相关性特征、环境特征、热度特征、协同特征。其中协同特征通过用户行为分析不同用户间的相似性，如点击相似、兴趣分类相似、主题相似、兴趣词相似等，依靠“兴趣探索”和“泛化”来实现价值的多样性。此次公开的推荐系统原理包括今日头条算法模型设计维度与策略，以及今日头条的内容安全机制及相关举措。如何在线训练大规模推荐模型、典型召回策略的设计方法、多目标如何融合等业界关心的核心问题都在此次算法公开中得到解答。2018年3月28日，今日头条再次采取措施整顿平台内容，邀请学者、媒体人、公职人员成立专家团队，参与平台内容与服务的监督，并在技术上推出国内首款人工智能反低俗小程序“灵犬”，为用户提供更优质的信息。

4.3 基于网络服务技术的应用：区块链

区块链技术的火热起源于其在金融领域的成功。随着技术本身的不断完善，区块链技术的应用范围逐渐向各行各业扩展，并展示出巨大的发展潜力。麦肯锡报告曾指出，区块链技术是继蒸汽机、电力、信息和互联网科技之后，目前最有潜力触发第五轮颠覆性革命浪潮的核心技术①。在新闻传播领域，区块链技术也成了一种重要的新兴媒介技术，对传媒业产生冲击和改造。

4.3.1 区块链的基本概念

区块链是以比特币为代表的数字加密货币体系的核心支撑技术，是一个去中心化的数据库。从狭义上来讲，区块链是一种按照时间顺序将数据区块以顺

① 何蒲，于戈，张岩峰，等. 区块链技术与应用前瞻综述[J]. 计算机科学，2017，44（4）：1.

序相连的方式组合成的一种链式数据结构，并以密码学方式保证的不可篡改和不可伪造的分布式账本。从广义上来讲，区块链是利用块链式数据结构来验证与存储数据、利用分布式节点共识算法来生成和更新数据、利用密码学的方式保证数据传输和访问的安全、利用由自动化脚本代码组成的智能合约来编程和操作数据的一种全新的分布式基础架构与计算范式。区块链是比特币的底层技术，所谓“区块”是一个去中心化的、分布式的数据存储模块，而“链”则是通过加密算法进行点对点传输。

最早应用到数字货币领域的区块链是指一种电子记录形式的账簿，其中每一个区块是账簿的一页，从第一页“链接”到最新一页。这些区块一旦被确认，几乎不能做修改操作，每个区块包含了当前一段时间内的所有交易信息和区块元数据。区块链组成的系统中，基础架构由数据层、网络层、共识层、激励层、合约层和应用层组成。数据层封装了底层数据区块以及相关的数据加密和时间戳等基础数据和基本算法；网络层则包括分布式组网机制、数据传播机制和数据验证机制等；共识层主要封装网络节点的各类共识算法；激励层将经济因素集成到区块链技术体系中来，主要包括经济激励的发行机制和分配机制等；合约层主要封装各类脚本、算法和智能合约，是区块链可编程特性的基础；应用层则封装了区块链的各种应用场景和案例。[①]

区块链技术具有去中心化、公开透明化、不可更改逆转性，其中最大的特质是去中心化。去中心化往往会过于分散意见而难以达成共识，但区块链的共识层就是能够在决策权高度分散的去中心化系统中使得各节点高效地针对区块数据的有效性达成共识。[②]同时，通过激励层设置一套行之有效的激励方式，避免去中心化而产生的过度自利，维护区块链上达成的共识的稳定性。

从架构来看，区块链技术已经形成了一套从基础数据到场景应用的成熟体系。它不仅有着基础的数据层和网络层，还拥有在去中心化的条件下维护整个链条达成稳定共识的共识层和激励层，合约层和应用层更是给了区块链多元化、多场景、多领域的应用机会。正是这种体系使区块链不仅适用于数字货币领域，还能够与其他产业结合应用。

4.3.2 区块链在传媒业的赋权实践

从电子货币到金融系统，再到社会生产生活的方方面面，区块链技术正在创造一个去中心化的社会系统。在传媒领域，区块链技术的应用可能性也正在

① 袁勇，王飞跃. 区块链技术发展现状与展望[J]. 自动化学报，2016，42（4）：484.
② 袁勇，王飞跃. 区块链技术发展现状与展望[J]. 自动化学报，2016，42（4）：487.

被探索，其中包括基于数据追踪的信源认证、基于分布式新闻数据库的公民新闻审核机制、基于数字签名和算法的版权跟踪、基于智能合约的付费订阅，并将在广告效果、用户隐私、数字资产管理等领域实现创新。[①]

1. 去“把关人”的内容审核

互联网时代的内容生产，一直呈现着“去中心化”的趋势。以分布式记账为特点的区块链，不仅能将“即时性”的特点发挥到极致，使记录和传播融合得更为紧密，达到“记录即传播，传播即记录”，还能把这些分布式的信息更好地整合起来，形成一个任何人都可以查阅的新闻公告板。内容审核，是内容生产过程中必不可少的一环。传统的内容审核，把控在国家相关部门及传媒机构的把关人手中。新闻“事后审核制度”，也使得新闻内容在发布后，仍可根据宣传或舆论管控的需要进行删改。区块链的去中心化特性免去了把关人的把关环节，人们的每次信息传播都是采写编发一条流水线进行，从这个意义上讲，每个人都是一个新闻机构。而当所有信息汇聚在公共的新闻公告板时，则所有人共同组成了一个全新的新闻机构。公共的新闻公告板汇聚了各个方面、各个视角的信息，将有助于人们全面了解事实真相。基于区块链系统，还可以建立“用户生产—公众审核—系统分发—代币奖励”的独立系统，由匿名评审承担编辑角色，依据独立判断和内容政策，审核作者提交内容的真实性、公正性和合法性。

案例

区块链追踪“新闻出处溯源”[②]

“新闻出处溯源”是《纽约时报》与 IBM Garage 合作的一个区块链新闻项目，它利用区块链的优势，从图片新闻溯源角度进行新闻打假，通过对图片新闻出处信息的分析来判断、过滤虚假新闻。该项目在其官网主页有介绍，随着视觉媒体在互联网上的传播，它经常面临被剥离其原始内容的风险。新闻溯源项目是一项研究计划，旨在研究新技术如何为全行业提供解决方案。考虑到图片在社会化媒体平台传播的广泛性、扩散性与可操控性，在应用对象方面，《纽约时报》决定将“新闻出处溯源”项目区块链系统先投入新闻图片的筛选中。在名为超级账本（Hyperledger Fabric）的区块链的网络下，所有共享媒体的元数据被项目团队进行记录。其中，元数据包含了原始新闻图片与新闻视频的拍摄、编辑与发布

① 李鹏飞．基于区块链技术的媒体融合路径探索[J]．新闻战线．2017，（15）：90-93.

② 杨航，管彤．区块链视角下《纽约时报》虚假新闻治理创新与启示——基于“新闻出处溯源”项目的解读[J]．中国编辑，2020（04）：22-27.

等信息，如图片的拍摄时间、拍摄地点、拍摄者等信息均被纳入元数据中。这些元数据可以有效协助平台打击虚假新闻，但遗憾的是现有内容生产商都没有可靠的机制将元数据适时地分发到社交媒体平台、消息应用程序、浏览器和其他系统，而这些直接面向用户的数字平台产品是保护用户的最后一道防线。因此，区块链技术的创新与介入显得充分且必要。《纽约时报》打造的区块链系统重点关注新闻机构发布的图片和视频，从而判断它们是否存在回收编造旧图像、编辑拍摄或者调整视频本身速度、合成视频图像等造假行为。嵌进系统的元数据最终集合形成了该区块链系统的概念验证（Proof of concept）。

2. 版权与利益的基本保障

区块链新闻平台更容易处理版权与收益相关的问题。新闻生产具有加密的绝对版权，同时内容生产所得利益，直接流向用户，而非中介。这是新型付费阅读模式与区块链技术的融合，使内容生产的所得利益将真正直接流向创作者，而不是渠道、平台[①]。因此这将在媒介产品市场中建立起新的去中心化的市场，以维护新闻业的利益。区块链建立的是一种点对点的信任关系与信息传播模式，通过向信息源直接赋权的方式达到去中心化的目的，使得信息接收者可以用加密货币直接购买内容，对于内容生产者或用户而言，掌控薪资的不再是单位，而直接由受众付费阅读决定，同时也取决于用户所做出的贡献。记者所提供的新闻报道价值越高，读者越多，被认可度越高，他将直接从系统中获得相应的代币。这将激发记者的积极性，提高新闻报道质量，调动社会公众参与新闻生产与传播的热情。

3. 创造新的个体生产权

区块链技术应用于信息传播实现了一场重新赋权。这背后实际上是区块链技术的固有特征和技术架构在起作用。区块链去中心化的特征充分调动了个体的能动性，将个体激活。其公开透明与不可更改，则消除了媒介信息生产传播过程当中的干扰因素和暗箱操作，保障了个体的权益与独立性。

区块链技术的架构分层，更是建构出了一个全新的媒介生态。这种生态拥有数据层带来的加密数据与时间戳，为内容提供版权保护；网络层提供的分布式组网与数据传播机制，为内容分发传播提供新的模式；共识层组建的各类共识算法，使内容能够实现全民审核、专业审核；激励层提供的代币体系与分配机制，使内容生产者、审核者、传播者积极参与其中；而合约层与应用层，使内容生产平台能够根据区块链可编程特性，建立各种算法，基于区块链的平台

① 王芳菲. 区块链技术重塑传媒业——特征、应用场景及趋势[J]. 科技传播，2018，10（09）：4-7.

内容生产与分发市场，变得更加多元化。但这种“去中心化”的个人被激活也在一定程度上造成了相当的“乱象”：传统的权威被解构了，传统的社会组织方式被边缘化了，传统权力也受到了越来越严峻的挑战……如何重构个人、社群与社会的有效且有序的连接，重构新的凡是意义上的权威与信任便成为互联网与社会进化中最为关键的问题。而区块链恰恰是这样一种基于权利平等的个体间如何重拾信任和组织的全新技术基础上的社会范式，它的出现为我们重建被互联网“碎片化”了的现实提供了一种世界观和方法论。

概言之，区块链不仅是一项技术，还是社会的一种全新组织逻辑和规则范式。它在本质上是一百多年以前马克思所设想的所谓“自由人的自由联盟”建立在互联网基础上的一种全新社会形态。个体将以一种自由、独立，并拥有强大信息控制权的形式出现在区块链中。

案例

Civil 平台的创新融合

美国 Civil 平台是区块链技术与新闻报道创新融合的先行者，按照其创始人马修·艾尔斯（Matthew Iles）的说法，该平台旨在为新闻业创造一个“自给自足”的市场，摆脱广告、假新闻和其他外部影响。

从新闻生产的方式来看，Civil 平台有两种模式：其一由读者端驱动，用户可发布新闻主题，其他人贡献虚拟货币附议，记者或媒体机构可竞标认领后进行采写报道；其二由报道端驱动，记者或新闻机构组建新闻台，针对单篇新闻报道寻求赞助。Civil 平台的新闻生产模式通过改变资金来源，摆脱单一经济权力对新闻生产的控制，使新闻生产更加公开、公正、透明。目前，Civil 平台主要致力于当地新闻、国际新闻、调查性新闻、政策性新闻的报道。

4.4 技术驱动下的内容产业趋势

站在未来已来的发展节点上看传播领域的巨变，技术对于传播领域和传播媒介未来发展的关键性影响至少可以从以下三个方面认真思考、系统把握。

4.4.1 直接内容生产的非专业化

直接的内容生产将不再是专业传播工作者未来的专业价值和工作重心所

在。技术所导致的万物互联和全时在线的结果之一，就是无所不在的传感器所生成的海量数据的泉涌。这些海量、多维度数据（位置数据、行为数据、关系数据等）产生两个结果。

（1）无处不在的数据使整个传播过程处于数据驱动的版图之下

无论是借助于数据的市场洞察、用户洞察，还是借助于数据的供给侧洞察，以及对于渠道和场景的描述与分析，数据无处不在，均可以起到描述、分析、控制和预测的关键性作用。因此，在未来的传播中，数据资源便成为传播驱动的最为关键性的资源和能量，谁掌握了数据资源及数据的价值挖掘能力和人工智能的应用模式，谁就会成为未来传播的掌控者，所谓的“数据霸权”正是在这个意义上确立的。掌握数据、价值挖掘、利用人工智能完成实用化，这恰恰就是未来职业传播工作者工作的重点与关键所在。毫无疑问，对于未来的专业传播工作者而言，直接进行内容生产的重要性已居于其工作重要性排序中较为次要的位置上。

千分之一、万分之一甚至占更小比例的专业媒体人，他在传播领域所承担的社会角色还会是直接的内容生产者吗？这是一个值得我们引起重视并认真思考的问题。

当然，在UGC或OGC专业能力不足的内容生产领域，在MGC缺乏数据支撑或无法用算法来解析的内容生产领域，仍然是PGC的专属领地。但是同样明显的事实是，随着UGC或OGC专业能力的提升，随着MGC在人工智能的强大技术支撑下丰富内容的涌现，专业媒介工作者的内容生产所占有的那一点点“领地”，虽然很重要，但可能已经很难成为安放专业传播工作者功能和价值的立足点了。

（2）海量数据所生产出来的海量“传感器资讯”进一步稀释了专业传播工作者“内容生产”在内容生产整体格局中所占的份额。除了上文中所提到的数据掌控。

换言之，万物互联和全时在线的数据通过数据挖掘和智能算法将生成海量的“传感器资讯”，即MGC。这一内容生产格局的巨大改变，势必会造成专业媒介工作者工作重心和工作逻辑的重大转型。

本来，在社交媒介崛起之后，大众传播时代专业媒介工作者独占PGC的主体地位已经受到了UGC和OGC的严重挑战。从规模上讲，后两者在内容生产的总量方面已经远远超过了前者，专业媒介工作者生产传播内容的份额比例越来越低。而MGC的海量涌现，必然使这一状况进一步加剧。那么，专业传播工作者在未来传播中的主要价值角色的担当主要不是进行直接的内容生产，而是为 UGC、OGC 和 MGC 的内容生产创制模板、创新模式、开拓新的领域和新的功能、平衡社会表达中的信息与意见失衡、建设传播领域的文化生态——筑牢文明底线、建构传播规则、倡导伦理精神。

这便意味着，今天开始的专业传播教育、专业传播研究以及专业传播实践的重心，应该从今天的直接的内容生产为主要专业内涵的状态中，向着未来专业传播的关键和重心转型：即，一是要学会关于数据的采集与分析技术、数据的价值挖掘、人工智能的数据处理与内容生产的深度神经学习；二是掌握社会内容生产的组织与协调能力、新传播模式的创新与技术支撑能力、传播场景的发现、设计与应用能力和全社会信息流动的平衡与引领能力。

4.4.2 内容的关系与情感功用

作为关系表达的内容和作为媒介功能的内容将成为未来传播的内容范式中最为重要的增值维度。提到内容，我们一般总是偏向于把它理解为一组资讯信息：如一篇故事、一则新闻、一个道理等。我们一般所说的内容生产和组织，大体上指的就是关于资讯内容的生产和组织。

但是，内容除了作为一种资讯的表达之外，还有没有其他的价值维度呢？换言之，如果一个内容中，理性、逻辑性的资讯含量几乎为零，那它还有没有价值？如果有价值，它的价值又是哪个意义上的价值呢？在我看来，内容除了作为资讯的内容外，还存在着两大内容的价值维度——作为关系表达的内容和作为媒介功能的内容。

1. 作为关系表达的内容

视频语言与书写文字语言的最大不同是：书写文字语言作为“信道容量比较窄”的语言，比较偏向于理性和逻辑性的“窄播”；而视频语言作为“信道容量比较宽”的语言，则承载着较为丰富的关于关系表达的非理性、非逻辑的内容成分。视频语言主流化时代的一个突出特点就是传播中的关系认同、情感共振在整个传播沟通和共识建构中的作用和地位的凸显：谁擅长这种关于关系的内容表达，谁就会成为社会沟通、社会共识达成领域的引领者和“意见领袖”。因此，认识和把握这种作为关系表达的内容范式是占有未来传播高地的构建之一。

2. 作为媒介功能的内容

媒介是内容的承载体，但反过来，内容是不是可以成为一种媒介呢？这就要看它是否可以起到连接人与人、人与物、人与内容之间的介质或平台的作用。一般地说，任何媒介的“内容”其实都是另一种媒介，由它引入人类事务的尺度变化、速度变化和模式变化，从而起到人的世界的特定的“连接—中介”作用。都说互联网时代，整个世界都“碎片化”：市场“碎片化”、用户“碎片化”、内容“碎片化”以及终端也“碎片化”。那么“碎片化”了的世界该如何连接、沟通和协同呢？这一过程中，既需要大媒介平台的担当，也需要形形色色中小媒介的协同与整合。

4.4.3 整合传播生产力

众所周知，互联网改造社会的基本方式是在开放的前提下通过连接和再连接激活各类资源（包括不能被传统方式所利用的微资源、微内容、微价值、微创新等），将其以特定的游戏规则进行整合与协同，形成功能、创造价值——这就是互联网改变世界的基本逻辑，由此创造了一系列“众人拾柴火焰高”的互联网奇迹。譬如，大众点评、Airbnb 民宿、维基百科知识生产与分享的协作计划、Uber 打车应用等。因此，解决传统主流媒介重归社会主流影响力高地的唯一选择就是：走出封闭，以开放的姿态拥抱互联网技术生产力所创造的的极大资源、新的能量和新的可能性。1920 年 11 月，世界上第一家广播电台“KDKA 电台”开播；1921—1923 年，加拿大、法国、英国、德国、中国相继出现广播电台；1922 年 11 月 7 日，苏维埃俄国建立莫斯科中央广播电台（初名“共产国际广播电台”）并正式播音。该电台的功率为 12 千瓦，在当时的世界上属于功率较大的。这一历史事实，值得当下的媒体人和媒体管理者深刻思考。

本章练习

名词解释

1. 算法即权力
2. 大数据

思考与练习

1. 简述信息分发的不同发展阶段。
2. 解释“算法即权利”。
3. 请简述区块链技术在目前传媒产业的实践应用过程。
4. 请简述新媒体技术如何整合传播生产力。

阶梯阅读书目推荐

1. 布莱恩·阿瑟．技术的本质：技术是什么，它是如何进化的[M]．曹东溟，王健，译．杭州：浙江人民出版社，2019.

2. 保罗·莱文森．数字麦克卢汉：信息化新纪元指南[M]．何道宽，译．北京：社会科学文献出版社，2001.

3. 伯特兰·罗素．权力论——新社会分析[M]．吴友三，译．北京：商务印书馆，1991.

4. 斯各特·拉什．信息批判[M]．杨德睿，译．北京：北京大学出版社，2009.

第5章 网络新媒体场景

“当技术成为物质生产的普遍形式时，它就制约着整个文化；它设计出一种历史总体：一个世界。”

——马尔库塞（Herbert Marcuse）

本章学习目标

- 理解“场景”的基本概念。
- 理解场景在网络新媒体传播中的重要价值。
- 把握VR/AR技术在场景拓展中的本质。

导读

随着虚拟和真实的深度渗透融合，未来信息业和实体行业将深度融合。换言之，我们不仅要看到VR在技术层面的功用，更要注意到它本身承担着的信息传递的载体和渠道等作为媒介的连接功能，它不仅可以像传统媒介那样能连接人与信息、人与人，而且还可以连接人与物、连接现实世界与虚拟世界、连接人的物理世界与心理世界等。进一步讲，场景将决定未来技术的使用方式，企业也将通过场景触发用户的服务需求，并且让汇聚各种资源的关键节点实现变现。

本章我们将通过对场景概念的学习、对场景要素的分析，以及以VR/AR为代表的新媒体技术对媒体场景的拓展，来展望“场景”对未来传媒产业的深刻影响。

场景传播实质上就是特定情境下的个性化传播和精准服务。场景作为一种人为构设且“被建立”的环境，其功能特性在于促进特定用户与用户、用户与生产者以及用户与产品（或服务）之间的连接、集合、协同及价值变现，因此是未来线上世界最为重要的市场变量和要素范畴。场景在连接社会资源方面发挥的社会效用以及起到的重要意义。需要特别强调的是，场景的本质并不止于在微观层面上通过信息适配为受众提供更具想象力的服务，它更在宏观层面上成为重构社会关系、开启新型关系赋权模式的重要力量和关键推手。

场景按界面划分为现实场景、虚拟性场景、现实增强性场景；按功能划分为满足不同需求的实用功能场景与享乐功能场景。场景的本质是一种赋权模式，社会要素与象征要素共同影响场景，界面的形式与功能满足是划分的重要维度。未来对于场景的研究中，或许交叉学科研究将是一种趋势，从虚拟网络空间场景与用户交互性体验、虚拟网络空间场景产生的传播效果和用户信息接收习惯等方面着手，进行更深一步的实验和探讨。

场景对传播范式带来的变革表现在以下三个方面，第一，环境的建构。场景可以分享，甚至可以建立一种虚拟现实跟真实之间的无缝接入，这就是一种升维的表达形式，一定会对相当多的互联网产品有替代性。第二，第一人称主体的构建。在沉浸传播时代，传播也将真正地实现“我的场景我做主”，将传播中的主动权赋予受众。在虚拟的场景空间中，人的在场与环境因素并置存在，是一种非线性的并置状态。第三，场景将成为重构人际关系的重要纽带性力量，人们不仅可以积极加入对方的场景之中，最大限度地做到“感同身受”，减少选择性的自我呈现带来的不确定性，还可以因此加深彼此之间的亲密联系。

未来的场景发展首先摆脱实体空间场景的局限，更强调时间和空间一体化的适时体验，构建了一个虚拟时空场景，突破了空间与环境的限制。其次，在基于血缘、地缘性的群体以外，“趣缘”逐渐成为不断创造出社会新群体的途径与基础方式。因此，差异性的群体信息需求成为 5G 时代场景传播关注的重点，不同群体在不同场景下的特殊信息需求成为 5G 时代场景的挖掘方向。再者，场景将以算法和数据为基础的人工智能将向下一等级发展，变得更加有温度，可以深刻地洞察与理解人的实时需求和当时场景中不同个体的实时社交氛围数据，并为其提供适配的精准服务。在此种情况下，算法已经不仅仅是信息分发的工具，也是洞悉用户需求、为用户提供适配场景的重要工具。

5.1 场景概述

把“场景”一词作为重要的概念和因素引入传播学始于罗伯特・斯考伯（Robert Scoble）和谢尔・伊斯雷尔（Shel Israel）。在 2014 年二人合著的《即将到来的场景时代》中，首次提到“场景”（context）。他们认为场景时代的到来依托五大技术的支撑，即“场景五力”，分别是移动设备、社交媒体、大数据、传感器和定位系统[①]。彭兰对场景的概念及构成做出了初步的分析：一是

① 罗伯特・斯考伯，谢尔・伊斯雷尔. 即将到来的场景时代[M]. 赵乾坤，周宝曜，译. 北京：北京联合出版公司，2014：11.

认为“场景”一词应同时涵盖基于空间和基于行为与心理的环境氛围，场景包括情境；二是总结出构成场景的四个要素，即空间与环境、用户实时状态、用户生活习惯以及社交氛围[①]。

5.1.1 场景

场景传播实质上就是特定情境下的个性化传播和精准服务。罗伯特·斯考伯和谢尔·伊斯雷尔的贡献主要表现在以下两个方面：一是指出了“场景”时代的到来是技术发展到一定阶段的产物，即“场景五力”；二是指出“场景”传播的目的是不同情境下信息和服务的配适。但是不足之处也很明显：其一重在介绍场景感知实际运用案例，在理论上的阐释很少；其二受限于当时技术的发展现状，仅关注到场景五大技术支撑，未能用发展的眼光更多关注物联网、泛在技术以及 VR 等。

场景作为一种人为构设且“被建立”的环境，其功能特性在于促进特定用户与用户、用户与生产者以及用户与产品（或服务）之间的连接、集合、协同及价值变现，因此是未来线上世界最为重要的市场变量和要素范畴之一。一般而言，它可以按照界面形式划分为现实性场景、虚拟性场景、现实增强性场景。在 5G 前时代，人们所面对的场景多为现实性场景，及对现实中各类场景的发现、描述、属性与功能判别，以及最终的合目的性的应用；虚拟性场景、现实增强性场景则凤毛麟角。进入 5G 时代，数字技术的革命性迭代，为 VR 的市场发展和形态丰富提供了良好的基础性支撑。VR 建构的场景属于虚拟性场景，模拟的是完全独立于现实世界的虚拟世界，通过隔绝式的音视频内容带来沉浸感体验，通过交互提高感官体验，强调的是感知交互和场景的融合。

场景可以承载内容、社交、游戏、用户分享等多种服务，为场景中的用户提供良好的用户体验。在实现商业变现的过程中，场景的作用有两种：一种是在用户原来的诉求基础上提出一个解决方案；另一种则是挖掘用户潜在的痛点，提出用户尚未意识到的诉求，构建一个新的场景解决用户的需求。归根结底，场景的最大意义其实还是发现用户需求，最大限度地服务用户。第一种作用的例子如微信的春节红包，在春节阖家团圆的场景之中，提供和满足用户的社交需求；再譬如智能语音阅读，在身体锻炼、家务劳动及驾车行驶等场景中，解决用户在繁忙之际兼容性地获取信息的需求。第二种作用的例子如滴滴等打车软件构建的服务场景、淘宝等购物软件构建的消费场景、快手等短视频

① 彭兰. 场景：移动时代媒体的新要素[J]. 新闻记者，2015（3）：20-27.

软件构建的陌生人社交场景等。

VR 新零售也是场景汇聚商业资源实现变现的一大发展趋势。传统零售业以零售商为中心，当 VR 应用于零售业，便开启了以消费者为中心的时代。人们可以足不出户享受到现实感更强的虚拟购物体验，从而有效弥补线上购物的不足与缺憾，加速市场的智能化和自治化。全球市场情报公司——国际数据公司 2019 年发布的一份报告预测显示，2019 年零售业将成为增强现实和虚拟现实领域最大的投资者之一，在 VR 技术上的投资将达到 16 亿美元。梅西百货的家具部门已经在 VR 新零售上取得了成功，开设了 100 家 VR 家具展厅。梅西百货负责人对线上购物消费者进行分析发现，与不使用 VR 的消费者相比，使用 VR 的消费者退货频率更低，花费也更多。梅西百货负责人表示，VR 新零售还帮助公司节省了店面的面积，同时为顾客提供了更大的库存。

综上所述，我们能看出场景在连接社会资源方面发挥的社会效用以及起到的重要作用。需要特别强调的是，场景的本质并不止于在微观层面上通过信息适配为用户提供更具想象力的服务，它更在宏观层面上成为重构社会关系、开启新型关系赋权模式的重要力量和关键推手。

5.1.2 场景与情境

场景（context）概念，与社会学中的情境（situation）、电影学中的场面（scene）、物理学中的场域（field）、舞蹈学中的布景（scenery）都有所不同，但又在一定程度上有所关联。

对场景的分类可从界面形式和功能两方面来进行。从界面形式可分为现实性场景、虚拟性场景、现实增强性场景；从功能可分为实用功能场景和享乐功能场景。关于场景的本质可总结为两方面：从小处看，场景传播是精准传播的升级版，能满足人们在不同情景下信息和服务的适配；从大处看，场景是重构社会关系、开启新型关系赋权的重要力量。

“情境”是一个在社会学、教育学等学科理论中都被广泛提及的概念。社会学家欧文·戈夫曼（Erving Goffman）在其著作《日常生活中的自我呈现》中所提出的“情境”（situation），是指一种在“建筑物”的有形界限内有组织的社会生活，一个人出现在另一个人面前时，情境就产生了。人们会对身处的这一情境进行“定义”，再根据定义的结论调整自己的言行[①]。

但在传播学中，对情境的解释更关注媒介技术造成的新情境。媒介出现

① 欧文·戈夫曼. 日常生活中的自我呈现[M]. 冯钢，译. 北京：北京大学出版社，2008：1.

后，原本的物理意义上的地域和社会环境中的地域之间的界限被打破、模糊化。媒介的环境和原有的环境相互交融，得到一个全新的、地域不明确的新环境[①]。

约书亚·梅罗维茨（Joshua Meyrowitz）沿袭戈夫曼理论所论述的“situation”，中文翻译为“场景”，但其实根据约书亚·梅罗维茨的本意，这里的“situation”是指信息系统，即“获取他人信息设定的模式”，因此约书亚·梅罗维茨所形容的媒介技术生成的新信息系统，翻译为“情境”更为合适。

我们从约书亚·梅罗维茨的后期文章中更能看出“情境”与“场景”的关系。他认为“情境”主要指物理环境中的行为，而延伸到媒介环境中，情境包括两种场景（context），即物理场景（place-contexts）和媒介场景（media contexts）[②]。从这一角度看，情境的内涵更广泛，场景包含在情境之中，且场景有明显的技术塑造的特征。场景作为专有名词引入传播学并非无源之水、无本之木，其与早期传播学的情境论一脉相承。情境包括场景，场景是移动互联时代的情境[③]。

1992 年，美国服务营销学家比特纳（Bitner）对有形环境概念进行系统性归纳研究，首次提出了服务场景（Servicescape）概念，并将服务场景定义为“服务业依靠人而建立起来的一种有形环境”，指出这种有形环境是一种“被建立的环境”（Built environment），并划分为三个维度：氛围条件（ambient condition），空间陈列功能性（spatial layout/functionality），符号、象征和人工制品（signs，symbols and artifacts）[④]。

5.1.3 场景的分类

场景的分类标准主要有以下两个。

1. 按界面形式划分

界面，是指信息传播者和信息接收者之间的关系赖以建立和维系的接触面，包括呈现信息的物质载体的硬件（硬界面）和支撑信息系统运行的软件（软界面）。将场景进行深入分析，它由“场”和“景”两部分组成。“场”，即场所、场域，是物质承载和信息传递的依托界面，可以是现实界面，也可以是虚拟界面，旨在通过特定的界面环境为受众搭建满足其心理需求、角色期待的

① 约书亚·梅罗维茨. 消失的地域[M]. 肖志军，译. 北京：清华大学出版社，2002：15.

② Meyrowitz J. Using Contextual Analysis to Bridge the Study of Mediated and Unmediated Behavior[M]// Mediation, Information and Communication. Transaction Publishers, 1990: 67-94.

③ 梁旭艳. 场景：一个传播学概念的界定——兼论与情境的比较[J]. 新闻界，2018（9）：55-62.

④ Bitner, M. J. Service Scapes: The Impact of Physical Surroundings on Customers and Employees [J]. Journal of Marketing, 1992, 56: 57-71.

特定场所。“景”，即受众的一种内在模式，它基于个体的生活、教育、文化背景等，在某方面产生需求，从而衍生出一系列的信息交换。

按照界面形式划分，场景可以分为现实性场景、虚拟性场景、现实增强性场景三个类型，它们相互之间存在依托界面的本质区别。

（1）现实性场景

现实性场景是基于现实界面形成的建构于现实生活中的场景形态，包括电影院、车站、家庭、田野、教室、餐厅、咖啡馆、旅游景点等，可以为受众提供体验、交流、服务的社会公共空间、个人空间或私人空间等。框架语义学中曾将语言之外的“真实世界”定义为场景，并将其归纳为静态场景、动态场景、隐蔽性场景、时间依附性场景、条件限制性场景、身体体验性场景、规约性场景七个类别①。

（2）虚拟性场景

虚拟性场景是主要依托于新型科学衍生的新媒介技术，旨在通过互联网的线上服务为受众提供满足其媒介预期的虚拟界面环境，包括线上聊天室、QQ Zone、朋友圈等社交网络组成的虚拟网络空间，也可以是通过电影、戏剧、文字、音乐搭建出的虚拟传统界面。

（3）现实增强性场景

现实增强性场景是现实性场景与虚拟性场景相结合的产物，广泛应用于计算机视觉、计算机图形学领域，虚拟性场景内容能够有效增强现实性场景内容的表达强度与呈现效果，从而提升受众对现实性场景的感知与认同。人工智能、AR、VR 等技术从人的感官的方方面面进一步精准复制前技术环境，推动虚拟和现实之间的融合，这将是下一波媒介进化的显著特征。人们将“深度沉浸”于媒介之中，在现实和虚拟之间自由穿梭，甚至无法明确区分现实和虚拟的界限，从逼近现实的虚幻之中寻找乐趣，排解孤独。现实增强性场景技术现已广泛应用于医疗、军事、教育、娱乐等领域，为人们的生产生活带来便利并拓展了新的认知空间。

2. 按功能划分

按照功能划分，场景可分为实用功能场景、享乐功能场景。

马斯洛的需求层次理论（hierarchy of needs theory）将人类需求从低到高分为五个层次，依次是生理需求（Physiological needs）、安全需求（Safety needs）、社交需求（Love and belonging）、尊重需求（Esteem）和自我实现需

① Fillmore, Charles J. Scene-and-frames Semantics[M]// Antonio Zampolli, ed, Linguistics Structures Processing. Amsterdam. New York: North Holland Publishing Company, 1977a:55-81.

求（Self-actualization）[①]。实用主义（Pragmatism）强调生活、行动和效果，享乐主义（Hedonism）是指把追求一切能够引起自己各种感官快乐的刺激看作人生目的的思想观念。将马斯洛提出的五个需求层次进行归类，如表 5-1 所示。一方面，将能够满足受众生理需求、安全需求等基本生活需求的场景总结为实用功能场景；另一方面，将满足受众社交需求、尊重需求、自我实现需求等更高层次需求的场景总结为享乐功能场景。

表 5-1　按功能划分的场景类型

场景类型	理论依据	对应需求层次
实用功能场景	实用主义	生理需求
		安全需求
享乐功能场景	享乐主义	社交需求
		尊重需求
		自我实现需求

实用功能场景旨在满足受众的生理需求、安全需求等基本生存需求，既可以是现实性实用功能场景，也可以是虚拟性实用功能场景、现实增强性实用功能场景，如餐厅、酒店、家庭、线上支付平台、线上点餐系统等；享乐功能场景基于现实平台和虚拟平台，以满足受众的社交需求、尊重需求、自我实现需求等高层次需求为目的，包括酒吧、音乐会场、社交软件平台、网络聊天室等，技术的迅速发展使享乐功能场景在今天具有越来越重要的现实意义。

5.1.4　场景的特征与价值

场景，尤其是依托于新媒体发展起来的场景，已不单是一种满足受众需求、适配信息和感知的手段，更成为重构社会关系、调整赋权模式的全新范式。本章在针对场景的现实意义、研究现状与理论依据、类型划分进行深入分析之后，提出场景的以下四个特征。

1. 本质是赋权模式

场景的本质不仅是适配信息和提供服务，还是重构关系赋权模式的关键推手。

互联网用“连接一切”的方式重构了社会、重构了市场、重构了传播形态。现如今，场景的依托要素已不仅涵括现实性场景，还有虚拟性场景和现实增强性场景等依托互联网构建的多种形式。场景的本质已然不止于在微观层面

① Maslow, A. A Theory of Human Motivation[J]. Psychological Review, 1943, 50, 370-396.

上信息适配以及为受众提供服务，更在宏观层面上成为重构社会关系、开启新型关系赋权模式的重要力量和关键推手。

2．社会要素与象征要素共同影响场景

社会性服务场景研究中将场景的影响因素归结为社会要素和象征要素两个方面。其中，社会要素包括工作人员、其他用户、社会密度三个方面；象征要素包括图片、标识、符号、物体四个方面，对于后续进行场景的影响因素、控制因素分析具有启发性推动。

3．界面形式与功能满足是划分维度

界面形式和功能满足是场景类型划分的重要维度。界面形式是存在于信息传播者与信息接受者之间的以维系关系、建立联系的关键点，既可以是物质载体的硬件，也可以是维持信息系统正常运行的软件，是对场景类型进行划分的重要依据，伴随着信息技术的不断革新而时刻产生着变化；基于马斯洛需求层次理论的功能类型，亦是对场景满足受众需求类型划分的关键指标，同时符合使用与满足理论中“媒介期待→媒介接触”的基础模型。

4．场景将成为新媒体技术发展的主流

目前，对于现实性场景、虚拟性场景的发展和研究已经到达一定的高度，随着社会经济发展水平的提升和各类基础设施设备的完善，为用户带来的服务与体验愈加全面。同时，虚拟性场景、现实增强性场景正处于发展上升期，尤其是近年来 VR、AR、AI 等技术的发展，虚拟网络空间场景实现了从二维空间向三维、四维空间的转变，正在给受众提供更加真实、丰富的参与式体验，也更加精准地满足了目标受众的心理需求和在场景中的角色期待。

未来对于场景的研究，或许交叉学科研究将是一种趋势，从虚拟网络空间场景与用户交互性体验、虚拟网络空间场景产生的传播效果和用户信息接收习惯等方面着手，进行更深一步的实验和探讨。

5.2 VR/AR 对场景的构建

场景的传播可以划分为两个阶段。第一阶段着重于“场”，即主要是在大众传播同质化信息的基础上解决人们不同情景下的个性化、精准信息和服务的适配，目前的技术发展正处于这一阶段，典型的场景技术是微信；第二阶段着重于“景”，在解决人们不同情景下个性化信息和服务的适配之后，场景技术将在“景观化”呈现和沉浸式体验方面迈进，典型的场景技术便是 VR。

一切媒介的进化趋势都是复制真实世界的程度越来越高，其中一些媒介和真实的传播环境达到了某种程度的和谐统一。VR 就是这样的一种未来媒介形态，通过虚拟场景系统、知觉管理系统和用户之间的多重信号传导，让受众置身其中。VR 作为场景传播第二阶段典型的场景技术，将通过与新媒介技术的融合实现对现有场景的突破与提升，从而真正实现场景升维，达到虚拟与现实之间的无缝连接。

VR 实现的虚拟场景构建，可以让我们在未来的传播中不拘泥于现有的生活场景，而是根据自己的意愿去模拟真实的世界甚至创造出完全虚拟的世界，将生活中难以实现的特殊场景加以呈现。用户也可以自己设定虚拟场景、虚拟形象，也可以将与自己交谈的对象及其所在的场景完整地传输到交谈用户 VR/AR 设备中，完成实时、真实的交流，并力求还原最真实的面对面交流环境。其实，短视频技术在创世与造物方面已经向我们展现了一定的风采，将真实世界与虚拟世界用平面或三维叠加的方式呈现出来，虚拟现实技术则在此基础上更加凸显出了“再现”与“具象化”的魅力，并且进一步模拟真实与设想，跨越时间、空间障碍，将过去与未来、宏观与微观、远方与近处等带到用户眼前。尼古拉·尼葛洛庞帝的《数字化生存》在 1996 年出版时，这位未来学家就很肯定地表示：“虚拟现实能使人造事物像真实事物一样逼真，甚至比真实事物还要逼真。”例如，用户可以完全置身于 VR 提供的虚拟环境之中，在观看与感知的基础上进一步实现“内容互动”，并在现有的场景中通过触摸或者体感创建虚拟形象，与画面中的内容进行互动，也可以将远在太平洋的一条深海鱼“带到”自己的眼前，并显示它的相关信息，甚至通过超感系统对其进行模拟实验。

虚拟场景作为一种全新的环境构建手段，它既是情景信息的载体，以计算机技术和虚拟技术做依托，具有较高的科技含量，同时它又是一种艺术化的非逻辑因素的载体。在设计构建过程中，设计者通过对场景整体或细节的艺术处理，营造出具有很强摹写力与感染力的场景环境，进一步通过模型软件生成技术、图像构建技术以及三维几何图形技术得以实现，即利用建模技术、建模指令以及几何图形绘制展现复杂、精细的模型，通过图像的图形绘制技术预置一些图像来生成不同视点处的场景画面，图像的来源既可以是软件合成的，也可以是航拍等实际拍摄的画面，从而在 5G 时代 VR 虚拟场景之中，进一步实现分享与传播，还可以进一步实现场景的分享与传播。

5.2.1 环境构建

在 5G 普及的情况下，场景升维可能会到来。通过 VR/AR 技术建立一种场景，场景可以分享，甚至可以建立一种虚拟现实跟真实之间无缝的接入，这就是一种升维的表达形式，这种场景一定会对相当多的互联网产品有替代性。5G的成熟在促进传播速度加快的同时，沉浸感方面会发生革命性的改变。而伴随着5G时代下VR、全息投影、可穿戴设备等的普及，人类社会也会加速迈入一个高度智能化与实时交互的沉浸传播时代，这将重新定义传统的传播形态。

在全新的沉浸传播时代，“网络”并不再处于一切媒介的中心点，而是被重新定义为一种联结的背景，包括人体在内的各种媒介都将重新在“泛在连接”的节点中找到新位置。沉浸传播打破了传统意义上虚拟与现实的对立，带来了二者的无边界交融，势必会对人类的价值建构、认知行为、生活形态及社会根本性结构等产生重要而深远的影响。沉浸传播模式包容了过往的一切传播形态，将大众传播与人际传播更紧密地融为一体，正如麦克卢汉所说的“处处皆中心，无处是边缘”。有研究者又进一步将沉浸传播时代的媒介定义为“浸媒体”，即有沉浸传播特质的具体媒体形态，是在沉浸媒介技术下出现的数字化全新媒介形态和传播现象，即具有以人为中心、无时不在、无处不在、无所不能的传播功能，信息由传播者与接受者共同创造，并共同进入沉浸的体验。“浸媒体”一般都具有商业形态，即具有媒介组织形态。

“媒介是人体的延伸”，沉浸传播时代万物皆媒介，人体自身也会成为传播过程中的重要媒介，这将突破非沉浸传播时代受众在信息传播中的“不在场”，实现“身体在场”。所谓“在场”便是存在于技术构成的世界中，因为技术已经潜在地嵌入了人的生存基础之中，正如斯蒂格勒（Stiegler）所说的“义肢”以及海德格尔的“座架”。沉浸传播环境下，人本身成了一种媒介，时间和空间的界限被消弭，身体与技术、感官与媒介的交互将恒久地持续下去，并最终被“自然化”。因此，赛博空间中物理肉身的缺场并不意味着主体的缺场，而依然能印证身体的在场。例如，VR虚拟社交可以实现高度沉浸化、交互方式场景化、非言语传播并且具有实时性，真正实现了“在场”。不管是微信还是各种直播软件，都无法真正跨越空间的距离，让远距离的用户相聚在一个地方。VR打破了屏幕制造的空间障碍，能够将不同地方的人连接到同一个空间中，实现在场的沟通。

沉浸传播与非沉浸传播相比具有感官沉浸与实时参与的特性。沉浸式新闻最突出的特点就是能够让用户对新闻事件拥有身临其境的现场体验。这也将进一步影响人们的认知决策，用户与被建构的场景之间容易产生共鸣，也更容易产生情绪的波动。有研究者曾在对“沉浸式新闻”传播效果的实证研究中证实，在相同新闻事件的前提下，沉浸式报道会帮助受众实现新闻内容的整体性理解，但是在细节认知上更容易发生遗漏与缺失。同时，虚拟现实技术所带来的在场效应可以唤起受众的情绪波动，这也会使受众对于沉浸式新闻的信任度高于文字新闻，且对沉浸式新闻的信任程度又高于 360 度全景影像。在 5G 时代 VR 普及的条件下，媒体将不得不加快沉浸式新闻报道的研制与应用。沉浸式视频新闻有可能主宰网媒，在市场份额上超过其他视频的比重。毫无疑问，世界上随时发生的奇闻轶事的景观对受众是有吸引力的，但在 5G 前时代，人们能够看到和体验到的沉浸式视频则少之又少。

5.2.2 人称构建

场景对传播范式带来的第二个变革就是第一人称主体的构建。在沉浸传播时代，传播也将真正地实现“我的场景我做主”，将传播中的主动权赋予受众。在虚拟的场景空间中，人的在场与环境因素并置存在，是一种非线性的并置状态。新媒介将重新定义场景的概念，或许可以称之为个人的场景，特点是虚拟和在场。过去在包括新闻传播在内的社会性传播中，个人始终处于客场的位置，而在 VR 环境下的今天则是个人的主场。换言之，在传统媒体时代，受众只能被动接受媒体选择性地提供的事件报道视角与角度，而这一视角经过媒介的议程设置，受众认知事实的维度也被大大局限。VR 可以通过虚拟场景的构建及现实场景的还原，为受众呈现一个完全沉浸化且不受传播者意志干扰的场景，受众可以在这个虚拟的场景中自主寻找事件的线索，自己发掘认知事实的角度。

VR 新闻在相当程度上减少了受众对于报道者叙事视角的依赖。在 VR 作为媒体的新平台上，所有的新闻材料都被放置在一个 360 度的全景之中，用户则以目击者、观察者的身份参与进来，对整个新闻事件进行自主式的认知、感受和体验，于是，用户无须再通过新闻传播者的选择性叙述视角去了解新闻事实，而是通过某种意义上“全知全能”的视角，自由运用虚拟现实场景中的全部材料去自主地认知和解读新闻。并且，VR 可以使用户对传统传播技术难以复制与摹写的特定场景进行仿真模拟与呈现（所谓的场景共享），从而促使用户由第三人称视角向第一人称视角转变，拉近新闻报道与用户之间知觉体验与心理感受的距离，促使用户可以对新闻事件具有全新的把握。

必须指出，场景既是一个环境空间的概念，同时也包含了行为情景与心理氛围。这也就意味着“第一人称视角”的报道方式会强化用户的代入感与互动感。这使得用户从传统新闻中的被动观看者、局外旁观者变成新闻的“现场”目击者、“事件”参与者，强化了用户对于新闻场景的“代入”体验，更容易实现受众与传播者乃至新闻当事人之间的“共情与共振”。第一人称的构建还将进一步提升用户对媒介使用的控制感，用户自主选择置身于何种场景，自主选择观察角度、参与时间，主动而不是被动地完全融入事件的场景，从而真正实现“我的场景我做主”。

5.2.3 关系构建

无时不在、无处不在的泛在网络连接，大数据算法支撑的 VR，形成了 5G 时代的传播特征，并推动传播形态、传播时空、传播过程、用户关系等产生深刻变革，这将进一步重构人际关系赋权，改变我们日常生活中的亲密关系、陌生人社交之间的关系建构。

场景直接改进和提高了传播的有效性，除了一如既往重视语境对信息效果的作用外，场景传播还是“用户实时状态、生活惯性、社交氛围”等因素综合影响的结果。它既是新媒体人际传播的语境，也是新媒体人际传播的内容。随着场景意识的增强、场景传播的丰富，建立在彼此认知基础上的人际关系也会因此发生改变。传统的社会结构中，人们依靠血缘、地缘和业缘相互连接，熟人社交是人际关系中的核心组成部分。但随着互联网的发展，“趣缘化”的社会连接不断形成，人们依靠网络便可以“同声相应”“同气相合”，实现彼此之间的连接和再连接，这突破了时间与空间的限制，更突破了血缘、地缘和业缘的禁锢。例如，微博使人们可以在一个巨大的范围内找到自己志同道合的伙伴，并且能够与自己崇拜的偶像直接对话与连接，极大丰富和满足了用户的多层次社交的需求。人与人之间的连接与交互不会再受到距离、阶层等因素的影响，甚至可以通过视频或语音达到彼此之间更为紧密的联系。概言之，在 5G 时代 VR 产业得到巨大发展的状况下，场景将成为重构人际关系的重要纽带性力量，人们不仅可以积极加入对方的场景之中，最大限度地做到“感同身受”，减少选择性的自我呈现带来的不确定性，还可以因此加深彼此之间的亲密联系。

与熟人之间的关系确立不同，形成陌生人社交关系的场景基础多来自新的连接性场景的创造。陌生人之间的社交大多起源于偶发的聚集，这也是在以往时期无法与熟人社交比拟的主要原因，场景却在另一个维度上为两种人际关系的建立提供了平等的交流与接触机会。陌生人社交借助新媒体与场景传播成为一种普遍的人际关系交互，也以流动的形态与熟人社交圈层构成了更为复杂的互动关系。

同时，VR 虚拟社交也将成为未来重要的发展趋势，其与现在的社交相比也将更有趣味与深入。在第五届世界互联网大会上，腾讯董事会主席兼 CEO 马化腾认为数字化变革正在给全球互联网从业者带来前所未有的市场机会，腾讯也会认真考虑微信 VR 版本的开发。VR 虚拟社交即用户通过 VR 设备进入虚拟环境中进行社交，或者通过 AR 设备投影出被交谈对象的影像在现实中进行社交，并且可以加入触觉、嗅觉等多种交互模式，达到尽可能逼真的面对面交谈效果。用户还可以进一步自主选择 VR 虚拟化社交、VR 真实化社交、VR 虚拟真实化社交等三种不同的模式。VR 虚拟社交也将通过虚拟场景的构建进一步改变我们现有的社群关系，人们的人际关系与交往体验由场景定义，人际关系的维护也将建立在场景维系的基础之上，人们可以按照自身需求参与、创建、分享自己的场景，重新拉近亲密关系或者发展与陌生人的关系。

5.3 场景构建的未来突破

5G 这一底层技术的发展，带来了连接、数据、速度三个逻辑点，并且由此推动了人工智能、大数据、物联网的相互发展，对场景的要素进行了相应的改变与突破。同时，随着技术发展的超拟真场景的出现，也是我们在考察场景时需要注意的。

5.3.1 空间与环境

空间与环境是物理层面上的概念，被学界认为是场景的构成要素之一。约书亚·梅罗维茨的场景空间论指出，电子媒介时代已经超越了空间的界限。信息在流通过程中呈现出瞬时性和超地域性，它把发生在遥远的异地的事情传递到观众的眼前，在信息传递的意义上，“地点”消失了。

在场景传播之中，场景传播要求摆脱实体空间场景的局限，更强调时间和空间一体化的适时体验。例如，网络直播构建了一个虚拟时空场景，突破了空间与环境的限制。随着 5G 的普及，多频段、高速率、低能耗的到来，虚拟时空场景的搭建成本将大大降低，新的媒介形态和媒介形式将带来更多形式的新场景。与此同时，特定场景中空间与环境的边界将变得更加模糊，不同场景之间的边界也如此。

界面形式和功能满足是对场景进行划分的重要维度。按界面形式划分，场景可以分为现实性场景、虚拟性场景与现实增强性场景。现实性场景指基于现实界面形成的构建于现实生活中的场景形态；虚拟性场景指互联网线上服务提供的虚拟界面环境；现实增强性场景则是两者相结合的产物。在 5G 时代，在互联网与物联网发展与融合的过程之中，对场景的划分将变得困难，人们每时每刻都处在网络之中，所有服务的提供都有线上与线下共同的参与。线上的虚拟性场景、现实性场景以及现实增强性场景的界限将变得日益模糊。

以往，对于现实性场景与虚拟性场景往往需要一个入口的提供，如需要手机或 PC 端这一媒介才能连接到互联网服务，由此进入互联网的场景。但是随着万物皆媒介的发展趋势，任何一件物品都可以成为用户进入相应场景的入口，人们的生活已经主要转到了线上。目前的智能眼镜便是未来科技发展的一个雏形，一副隐形眼镜可以提供所有的服务。如果用户可以根据自己的主观意愿随时进入虚拟空间与现实空间，以往外显的入口将变得隐蔽起来。在这个层面上，场景的入口已经消逝，换句话说，处处皆入口。

5.3.2　习惯与需求

20 世纪 40 年代，美国心理学家亚伯拉罕·马斯洛在《人类激励理论》中正式提出需求层次理论（Hierarchy of Needs theory），将人类需求从低到高划分为五个层次，依次是：生理需求、安全需求、社交需求、尊重需求和自我实现需求。就群体性需求而言，群居的社会生活不断放大人们的社交需求，随着移动互联网的发展，微信、QQ 等社交软件更是激发了用户的社交属性，社交逐渐成为人们社会生活的基本需求。5G 的发展将带来社交浸润式传播，以社交平台为依托，与不同属性的用户形成交互传播，使场景成为社区，基于群体的不同需求将其分为不同的社群，适配于差异化场景之内进行社交传播。此外，在基于血缘、地缘性的群体以外，“趣缘”逐渐成为不断创造出社会新群体的途径与基础方式。因此，差异性的群体信息需求成为 5G 时代场景传播关注的重点，不同群体在不同场景下的特殊信息需求成为 5G 时代场景的挖掘方向。

与 PC 时代的互联网传播相比，移动时代场景的意义大大强化。移动传播的本质是基于场景的服务，即对场景的感知及信息（服务）的适配。5G 时代来临，个体能量及需求将成为资本追逐的重点。未来，个体的个性化需求与惯性将成为场景构建的热点。从动物性到社会性需求，5G 场景将完成对个体惯性与偶发性需求的全方位感知、挖掘、适配和满足。未来的场景传播中，技术给予个体以足够的支持，使其可以在网络中兼有多重角色，在多维场景中来去自如，身份具有一定的流动性与不确定性，个体在不同时空、身份下的需求转变将成为场景传播的挖掘重点，实现从“内容”到“场景”的精准传播。现在基于数据挖掘的平台或产品不在少数，但其推荐的精准性仍然集中在“内容”方面，通过对互联网中的海量信息进行整合、分拣、处理以后，向不同群体的用户分发不同的内容。5G 时代，底层技术推动场景五力发展，定位系统实现实时精准反馈，传感器触点增多，数据的容纳能力、传输及计算速率均实现大幅提升，逐步实现“场景”的精准化传播。“兼顾用户所处时间、空间特征和情绪、心理、兴趣、意愿等多重需求，从而实现了精准传播从单线到多维、从平面到立体、从静态向动态的飞跃”。

未来，在抓取用户个体习惯与需求时，更为重要的是识别其在不同场景中所属的不同群体，将群体性需求与个体性需求相调适，以达到用户的最佳体验感。不可避免的是，个体偶发性需求与群体性需求之间会产生冲突或存在不相符合的情况，影响个人信息判断或群体沟通及氛围。5G 将在 4G 时代群体信息抓取及推送的基础上，关注到承担着不同群体中不同角色的个体的特定习惯与需求，实现群体与个体信息同需求的完美适配和融合。

5.3.3 算法成为场景适配工具

在社会化媒体时期，社会化分享和算法是信息分发的主要形式。算法的应用较为单一，主要体现在个性化分发上，典型的代表便是今日头条。同时，由于当下网络时延长、链路连接间歇等限制，网络中任何两个节点之间不存在持久连接，数据传输通常采用“存储—携带—转发”通信模式。

与 4G 不同，5G 强大的连接力将会把万事万物连接在一起，并为万物之间的信息交换提供渠道支撑。随着物联网与传感器不断提供大量全范围的实时交互数据，未来的算法将拥有更加庞大的数据源来进行分析。根据美国后麦克卢汉主义学者保罗·莱文森（Paul Levinson）的媒介演化“人性化趋势”的理论，技术发展的趋势是越来越人性化，技术在模仿甚至复制人体的某些功能，是在模仿或复制人的感知模式和认知模式。在 5G 时代，用户的更多行为数据将得到分析，海量的数据将会使算法更加精准与智能，算法将更加智能化、人性化，甚至可以具有“人性”。

首先，以算法和数据为基础的人工智能将向下一等级发展，变得更加有温度，可以深刻地洞察与理解人的实时需求和当时场景中不同个体的实时社交氛围数据，并为其提供适配的精准服务。在此种情况下，算法已经不仅仅是信息分发的工具，也是洞悉用户需求、为用户提供适配场景的重要工具。

其次，在另一层面上，算法将创新和深化人们当今的连接方式。目前人们的连接方式主要是血缘、业缘、地缘的强关系，而在网上的虚拟关系很多都是脆弱的弱关系。在 5G 时代，随着海量实时数据的产生与运输、大数据与人工智能技术的深度融合，算法在洞察人们需求的同时也将承担其连接用户的角色，将相同需求、相同兴趣的用户群体从全社会的范围内连接起来，形成新的社群。

最后，未来可能会形成以算法为主导的社交场景，形成算法构建的社交氛围，甚至出现新的媒介社交形态。目前，有一些社交软件已经尝试了用算法连接用户的模式，如社交软件 Soul，其通过用户的测试数据分析出用户的特点以及性格趋势，再通过智能算法为其匹配与自己适合度更高、更相似或者更默契的用户。在 5G 时代，通过对海量用户数据的分析，智能算法能够更全面地抓取用户的网络行径与认知态度。算法将在全网络以及全社会中以兴趣、爱好、实时需求等将人们划分为不同的社群，为其提供适宜的社交场景与氛围。在此层面上，未来将形成以智能算法为核心逻辑连接的社交氛围与社会结构。

本章练习

名词解释

1. 场景
2. 情境

思考与练习

1. 简述场景的基本意义和要素。
2. 理解场景与情境概念的区别与联系。
3. 请阐述场景五要素如何共同作用于信息的传播。

阶梯阅读书目推荐

罗伯特·斯考伯，谢尔·伊斯雷尔. 即将到来的场景时代[M]. 赵乾坤，周宝曜，译. 北京：北京联合出版公司，2014.

第 6 章 网络新媒体经济

“信息的富裕造成注意力的匮乏，因此我们需要在丰富的信息源中有效配置注意力。”

——赫伯特·西蒙（Herbert Alexander Simon）

本章学习目标

- 把握数字经济时代的新经济模式。
- 了解网络新媒体经济的发展变革的根本原因。
- 把握产业前沿趋势。

导读

新媒体经济的最终目标是将创意和社交转化为经济效益，为网络新媒体的发展注入源源不断的动力。随着数字中国战略加快推进，新媒体的智能化程度将显著提高，新媒体经济催生的各种经济形态和趋势也不断为传媒产业的发展提供启发。本章我们将从传媒产业本身的发展趋势开始，借鉴不同新经济对传媒产业的启发，以更宏观的视角看待互联网经济的发展趋势。

互联网所开启的免费时代，同时也开启了信息的大量涌出，在信息无须付费并唾手可得的背景下，消费者对信息的重视程度和接受效果很难被测量。与此同时，以更广的覆盖受众所赚取的注意力来换取实质上的广告收入，是大众传媒业经济的命脉。随着大众传播时代的结束，传媒和受众之间的经济关系，也存在回归的可能。事实上各类媒体的实践也表明，付费正在成为一种回归的趋势。与此同时，各类新经济形势的出现，也在为传媒产业的经济发展提供多种可能。

作为一种新型的经济模式，“共享经济”改变了过去人们对物品“拥有才可以消费”的观念，让闲置资源等使用权暂时性转移，使个体所拥有的闲置资源被广泛地社会化利用。作为一种基于使用权的经济，共享经济通过互联网平台来发布闲置资源的供给和需求信息，最大限度地实现资源的有效配置。共享经济从根本上促进了实体经济集约化发展，完美地对接互联网时代的虚拟经济，是符合互联网发展趋势与社会发展大势的经济模式。

“网红经济”的基础架构其实是内容经济与粉丝经济。早期网红创造文字、图片、视频等内容，其实就是现在所说的 UGC 模式。在 MCN 机构的助推下，网红的形象维护和粉丝导流形成了一套不成文的规范，例如，如何塑造风格、如何打造独特形象等，均以流量最大化为考核标准。同时，部分出个人产品的网红还有自身的采购、生产、物流供应链，可以通过电商直接实现人气变现。网红经济建立在关系型内容消费的基础之上，内容除了作为一种资讯的表达之外，还有一个重要的价值维度，即作为关系表达的内容。在注意力稀缺的时代，网红经济正在对零售渠道、互联网、传媒、消费品牌等行业进行提效赋能与变革重塑。如何借助网红经济促进线上线下的共荣，推动内容升级与营销创新，是传媒行业值得借鉴与思考的重要问题。

互联网让小众群体聚集，为小众市场提供了巨大的消费者基数，原本看似分散的群体在网络上形成了巨大的市场。随着小众群体的发展壮大，他们甚至开始成为大众通俗文化的对立面，逐渐引领消费趋势。小众经济释放效应，依靠的是长尾效应的涌现。长尾效应可以有效帮助降低获得利基产品的成本，长尾效应具有三大功能分别是普及生产工具、普及传播工具降低消费的成本以及连接供给和需求。而互联网的出现，恰好能从这三个方面助推小众经济的发展。面对日渐个性化、分众化需求的传播模式和传播手段的关键点，必须认识和解决移动互联网时代用户在传播使用方面的崭新特点。这一崭新的特点主要表现为两个方面：一是如何找到并定义遁形于广袤市场和社会空间中的低密度分布的需求，并在极低成本和代价的前提下将其与特定内容实现匹配；二是如何为基于个性化场景的需求建立多点触达的需求入口。

在技术发展的推动下，线上用户面对的传播图景正在发生深刻的变革。在互联网已充分激活个体的背景下，信息供给由短缺变为过剩、媒介使用由被动变为互动和主动，娱乐与游戏日益走向社会生活的舞台中央，其内在的逻辑与规则也逐渐成为传播领域发挥主导作用的逻辑与规则。

6.1 免费与付费

在以广告收入反哺零售不足的大众报纸诞生之前，报纸是昂贵的付费品。消费者要为其刊登的信息获知权付费，为撰写消息和编辑消息的劳动付费。因为没有广告收入的补偿，报纸的订阅与零售模式，传承工业革命之前物价交换的基本原则。

6.1.1 付费的回归

大众传播时代开启了廉价报纸附加广告的模式，在大众传播时代末期，互联网的“免费”经济，更是将获得信息置于不需要付费的商业境地。从经营模式上看，为信息采集和编辑的劳动直接付费，是媒介经济最早的模式，媒介经济的原初，是信息与货币的直接交易。大众传播时代，随着“便士报”价格的大幅度降低，使其得以普及，同时以更广的覆盖受众所赚取的注意力来换取实质上的广告收入，是大众传媒业经济的命脉。随着大众传播时代的结束，传媒和受众之间的经济关系，也存在回归的可能。

互联网所开启的免费信息时代，同时也开启了信息的大量涌出，在信息无须付费并唾手可得的背景下，消费者对信息的重视程度和接收效果很难被测量。正如《卫报》的 CEO 所说：媒介产业的领先实践者们越来越意识到，从点击数字到真正地消费了内容甚至产生影响，有很长的一段距离和错位。因此，真正筛选消费者的门槛是付费，直接为内容付费的消费者对内容的投入程度、重视程度都是免费获取所无法比拟的。

6.1.2 付费的产业实践

免费时代过去之后，消费者正在为“秩序”和“边界”付费。据《科技日报》，2017 年 8 月知识付费用户超过 5000 万人，行业对于 2017 年度知识服务总体收入规模突破 500 亿元表示乐观。而视频网站会员付费、手游付费更是直接体现了消费者对内容、品质和体验的迫切需求。在无数免费的信息中付费，其动机毫无疑问是寻求更高品质的内容，将自己有限的时间和精力投入更高品质的内容，提高消费的效果。

作为英国最大的全国性综合日报之一，《卫报》也曾经是数字化内容的拥护者。早在 2011 年，《卫报》就秉持“开放新闻”（Open Journalism）的观念作为其数字新闻理念的核心，而成为当年最受社交媒体欢迎的新闻媒体之一。有学者研究指出，当时的《卫报》多少承载着人们对既有新闻业的某些最乐观的设想：既坚守严肃新闻传统，又表现出面向网络时代的大胆创新和良好适应性。

在 2014 年获得普利策新闻奖之后，《卫报》一度趁着空前的热点和影响力尝试走国际化道路，但业绩表明这条路并不成功。2011 年，大卫·彭塞尔（David Pemsel）加入卫报传媒集团，任首席执行官。他在接受经济专栏作家伊恩·伯勒尔（Ian Burrell）的采访时说：“从 1995 年到 2015 年，《卫报》并非没有创新和进步，我们非常接受数字化带来的机遇，在过去7个月中，几乎每个月都有1.6亿IP访问和超过10亿的网页浏览量，这证明了我们的数字战略和新闻能力。”大卫·彭塞尔同时也说：“庞大的读者群带来的是自满情绪。你有大量读者，每月数字都在增长，但这掩盖了你与读者的关系。”他指出：“生产垃圾内容的公司可能也会很大，但这并不意味着你对世界产生了影响……这只是意味着你很大”[①]。自上任CEO以来，大卫·彭塞尔逐渐清晰了对《卫报》的战略调整，即“将读者放在核心的位置”。

2016年1月起，《卫报》放弃了国际化路线，将全部重心放到读者收益上来，扩大会员制，目标是实现读者收益的翻番。据报道，《卫报》为此特别成立了跨部门团队，包括编辑、商业、UX（用户体验）和程序设计在内的员工共同做数据分析，构建会员制框架，目前团队已经能很容易地从不同的市场环境中分析出读者的行为模式和他们的新闻偏好，并以此为依据吸引更多有付费意愿的新用户，留住现有的老用户。因此，截至2017年2月，《卫报》的读者收入（包括会员、订阅、期刊和一次性捐赠）已经超过了广告收益，每月的付费读者数量达50万人，一次性捐赠达30万人，仅2016年的付费读者数量就翻了一番，《卫报》已经实现了里程碑式跨越[②]。

在《卫报》的会员制度下，读者不仅是读者。会员可以选择每月15～60英镑不同档位的会员等级，同时享受不同等级的权力。每月60英镑的“老主顾”（Patrons）除可以得到更多的有着很强知识属性的信息之外，还可以参加只有对这个等级的会员才开放的小型高端沙龙等。另一读者付费模式——“捐赠”，在某种程度上也是一种新闻的“众筹”。对于环境调查等新闻报道选题，捐赠以支持调查的读者越来越多，呼吁捐赠的时间越长，产生共鸣的读者越多，向读者好好解释媒体动机和想法，远非记者们一个亮眼的标题可以搞定的。优质的选题，为《卫报》提供更大的支持。同时，为新闻提供支持的读者与报纸产生互动，很多读者表明为了看到自己真正在意的现状得到更多的曝光，他们愿意支持专业的媒体机构展开调查、报道和舆论监督，也会更积极地阅读报纸的内容以参与新闻的传播，由此形成了良性的反馈机制。下一步，《卫报》希望不再单纯聚焦于实现订阅数的增长，而是进一步研究如何维护与读者的深度关系。《卫报》的网站显示，他们已经信心满满地制定出了当年（2019年）的小目标：付费会员突破100万大关。

---

① 翻译自专栏作家伊恩·伯勒尔对大卫·彭塞尔的2017年10月的采访《卫报如何获得80万付费读者》。

② 据全媒派（ID：quanmeipai）授权编译哈佛尼曼新闻实验室（Nieman Lab）文章：《卫报读者收入超广告，会员制这样供养新闻业》。

6.2 共享经济

"互联网+"作为我国政府的发展战略，是应转型期社会总体复合需求所形成的，因为网络传媒技术的无限兼容囊括能力和资讯传播效率，可以满足社会产业经济升级换代和人们的多元创新发展要求。立足"互联网+"的共享经济以资源循环增效环境友好型发展模式，丰富人们新型交往情感体验，带给社会经济进步与关系改善的新希望。

6.2.1 共享经济的概念

共享经济（sharing economy）也称"分享经济"，是指基于互联网信息技术的发展和普及，能让商品、服务、数据及才能等具有共享渠道的经济社会体系。作为一种新型的经济模式，共享经济改变了过去人们对物品"拥有才可以消费"的观念，让闲置资源等使用权暂时性转移，使个体所拥有的闲置资源被广泛地社会化利用。作为一种基于使用权的经济，共享经济通过互联网平台来发布闲置资源的供给和需求信息，最大限度地实现资源的有效配置①。

在资源稀缺的当下，共享经济紧跟互联网技术进步思想，利用传播平台联结便利的支持条件，迎和社会交往需求，属于一种普世性的创新经济形态。本质上，共享经济是将物品的所有权与使用权相分离，更加注重对使用权的最大化利用。因此在共享经济这一模式中，沟通和共享成为一种新的生产力，通过互联网在归属方和使用方之间搭建桥梁，将对传统经济模式产生颠覆性的影响。

共享经济模式的三大基础是闲置资源、共享平台和人人参与②。

闲置资源即社会上有明确所有权，但使用权可以被让渡的使用不充分资源。私有物品使用权让渡可以使共享双方同时获得物品使用的福利。在共享经济模式下，个人、商业组织的闲置资源可以成为准公共资源，由社会共同使用。

共享平台即用于共享资源信息交换的平台，多为互联网上的虚拟平台。拥有闲置资源的人可以在平台上共享资源信息，而需要使用资源的人可以从中获取信息，共享平台通过互联网，既能连接资源与需求，又能连通线上与线下，促成供需双方的匹配。

人人参与是支撑共享经济存在的必要前提。人人参与供给能够保证共享池

① 马广奇，陈静. 基于互联网的共享经济：理念、实践与出路[J]. 电子政务，2017（03）：16-24.

② 蔡朝林. 共享经济的兴起与政府监管创新[J]. 南方经济，2017（03）：99-105.

中的资源量储备，而人人参与使用是共享经济可持续发展的基础。当资源量与参与者达到一定数目，共享平台达到最大利润点，才能达到边际成本递减。形成规模后，共享经济消费者的使用成本也随之降低。因此群众基础是共享经济长久发展的根基。

在三大基础之上，共享经济的核心发展过程其实是去中介化与再中介化[①]。互联网时代之前，信息交互需要通过传统的平台进行。例如，出租一辆车，需要去租车行才行。但在互联网时代，网络平台让信息交互与供需匹配成为一件容易的事，闲置资源的使用渐渐去中介化。但共享经济也是再中介化的过程，供需双方接入平台后，平台能够更有效地配置资源，提供资源分发、匹配的服务，如共享车平台，为乘客提供信息传递、交易结算、安全保障等服务。平台在再中介化的过程中，也对社会产生了正外部性。

6.2.2 共享经济的应用

在人类社会经济发展中，无论是国家和地区的经济活动，还是一个企业或个人创业的经济活动，说到底，就是人力资源、物质资源、技术资源、资金资源和信息资源这五种资源要素在不同空间、不同时间和不同形式的配置与组合。因此，从一定意义上说，资源要素的科学组合，就是经济的创造和发展[②]。

共享经济模式将五种资源要素以新的结构组合，平台对闲置资源进行汇集与分配，可以带来两大应用效果。

一方面，共享经济模式可以降低交易成本与时间成本，提升供给方与需求方的匹配效率。在多数共享经济平台上，供给方只需要付出自身资源，就可以回收相应服务的租金，而需求方可以通过共享经济平台快速找到自身需要的闲置资源，闲置资源能够有效发挥价值。另一方面，共享经济模式能够提供更多个性化体验。传统经济模式生产的大多是标准化、规范化的产品，但共享经济的供给方是多元化的，这或许恰好符合某位需求方的特别要求。例如，Airbnb出租的房屋就比普通酒店更具有独特性，Airbnb 不拥有固定房屋资产，却通过为供需双方搭建桥梁，从中亦获得了利润，这与个性化体验的资源优势不无关系。

当前共享经济被广泛运用到交通、住宿等领域。如在我国最具代表性的滴滴出行，就是在移动互联网与移动支付不断发展的背景下出现的出行共享平

① 郑联盛. 共享经济：本质、机制、模式与风险[J]. 国际经济评论，2017（06）：45-69+5.

② 卢希悦. 中国文化经济学——思维的醒悟与经济的崛起[M]. 北京：经济科学出版社，2009：291.

台。滴滴出行将社会上闲置的车与司机等交通资源进行收编，以灵活的上线方式与适当的奖励机制鼓励闲置资源方共享资源，并通过自身平台，搭建起乘车人与车之间的联系，促进了闲置交通资源的有效利用。类似的模式也可以利用在教育、住宿、快递等行业。只要将资源置换，就可以构建起不同的共享经济平台，如短租、快递柜等。只要有需求，闲置资源就能够被定价，让渡使用权。无论是产品服务还是资源再分配，都可以通过共享平台，实现共享经济模式。

共享经济也可作为传媒创新经济形态进行实践，整合本系统闲置设备、办公场所等资源租赁，与社会需要群体有限共享，是利用有形物质基础增值；借助传媒影响力的社会资本，重组整合虚拟与实体共享经济有机组织，创新协同发展空间，延伸服务经济内涵，借助无形资本增值。在共享经济模式下，传媒机构通过多维形式的适应性改造，持续完善产业结构，拓展传播功能与成效；外在服务我国智能社会的集约型进化，以其社会经济发展辅助和引领作用，实现产业经营管理方面的多元创新价值。

6.2.3　共享经济对传媒业的影响

共享经济平台作为一种新型的服务业态，在商业运作当中充当的是一个资源整合者的角色。其采用的经营思路是资源置换和平台整合，即采用资源整合型的平台化运营的模式，充分利用自身的资源优势（地缘、业态、场地及客户的独特性资源），以信息发布、渠道提供、服务延伸为基本经营手段，整合社会优质产品和服务资源，为产品与服务的供应商提供全面专业的渠道和营销服务，为消费者提供在平台所接触到的资源，从而在资源共享的基础上提升资源利用效率，以期获取可观的利益回报。

在互联网时代，通过利用互联网技术平台空间，拓展经济联结、整合资源，创新共享经济形态，有助于人们提升经济生活质量。更值得关注的是共享经济产生的发酵作用：孕育多元经济交往机会，促生异彩纷呈的新兴经济创新，如网络上金融资本的众筹、共创等经济共享模式，使网络经营者、社会投资者及需要资本者均获得相应满足，促进财力资本、物力资本、人力资本等资本增值与经济发展。

互联网已经激活更大范围的人与物协调发展潜能，其集成整合之力可以摆脱工业经济时代的经营管理异化，推进共享经济战略从“竞争制胜”转向更高层次新经济的“共享制胜”。高效共享资源亦能提升关联服务行业与实体经济的协同高效发展，增加社会就业岗位；此外，共享经济倡导健康环保消费，优化资源配置等节流行为，辩证地看也是经济开源新境界：共享资源使拥有者与使用者各得好处，使社会总剩余有形价值大增，参与者兼有个性与情感交流深度满足，无形社会效益提高；节约自然资源有益当代又利后世，利己利人。最关键的是共享经济从根本上促进了实体经济集约化发展，完美地对接互联网时代的虚拟经济，是符合互联网发展趋势与社会发展大势的经济模式。

6.3 网红经济

自从有了互联网就开始形成了以个性表达多元、繁杂乃至混乱为特点的网络文化现象。人们聚焦最多的典型现象就是出身于“草根”的“网红”。这些崛起于网络的“红人”区别于传统社会所树立的高大上“典型”，最显著的特点就是他们在“非主流”文化表达上的另类与个性。网络文化逐渐发展，成就了网红经济与网红产业，日常化的网络表达背后，是专业化的生产过程。

6.3.1 网红经济的概念

“网红”的本意是借助互联网走红的人[①]。他们借助互联网的社交媒体，输出与自身相关，或由自我创造的文字、图片、视频等内容，在网络上大红大紫，甚至像明星一般拥有数量庞大的固定粉丝群。当“网红”通过网络获得关注，形成定向营销市场，建立起个人 IP（Intellectual Property，知识产权），形成完整产业链，即将互联网流量资源人格化的一系列商业模式和变现模式，包括网红的开发养成，到网红的产出变现，以及孵化和消费网红的一系列互联网商业模式，这就是网红经济。

网红经济的基础架构其实是内容经济与“粉丝”经济。早期“网红”创造文字、图片、视频等内容，其实就是现在所说的 UGC 模式。例如，早年间在天涯火起来的一批青春文学作家，就是自己创作、自己发布小说或散文，获得“粉丝”的追随。随着互联网的发展，网红经济的形态也有所不同，逐步走向“粉丝”经济，甚至在产业化运作后，“网红”成为可以流水线生产的“人设”。社交媒体时代，当“网红”能够上传图片，通过颜值吸引人气，图像化的广告

① 姬广绪. 关系型消费的建构——“网红经济”的文化解释进路研究[J]. 学习与探索，2018（10）：53-58.

随即出现，“网红”的商业化运作逐渐兴起。在全媒体时代，“网红”能够创作的内容形式更为丰富，专业生产内容出现，“网红”所面向的粉丝群体也更为小众化。

目前网红经济产业链主要包括“网红”以 UGC 积累人气自我营销和“网红”孵化器培养两种模式。一般来说，“网红”一定是在某个方面有令人值得关注之处的人。如果要进一步商业化，“网红”还需要是某方面的关键意见领袖（Key Opinion Leader，KOL），即可以通过自己的“粉丝”基础、互动扩大营销范围的名人。网红经济的爆发，离不开 MCN 机构的助推。MCN（Multi-Channel Network）模式源于国外成熟的网红经济运作，其本质是一个多频道网络的产品形态，将 PGC（专业生产内容）内容联合起来，在资本的有力支持下，保障内容的持续输出，从而最终实现商业的稳定变现。在 MCN 机构的助推下，“网红”的形象维护和“粉丝”导流形成了一套不成文的规范，例如，如何塑造风格、如何打造独特形象等，均以流量最大化为考核标准。同时，部分出个人产品的“网红”还有自身的采购、生产、物流供应链，可以通过电商直接实现人气变现①。

6.3.2 网红经济建立在关系型内容消费的基础之上

内容除作为一种资讯的表达之外，还有一个重要的价值维度，即作为关系表达的内容。不难看出，在很多“网红”的视频或文字中，尤其是“草根”阶层的“网红”内容，逻辑性的资讯含量其实是很少的。“网红”在表达时的姿态、表情、眼神、腔调、动作等，都不是理性、逻辑性的资讯表达，而是情感、关系、情绪的一种自然流露，很容易拉近与“粉丝”之间的距离，产生情感与情绪的认同与共振。研究表明，这种非资讯类的关系表达的内容在今天的社会沟通、社会认知与认同、社会判断和社会共识的达成中所扮演的角色与地位的价值作用越来越重要，甚至常常超过理性、逻辑性的内容表达在这些问题上的功用与价值。

5G 时代将会是一个视频语言日益主流化的时代，内容消费视觉化已成为媒介生态的显著特征，新媒体的内容生产也趋向于以视觉为主导。随着短视频的出现，视频开始逐渐进入社会影响力的中心，对主流事件、重要事项的关键性发展发挥自己的作用。这一改变将极大地加速作为关系表达的内容走入社会沟通的“舞台中央”的进程，其突出特点就是传播中关系认同、情感共振在整

① 梅楠. 基于社交网络的“网红经济”营销模式分析[J]. 现代传播，2017，39（03）：164-165.

个传播沟通和共识建构中的作用和地位的凸显。其中最突出的案例就是直播带货的迅速兴起。曾几何时，“网红”带货还是靠自身图片的拍摄，而现在的直播卖货，无论是淘宝直播还是抖音直售，无一不让用户惊呼：不知怎么着，自己的钱包就空了。

这是因为表达上的关系亲近性会使传播效能显著提升。在网络社会的民间群体结构下，用户更容易因关系的接近而对“网红”产生认知与情感的共鸣。与“网红”之间的共振与关联感，会让内容的情感属性得到放大。而这种情感上的联结，正是“网红”进行粉丝积累、黏性维护和流量变现的心理基础。可以看到，现在有很多“网红”所发布的视频甚至没有所谓“干货”，唠唠家常，谈谈心事，只要能够在粉丝心中占据一席之地，这样看似没有距离感的唠嗑就能带来粉丝的信任与拥护。所以说，未来的网红经济很大程度将建立在关系型内容的消费之上。

6.3.3 网红经济崛起对传媒业的影响

2018 年以来，网红经济产业链商业模式日渐清晰，直播电商等新业态高速崛起，“内容即营销，流量即渠道”的逻辑更是重塑了传统商业。网红经济作为中国新经济的重要代表，其崛起背后有深刻的人口、技术、产业、资本等推动，并正在对流量、渠道、营销、商业模式等带来深远影响和场景革命，直播电商将成为行业标配。

网红经济的崛起进一步让短视频、直播等内容消费成为当前互联网用户媒介消费的主流。北京师范大学新闻传播学院 2019 年全民媒介使用调查的数据显示，短视频 App 的使用频率仅次于最为常用的社交类 App，这与网红经济的爆发不无关系。

随着网红经济的发展，“网红”早已成为一种大家司空见惯的营销方式。随着内容营销的崛起，“网红”达人凭借其原创、个性化、趣味性的优质内容，吸引消费者“种草”，为品牌“带货”。AdMaster《2020 中国社交及内容营销趋势》报告中显示，约 50%的消费者曾受 KOL 发帖影响购买产品。[①]进入网红经济时代，“网红”达人本身也成为一种新的营销方式，吸引品牌商加大对 KOL 广告投放。

除此之外，由于短视频购物短链与淘宝直播等直播客户端的日渐普及，KOL“网红”带货能够让消费者的购买决策链条大大缩短，从营销直接到购

① 精硕科技（AdMaster）. 2020 中国社交及内容营销趋势[R]. 2019.

买渠道，只需要动动手指。近年来，那些带有一定流量的淘宝直播 KOL 所在的直播间就是合并了“营销”与“渠道”双重功能，在直播间里的“网红”则担任“货架角色”和“买手角色”，依托互动性、性价比等优势缩短消费决策链，持续创造商业价值。受益于网红经济的崛起，直播电商作为一个快速崛起的新兴消费场景，也逐渐成为行业标配①。

互联网通过技术重新配置人与人的关系，进而启发我们对于消费行为的新的认知②。我们需要看到，在网红经济中，消费不只是展示财富和社会地位的简单体现，更是一种分享消费理念及与外界成员不同的生活方式廓清群体的边界的方式。在注意力稀缺的时代，网红经济正在对零售渠道、互联网、传媒、消费品牌等行业进行提效赋能与变革重塑。如何借助网红经济促进线上线下的共荣，推动内容升级与营销创新，是传媒行业值得借鉴与思考的重要问题。

案例

2019 年 4 月 3 日，“网红电商第一股”如涵控股（RUHN. Nasdaq）在美国纳斯达克敲钟上市。这个依靠网络红人运营发家的电商公司，已然是在当下中国“网红经济”环境中诞生的最成功的公司。如涵是阿里巴巴集团唯一入股的 MCN 机构，是国内最大的电商网红孵化与营销平台之一，相关资料显示，截至 2020 年 5 月 17 日，如涵签约的网红共有 159 名，粉丝总量超 2.02 亿人，已经成为国内最大的电商网红孵化与营销平台之一，月曝光量高达 26 亿。2021 年 4 月 22 日，上市两年的“网红第一股”如涵控股完成从美股退市。这一经济形态的确为传媒业带来新的机会，但是否长远影响传媒业仍然值得探讨。

如涵有专门为签约红人设立的签约部，寻找符合需求的潜在 KOL 并进行沟通、测试和签约。每个签约成功的 KOL 都会有几个月培训期和试用期，并每人分配一个经纪人。如涵的业务包括自营业务和平台业务。自营业务是如涵销售自身所有的自主产品；平台业务则是代销、广告模式等，让第三方进驻自身平台。

① 中国国际金融股份有限公司研究部. 网红经济：场景革命，提效赋能[R]. 2020.

② 姬广绪. 关系型消费的建构——“网红经济”的文化解释进路研究[J]. 学习与探索，2018（10）：53-58.

6.4 小众经济

大规模市场其实是一个匮乏的市场，因为规模化的生产机制其实并没有能力和空间为每个人提供个性化的产品和服务。但互联网让一切变得不一样了，随着网络传播的兴起和零售渠道的扩张，市场逐渐从集中产品市场向分散产品市场转变，我们正在步入丰饶的小众经济时代。

6.4.1 小众经济与长尾理论

“小众”是相对“大众”而言的概念，是指拥有共同兴趣的少数人群。小众群体一直存在于社会生活中，只是在互联网时代到来前，因为小众群体的需求、意见和兴趣，相较于大众群体来说，显得渺小且不重要。所以长久以来，小众群体似乎隐藏在社会中，不易被发现。

但互联网的出现改变了这一点。网络成为各类信息的集散地，每一个小众的个体都可以在信息网络中传播获取各类大众需求无法囊括的小众信息，这为小众经济的兴起提供了一片沃土。无数的小众个体在互联网上找到了自己的缘趣群体，并汇聚声量，在大众社会中发声，彰显出自身的个性化诉求，带来所谓亚文化、小圈子的兴盛。互联网让小众群体聚集，为小众市场提供了巨大的消费者基数，原本看似分散的群体在网络上形成了巨大的市场。随着小众群体的发展壮大，他们甚至开始成为大众通俗文化的对立面，逐渐引领消费趋势，小众、独特的喜好和品位反而成为新的市场风向。

但小众经济真正产生聚合式效应，依靠的是长尾效应。长尾效果（The Long Tail Effect）或长尾效应，最初由《连线》的总编辑克里斯·安德森（Chris Anderson）于 2004 年提出，后在专著《长尾理论》中详细阐述。他认为“如果把足够多的非热门产品组合到一起，实际就可以形成一个堪与热门市场相匹敌的大市场。”[①]总的来说，长尾效应是指那些原来不受重视的销量小但种类多的产品或服务由于总量巨大，累积起来的总收益超过主流产品的现象。在互联网领域，小需求也就是所谓的“尾部”需求能够被大市场看到，小众市场累加起来也许能够取得比大众市场好的经济收益，这种效应就被称为“长尾效应”。

克里斯·安德森曾总结过自己的长尾理论：“我们的文化和经济重心正在加速转移，从需求曲线头部的少数大热门（主流产品和市场）转向需求曲线尾部的大量利基产品和市场。在一个没有货架空间限制和其他供应瓶颈的时代，

① 克里斯·安德森. 长尾理论[M]. 乔江涛，等，译. 北京：中信出版社，2006：11.

面向特定小群体的产品和服务可以和主流热点具有同样的经济吸引力。”[①]这里的小群体其实就是现在时髦的“小众”一词。所以说，小众经济腾飞的关键，是长尾效应的释放。尾部的利基市场有利可图，小众才能成为一门“生意”。

6.4.2 互联网发展助力小众经济

我们说，小众经济释放效应，依靠的是长尾效应的涌现。长尾效应具有三大功能，分别是普及生产工具、普及传播工具降低消费的成本以及连接供给和需求。而互联网的出现，恰好能从这三个方面助推小众经济的发展。

首先，网络硬件的普及增强了信息生产力。目前，各类固定或移动的网络终端已经走入千家万户，小众群体既可以借助终端获取符合自我需求的信息，又可以在网络上通过发布信息寻找志同道合者。例如，一个热爱小众乐器马林巴琴的网友，在接触互联网前，他甚至都不知道全世界有那么多人喜欢马林巴琴。而在短视频、社交平台普及后，他不仅能查找相关信息，结交到有共同爱好的朋友，还能将自己的表演发布到网络上。而作为马林巴琴的生产厂家，也可以借助互联网，增开网店，直接将产品贩卖给客户群体。

其次，互联网降低了信息与消费触达受众的成本，提升了长尾市场的流动性。这又被称为“配销大众化”。配销大众化是指随着传播工具的广泛使用，信息的快捷、无限和趋于免费的传输成本，极大地降低了生产者接触消费者的成本，方便越来越多的受众找到属于自己的群体，有效地提高了长尾的流动性。这种流动性吸引了更多独特需求的受众，有效地提高了长尾曲线，扩大了曲线之下的面积。[②]例如，文艺青年可以通过豆瓣找到另一位文艺范的朋友，他们组建了豆瓣小组，在里面就可以发表具有自身特色和风格的文字与图片。通过算法过滤，豆瓣又可以将自己开发的衍生品广告推送到符合定位的小组页面，这是通过最低成本触达小众群体的过程。

最后，互联网辅助了供给与需求的对接。克里斯·安德森把长尾的秘诀概括为两句话：“提供所有产品”和“帮我找到它”。“帮我找到它”，针对的是当信息很多时，如何降低选择成本的问题。长尾市场为顾客提供了无尽的选择，扩大了他们的自由，提升了他们的个性价值，但为此付出的代价则是加大了顾客选择的成本[③]。但基于消费者行为数据的大数据分析以及算法过滤系统的精

---

① 克里斯·安德森. 长尾理论[M]. 乔江涛，等，译. 北京：中信出版社，2006：35.

② 王雪珍. 论 Web 2.0 技术对文献利用率长尾的提升[J]. 现代情报，2009，29（02）：4-7.

③ 陈力丹，霍仟. 互联网传播中的长尾理论与小众传播[J]. 西南民族大学学报（人文社会科学版），2013，34（04）：148-152+246.

准推送，让小众产品的供给直达小众消费者处不再是难事。互联网串联起供给与需求，辅助小众群体找寻到自己需要、喜欢的信息内容与特定产品，充分发挥长尾效应，助推小众经济的崛起。

6.4.3 小众经济发展给传媒业的启示

随着小众群体的发展壮大，他们逐渐开始引领文化动态和消费趋势，诞生了很多新的市场需求，谁能够把握住这些小众需求，势必会在未来的商业竞争中占领决定性优势。

互联网尤其是移动互联网是"连接一切，赋能于人"的传播平台，在这一"连接"中"赋能于人"的一个突出表现就是人的个性化、分众化需求的泉涌。换言之，我们所熟悉的一整套用于满足共性需求的传播模式和传播技术已经成为"红海"博弈的工具和手段，而赢得满足个性化、分众化需求的"蓝海"需要创造一整套全新的传播模式和传播手段。

进一步说，网络社会传播领域的价值变现与传统媒体时代的价值变现的不同在于，二者之间的价值解决方案即效率机制不同，网络社会价值变现的新的解决方案更多体现于多样化效率，而传统媒体价值变现的旧的解决方案更多体现于专业化效率。多样化效率与专业化效率是两种不同、甚至相反的效率。专业化效率是指，将同质性的事情处理（如人民日报的"中央厨房"）的规模化程度越高则效率越高，它通过标准化、规模化的制作和分发来节约成本，实现规模经济效益，为同质化内容的价值实现提供引擎。而多样化效率是指，越做异质的、不同的事情效率越高，它通过个性化、定制化创造高利润，实现范围经济，为异质化的价值实现提供引擎。美国经济学会前主席鲍莫尔（Baumol）曾经举例来说明两者之间的不同：音乐四重奏的效率是什么？难道小提琴越拉越快叫更有效率吗？显然拉小提琴的效率与开机床的效率不是一种效率，传统媒体的管理者在互联网转型中最大的误区在于区分不出新旧两者价值变现在范式上的区别，其关键就在这里。

那么，满足这种个性化、分众化需求的传播模式和传播手段的关键点是什么呢？毫无疑问，它必须面对和解决移动互联网时代用户在传播使用方面的崭新特点。这一崭新的特点主要表现为两个方面：一是如何找到并定义遁形于广袤市场和社会空间中的低密度分布的需求，并在极低成本和代价的前提下将其与特定内容实现匹配；二是如何为基于个性化场景的需求建立多点触达的需求入口。

互联网时代的一个突出特点是"时间消灭空间"——随着传统时代的市场

空间的“坍塌”，它既造成了传播市场的无远弗届，也造成了用户需求的重叠和混杂。同时，互联网时代也是个性化需求和分众化需求随着“个人的被激活”（“赋能”及“赋权”）而泉涌的时代。这类需求与传统媒介所擅长满足的共性需求在社会和市场空间中的分布不同：它单位密度很低，深藏于社会生活的各个角落。因此无法用传统的规模经济的方法和模式去满足它。所幸的是，互联网的发展在提出需求的同时也提供了满足需求的种种新的手段和技术模式：这就是基于大数据方法的用户洞察。有了这一洞察性的数据做导引，无论用户深居何处、无论用户的需求多独特，基于用户洞察的算法所构造出来的“数据路径”就能够毫不费力地将其匹配在一起，将过去的传播模式无法满足的市场需求得以一对一地个性化地得到满足。概言之，在共性化内容服务的时代，是人需要在“规定的时间、规定的场所”找到内容；而个性化、分众化的内容服务则是一个个长尾内容“主动”地去找适配它的人——数据已然成为内容和服务产品的“标准配置”，这便是两种截然不同的内容服务模式的最大差异。

“接触界面的有效控制”是传播价值得以实现的关键。网络社会是一种网状连接、去中心化、转换自由、角色复合的社会构造。如何能够将网络平台上的物质、信息与人的实践形成有效的连接，并进一步实现内容服务的价值变现呢？建构基于形形色色的场景认知的“多点触达”的新传播模式便成为移动互联网时代传播致效的关键所在。所谓“多点”指的是用户的生活场景已经变成动态的、网状节点式的分布，传统的传播可触达的只是标准场景、标准用户。而今天移动互联网时代信息服务的不同就在于节点分布的丰富性和多样化。“触达”说的是 access，它含有“亲”（不经过中间人）的意思。“多点触达”首先可理解为基于场景认知的随时随地的“伴随式服务”，即处于不同场景、个性化不同的用户，从分布式的多点，轻松触达能给他们提供产品、服务和体验的传播媒介和传播服务的提供者。

显然，“连接一切”原本说的是（由节点与边构成的）网络中的“边”，“多点触达”补充了边连接起来以后的节点的意义和价值。而这个节点其实就是完成需求与供给彼此连接的特定场景。这些场景既可以透过对于客观存在的场景的认知与洞察加以把握，又可以通过提供特定的内容与诱因建构起具有聚合不同人群、不同需求属性的一个个丰富的场景。而在小众经济时代，这些场景的洞察和建构，便为丰富多彩的内容与需求实现彼此匹配对接和价值变现提供了最大的可能。

案例

VICE 成立于 1994 年，最初是加拿大一家关注社区文化的杂志，之后三个主创人员将 VICE 聚焦小众音乐，定名 VICE。VICE 意为“缺陷”，从一开始，该杂志就与主流媒体不同，其选题大胆、叙事精妙，在亚文化青年群体中享有越来越高的声誉。VICE 追求“年轻人才关心的内容”的生产。在所有新闻报道中，VICE 也可以找到自己的叙述方式，在 VICE 的网站上，彰显着他们的内容宗旨：“去世界上最热门的新闻网站，给那些从未报道过的新闻报道”。

VICE 关注亚文化群体，关注小众音乐和边缘人群，但是也总能找到年轻人喜欢的切入点解读政治话题和国际局势：采访巴格达的金属摇滚乐队让 VICE 在青年文化媒体中脱颖而出。VICE 一贯的目标是“成为年轻人的《纽约客》和 CNN”。

截至 2017 年 6 月，VICE 已经遍布 38 个国家，拥有网站、视频机构、电视台，成为一个价值 57 亿美元的全球新媒体集团，在全球青年人中有极大的影响力。

VICE 为我们提供一个理解互联网时代媒介核心价值要素的样本。互联网上的每个个体都是一个传播节点，在接受信息的同时可能成为传播信息的起点。具有了“表态”机会的个人，急于通过“对普遍新闻独到视角”和“独特的信息获得”两个方面来为自己表态，于是面向小众人群的信息本身具有特殊的意义。如果视角够独到，就会成为携带传播基因的内容，并在人与人的接力传播中建构观念相近的受众。

与这样小众又充满态度感的内容匹配的商业模式是，VICE 将允许品牌根据内容的特点选择赞助模式。首席执行官谢恩·史密斯（Shane Smith）毫不掩饰他对媒介经济的兴趣和执着，因为他深知良好的经济效益是继续提供优质内容的基础。他曾经在很多采访中表示：“我们做的每件事都必须赚钱。”作为 CEO 的他只擅长两件事：内容和交易。例如，探索偏远地区人民生活方式的纪录片《世外》找来户外运动品牌 The North Face 赞助，品牌商除在主持人出镜的服装上显示了 Logo 之外，所有源自品牌方的传播期待都寄希望于纪录片的探索精神和户外风格上的契合，在内容和制作上毫无干预的权利，但是类似的品牌合作络绎不绝。节目主题与品牌气质的契合，成为品牌赞助的出发点，而优质、独立的内容又成为携带品牌基因更长久传播的保证，有态度和高质量的内容，让观众和品牌赞助成功对接。

6.5 游戏经济

6.5.1 游戏经济的概念

游戏经济是指涉及电子游戏的开发、市场营销和销售的经济领域。游戏产业是与互联网技术紧密相连的产业，每一轮技术变革，游戏产业都是最早参与其中的垂直赛道，推动新技术与新设备的普及，而游戏产业的商业模式、产业链结构以及参与者都随之发生演进与变迁。

当前的游戏主要分为单机游戏、客户端网络游戏和网页游戏三大类，涉及软件业与在线服务业两大业态。软件业主要以在实体商店或在线商店中出售游戏光盘为主要业务，用户一次性购买即可享受游戏。在线服务业则是提供流媒体游戏内容到云端，用户可以免费下载游戏，游戏内容也会持续更新，而盈利则通过广告、付费商品来实现。在两大业态中，游戏产业的收入主要分为三类：一类是硬件及游戏收入，依靠出售主机游戏硬件和软件来获得；一类是游戏内购收费，即游戏本身不收费，但在游戏内会提供增值服务，如道具、皮肤等；还有一类是游戏订阅收入，即订阅后可以在某段时间内享受游戏服务。

游戏经济的产业链条中有四大核心角色，即开发商、发行商、渠道商和用户。开发商研发游戏，一般为工作室制度，承担风险较大；发行商需负责游戏的修改、更新对接、活动运营、对接渠道、市场投放等具体工作，风险较小；渠道商则最稳定地“坐地收钱”①；用户则通过各种支付渠道，付费购买游戏产品与服务。

除基本的游戏产业链外，游戏本身的 IP 还可以被进一步利用，开发与游戏相关的各种衍生产品。例如，游戏角色主演的电影、同人漫画、同人文学，以及各类形象玩具、音像制品等。游戏经济不止包含传统意义上的游戏产业，还有从游戏延伸开来的数字劳动产业。游戏代练、道具出售等早已成为游戏经济中的成熟商业模式。

中国的游戏产业在世界范围内都具有不可小觑的价值。根据 2019 年度中国游戏产业报告的数据，2019 年中国游戏市场实际销售收入 2308.8 亿元，同比增长 7.7%。从细分市场观察，移动游戏占整体营销收入近七成，处于主导地位；客户端与网页游戏占比分别降至 26.6%和 4.3%。2019 年中国自主研

① 方正证券. 传媒行业七大角度看全球游戏产业：从“常识”到“启示”[R]. 2019.

发游戏海外市场营销收入 115.9 亿美元，折算人民币约为 825 亿元，同比增长 21%。尤为令人振奋的是，相当数量不同类型的自主研发游戏在全球上百个地区的下载榜和畅销榜进入头部，呈现出多品类、多区域、广覆盖的良好态势。

随着互联网技术的进一步发展，近来我国游戏产业呈现以下主要特点：一是移动游戏继续保持较快增长，拉动国内游戏市场稳步扩展；二是自主研发游戏海外营销能力提升明显，涌现出一批优质作品；三是电子竞技游戏异军突起，为游戏产业提供了新动能；四是在新技术驱动下，AR/VR、云游戏等前沿市场将迎来快速成长新机遇；五是特色游戏用户群体显现出较大的增长潜力和发展空间[①]。未来在 5G、游戏上云以及头部流量的助推下，我国游戏产业将创造更大的经济价值。

6.5.2 游戏经济的社会价值

游戏经济的兴盛有什么样的社会价值？娱乐与游戏在中国人的传统观念中一直“口碑不佳”。从历史的长河中来看，中华民族曾经有很多次都处于生死存亡的苦难之中，稍稍一懈怠就有可能会陷于灭顶之灾。或许基于这个原因，我们的传统观念对于娱乐和游戏一直心存一种深深的戒惧，生怕由于“玩物丧志”而自毁前程。唐代大学问家韩愈就曾经提出“业精于勤荒于嬉”，其中的“嬉”指的就是娱乐和游戏。

经济学中有一个概念叫作“必要劳动”。所谓“必要劳动”，就是指人的社会生存所必须付出的劳动及其量的多少。社会的生产力越是低下，人们付出“必要劳动”的量就越大；而社会的生产力越是提升和发达，则人们用于“必要劳动”的时间和量就会越少。换言之，一个社会要求人们必要劳动量的多与少是衡量其先进与落后的重要指标。社会进步了，技术发达了，人们必然从繁重的“必要劳动”中解脱出来，从事自己喜欢的、并不创造直接功利价值的娱乐和游戏活动，于是就有了诗歌、哲学、音乐、绘画、体育以及类似的种种。其实，古往今来不少先贤和哲人很早就对娱乐和游戏的意义做出了极高的定义和评价。譬如，无论是早期的柏拉图还是后来的斯宾塞和席勒，他们都认为娱乐和游戏是生物精力的盈余，超功利的娱乐和游戏是人区别于其他动物的高级活动。席勒就直截了当地指出，娱乐和游戏是人类本性中最具价值和最富生趣的部分，只有当人在娱乐和游戏的时候，他才是完全的人。

① 中国音像与数字出版协会游戏出版工作委员会. 2019 年度中国游戏产业报告[R]. 2019.

现阶段，随着人们的“消费升级”，消费领域的大趋势越来越指向包括游戏和娱乐在内的体验型消费。当人们的收入越来越能充裕地满足物质需求的时候，人们越来越多的满足基本消费后余下的收入将如何支配？在一项消费趋势的研究中，研究人员对中国、日本和美国的家庭消费情况做了横向比较后发现，中国家庭年均消费占比中，60%以上的是实物类消费，30%以上的是服务类消费，包括文化娱乐、游戏、教育以及旅游等服务和体验式的消费，相比较之下，美国和日本的这一部分消费的比例都超过了 60%，实物类消费只有30%左右。这个现象告诉我们：当一个家庭越来越接近中产水平的时候，他们将会把钱越来越多地花费在包括游戏在内的体验型消费上。因此，娱乐业和游戏业的勃兴正是消费升级、体验经济时代的“风口”之一。

6.5.3 游戏经济对传媒业的启示

游戏并非洪水猛兽，游戏产业独特的社会价值与受众吸引力也启发着传媒业进一步转变思路，重新审视自身内容生产、价值站位与受众需求之间的关系。

一方面，社会传播领域也应当强调和强化其具有娱乐功能的内容生产。须知，娱乐类内容对社会情感按摩与代偿满足、维护社会稳定具有重要作用。美国传播学者拉扎斯菲尔德（Lazarsfeld）和默顿（Merton）曾将传媒的社会功能归结为：社会地位赋予功能、社会规范强制功能和社会麻痹功能。时政类新闻由于其内容的敏感性与特殊性，承担着前两者的属性，但不能承担社会麻痹功能，只有软性的娱乐、体育等非时政类新闻的内容才能实现这一功能。如果对娱乐等软性内容使用得当，可以转变其负面的社会功能属性。娱乐等软性内容在一定程度上能够实现转移话题、社会情感安抚与心理代偿的作用。人们通过娱乐内容的戏谑、幽默和嘲讽，宣泄了压力和不满情绪，化解了社会戾气，减少了人们付诸现实具体冲突的可能性。应该说，新闻和娱乐均为传播的社会功能中的“重器”。新闻履行社会的守望功能，娱乐则是铸造人的心灵家园。有社会学者说，娱乐和游戏所映照的是人们对于一个社会的生活理想，是直抵人心深处的营养品。娱乐，哪怕是纯娱乐，在今天的社会历史条件下也扮演着一定的社会角色：纾缓社会压力和情绪的“代偿性满足”的“减压阀”“按摩器”。在当下，切不能忘记娱乐和游戏所具有的这一重要的功能。

另一方面，要重视游戏这一未来传播的主导性。在技术发展的推动下，线上用户面对的传播图景正在发生深刻的变革。在互联网已充分激活个体的背景下，信息供给由短缺变为过剩、媒介使用由被动变为互动和主动，娱乐与游戏日益走向社会生活的舞台中央，其内在的逻辑与规则也逐渐成为传播领域发挥主导作用的逻辑与规则。更进一步说，在后互联网时代，信息和娱乐已不再二元分割①。大众对于传播的需求已不再局限于单纯的信息获取，还对信息获取过程中的视觉、听觉、触觉等身体与心理体验提出了更高的需求，对趣味和快乐的追求将越来越成为未来传播实践的主导性活动，传播景观的类游戏化表征愈发凸显。在万物互联的新传播生态下，以线上网络为统领的未来媒介对受众的赋能与游戏越来越相似。虽然游戏不能解释一切，但游戏范式有利于帮助我们理解受众的传播需求、把握受众的行为模式。游戏传播所传递的参与感、沉浸感、愉悦感以及自我价值实现等以受众为本的理念正成为线上媒介转型发展的突破口，游戏范式正成为未来传播的主导性实践范式。

案例

2015 年 11 月上线的《王者荣耀》是由腾讯游戏开发并运行的一款 moba（多人在线战术竞技游戏）类竞技移动手游，如今已经火爆全球并成功登上了亚运会的舞台。目前《王者荣耀》的用户数已经超过两亿，2020 年春节期间，日活跃用户达到了 8000 万人。据国外权威机构 SuperData 发布的“2019 年免费游戏营收排行榜”，《王者荣耀》的营收位列全球第三，达到了 16 亿美元。在游戏中，玩家可通过充值来购买英雄人物、铭文、皮肤等，但其英雄获取并不绝对依赖于付费，也可通过做任务活动获取，玩家的竞技水平高下并不受付费与否的影响，保证了游戏的公平性。

《王者荣耀》拥有一系列的赛事，针对的群体涵盖了职业战队、高校学生和全民选手。目前规格最高、影响力最大的是 KPL（King Pro League），即王者荣耀职业联赛，2016 年 9 月第一次举办，后每年进行两个赛季。在微博上话题“KPL”拥有 315.2 万次的讨论量和 36.6 亿次的阅读量。《王者荣耀》巨大的影响力也吸引了众多的赞助商，包括麦当劳、vivo、浦发银行、统一冰红茶等。KPL 的赛事举办地主要在上海和成都，有的热门比赛往往一票难求。KPL 的赛事除了在游戏本身和腾讯自身的平台上直播外，还将转播权售卖给了网络直播平台和电视端赛事直播平台。

在直播行业兴起的今天，在各个直播平台都有大量的王者荣耀主播，其中不乏订阅数超过千万的知名主播。还有很多自媒体在各种社交软件上通过制作

① 蒋晓丽，贾瑞琪．游戏化：正在凸显的传播基因——以媒介演进的人性化趋势理论为视角[J]．中国编辑，2017，000（008）：8-13.

王者荣耀游戏娱乐或教学类视频来吸引粉丝，获取流量曝光。

6.6 产业格局（2015—2020 年）

近年来，我国的互联网产业快速发展，为我国经济的增长注入了源源不断的活力。回顾互联网的发展历程，1994 年至今，我国互联网走过了以门户网站为代表的互联网 1.0 时代、BATJ（百度、阿里巴巴、腾讯、京东四大互联网公司的简称）群雄起舞的互联网 2.0 时代，正在迈进以物联网为代表的互联网 3.0 时代[①]。尤其是近 6 年来，我国互联网产业各项数据呈倍数增长，揭示着“互联网+”浪潮的磅礴之势。

在这一节，我们通过对中国互联网络信息中心（CNNIC）2015—2020 年下半年发布的第 36 次、第 38 次、第 40 次、第 42 次、第 44 次、第 46 次《中国互联网络发展状况统计报告》中的数据进行整理，分析我国互联网产业 6 年来的前沿动态、产业布局变化与未来趋势。

6.6.1 产业前沿数字（2015—2020 年）

从 2015—2020 年的五次《中国互联网络发展状况统计报告》的统计数据来看，我国互联网持续蓬勃发展，并进一步迈向移动化。

1. 网民规模的变化

2020 年，我国网民规模增长至 9.40 亿，较 2015 年增长 40.72%，如图 6-1 所示。值得注意的是，网民中手机网民的规模增长十分显著，从 2015 年的 5.94 亿暴增到 2020 年的 9.32 亿，增长了 56.90%。

2. IPv6 地址数的激增

IPv6 是英文“Internet Protocol Version 6”（互联网协议第 6 版）的缩写，是互联网工程任务组（IETF）设计的用于替代 IPv4 的下一代 IP。2017—2020 年，我国 IPv6 地址的数量增长超过一倍，如图 6-2 所示。截至 2020 年 6 月，我国 IPv6 地址数量为 50903 块/32。除 IPv6 地址数外，我国“.CN”域名总数也在持续增长。到 2020 年 6 月，我国“.CN”域名总数为 2304 万个，较 2019 年增长 2.8%。

---

① 每日经济新闻网. 互联网产业的“中国速度”[EB/OL]. 2019.

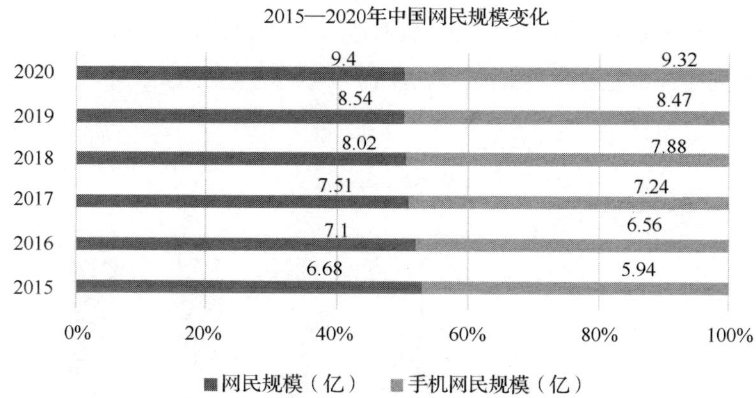

图 6-1　2015—2020 年中国网民规模变化

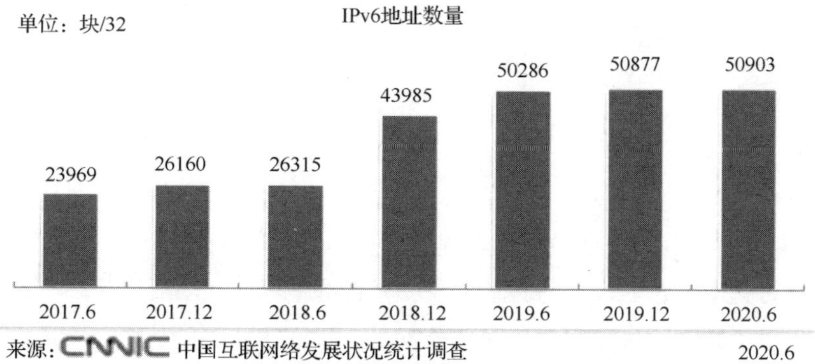

图 6-2　IPv6 地址数量变化

最值得注意的是，当前互联网普及正朝着移动互联网使用逐渐深化。我国网民的手机上网使用率从 2015 年的 88.9%增加到 2020 年的 99.2%，增长了 10.2 个百分点。此外，与 6 年前相比，移动宽带平均下载速率提升约 6 倍，手机上网流量资费水平降幅超 90%。“提速降费”推动移动互联网流量大幅增长。正如图 6-3 所示，仅 2020 年上半年，中国移动互联网接入流量消费达 745 亿 GB，同比增长 34.5%。

网络购物市场在 6 年间保持较快发展。到 2020 年，我国网络购物用户规模已高达 7.49 亿。这与下沉市场、跨境电商、模式创新为网络购物市场提供了新的增长动能不无关系。

6 年来，网络视频的运营也更加专业，互联网娱乐内容生态逐步成型。截至 2020 年 6 月，我国网络视频（含短视频）用户规模达 8.88 亿，较 2020 年 3 月增长 3777 万，占网民整体的 94.5%。网络直播用户达 5.62 亿，占网民整体的 59.8%。各大视频平台进一步细分内容品类，并对其进行专业化生产和运营，行业的娱乐内容生态逐渐形成；各平台以电视剧、电影、综艺、动漫等核心产品类型为基础，不断向游戏、电竞、音乐等新兴产品类型拓展。

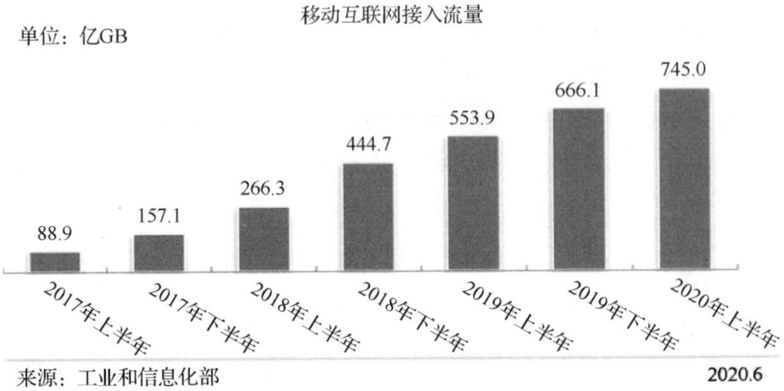

图 6-3　移动互联网接入流量变化

除此之外，我国的在线教育与在线政务产业发展势头也一片大好。截至 2020 年 6 月，我国在线教育用户规模达 3.81 亿，占网民整体的 40.5%。随着在线教育的发展，名校名师课堂下乡、家长课堂等形式逐渐普及，为乡村教育发展提供了新的解决方案。在线政务方面，截至 2020 年 6 月，我国在线政务服务用户规模达 7.73 亿，占网民整体的 82.2%。我国 31 个省区已构建覆盖省、市、县三级以上的政务服务平台，实现全面覆盖①。

总体看来，截至 2020 年，中国互联网产业发展已取得显著成效。我国的 IPv6 地址数量已跃居全球第一位，互联网普及率近 7 成，且移动互联网使用持续深化，互联网的发展也释放出了下沉市场的消费动能。在此背景下，应继续推动网络基础建设全面提速，持续发展数字经济，助力国民经济增长，持续推进网络普惠稳步发展。

6.6.2　产业布局的变化

中国互联网行业经过 20 年的探索与创新，已发展成为推动中国创新与经济发展的主要引擎。互联网行业在中国发展的 20 年里，经历了探索成长期（1999—2008）、快速发展期（2009—2014）、成熟繁荣期（2015—2020），由 PC 互联网走向移动互联网，由 2G 走向 5G②。

① 中国互联网络信息中心. 第 46 次中国互联网络发展状况统计报告[R]. 北京：2020.

② 艾媒咨询（iiMedia Research）. 中国互联网行业 20 年发展跨越及产业未来趋势分析[R]. 2019.

2015—2020 年是中国互联网行业的成熟繁荣期。在这一时期，中国移动互联网开始从 4G 时代逐步尝试向 5G 时代跨越。2015 年，李克强总理在政府工作报告中首次提出“互联网+”行动计划，试图推动移动互联网、大数据等与制造业结合，促进电子商务、工业互联网和互联网金融的发展，引导互联网企业拓展国际市场。在政府的引导下，中国的互联网正式走出虚拟经济，“互联网+创新”成为中国经济社会创新的重要驱动力量。

“互联网+”产业布局主要以互联网与传统产业加成的方式进行布局。在零售业，互联网辅助业态优化、供应链管理、全渠道营销，与大型互联网平台合作，利用互联网特别是移动互联网的强大功能，尝试线下实体店铺与线上互联网络融合发展，挖掘线下实体店价值，完善便利服务体系①。在工业，传统系统与高级计算、分析、感应及互联网技术连接，结合软件与大数据分析，开启“工业 4.0”与物联网时代。“互联网+交通”则借助移动互联网、云计算、大数据、物联网等信息通信新技术，将互联网产业与传统交通运输业完美融合，形成“线上资源合理分配，线下高效优质运行”的新格局，满足出行更便捷、服务更人性和决策更科学的需求，加快推进交通运输由传统产业向现代服务业转型升级②。而“互联网+金融”则帮助传统金融机构与互联网企业利用互联网技术和信息通信技术实现资金融通、支付、投资和信息中介服务，发展出 P2P 网贷、第三方支付、数字货币、大数据金融等不同的应用模式。此外，“互联网+”产业在医疗、物流、电子通信、政务、教育等领域均有广泛布局。

“互联网+”理念代表着一种新的经济形态，它倡导的是互联网信息技术与传统产业的深度结合，促成传统产业的业务体系、商业模式的变革，推进传统产业的经济转型与升级，提升经济生产力。

6.6.3 互联网产业发展的未来趋势

未来的中国互联网产业发展将走向何方？根据中国互联网络信息中心的总结，未来的中国互联网产业将向以下四个方面进一步发展。

1. 网络泛在接入助力乡村振兴

2019 年 5 月，中共中央办公厅、中华人民共和国国务院办公厅印发《数字乡村发展战略纲要》，强调数字乡村是乡村振兴的战略方向，也是建设数字中国的重要内容。目前，我国已初步建成融合、泛在、安全、绿色的宽带网络

① “互联网+”时代的传统零售业转型升级[EB/OL]. 2016.

② “互联网+交通”解决交通“痛点”[EB/OL]. 2017.

环境，基本实现“城市光纤到楼入户，农村宽带进乡入村”。未来，农村将成为互联网产业发展的广阔下沉市场。

2. 数字经济推动发展更加均衡

随着数字经济的进一步发展，空间区域局限被进一步打破，越来越多的城市乘着数字经济的东风，获得更多的发展机遇。数字经济的发展可以有效缩小东中西部城市之间的差距。欠发达地区本就有更大的技术改进空间，因此这样的发展方向既能产生社会效应，又能产生经济效益。

3. 网络基础设施进一步优化升级

与五年前相比，在网络提速方面，固定和移动宽带平均下载速率提升了 6 倍多；在网络降费方面，固定网络和手机上网流量资费水平降幅均超过了 90%；在网络流量方面，用户月均使用移动流量达到 7.2GB，为全球平均水平的 1.2 倍。未来国家将进一步推进网络基础设施优化升级，降低互联网使用成本，在技术层面上充分支持各互联网产业分支的发展。

4. 完善域名保障体系，加速 IPv6 规模部署

丰富的 IP 地址资源是相关领域快速发展的有力支撑。域名技术和保障体系的升级更新能够确保为我国网民提供安全稳定的上网环境。这些基础性的互联网设施建设在很长一段时间内依然是中国互联网产业发展的重心所在。

附生于互联网产业之上的“互联网+”产业又会走向何方？根据艾瑞咨询的观点，互联网产业在未来还将呈现两大技术性发展趋势。一方面是产业边界的扩展与产业的升级。随着 5G 商用化成为现实，创新实现的可能性增加，互联网产业将整体呈现出边界拓展的发展态势。另一方面，技术推动依然是发展的重中之重。人工智能、物联网、云计算等技术革新，将成为传统行业布局的重点领域。中国的经济产业格局将与技术创新的具体实践密切相关。

本章练习

名词解释

1. 长尾理论
2. 分享经济

思考与练习

1. 简述付费的衰落与回归对新媒体产业的影响。
2. 试析“网红经济”与“直播带货”的出现。
3. 如何正确理解粉丝经济与“粉丝”文化?
4. 请简述新媒体技术如何整合传播生产力。

阶梯阅读书目推荐

1. 詹姆斯·韦伯斯特. 注意力市场：如何吸引数字时代的受众[M]. 北京：中国人民大学出版社，2017.

2. 罗伯特·金奇尔，马尼·佩伊万. 订阅：数字时代的商业变现路径[M]. 北京：中信出版社，2018.

第7章　网络新媒体治理

“机器，正在生物化；生物，正在工程化。”

——凯文·凯利（Kevin Kelly）

本章学习目标

- 理解媒体社会价值的变迁过程。
- 把握“后真相”的成因和治理方法。
- 了解“信息茧房”的阶段性内容。
- 掌握为算法赋予价值观的基本路径。

导读

当网络新媒体成为整个社会的基础应用系统，技术所塑造的将是整个社会关系的变革与颠覆。除了技术层面的更多可能，我们也将面临社会、心理、生活层面的影响和隐忧，产业成长与社会治理都呼唤更为前瞻的科学管理方式。既要避免技术可能带来的新风险，更要促进产业、经济、社会的发展进步。

在本章的学习中，我们侧重于理解媒体社会价值的变迁，以及在这种变迁过程中出现的社会风险与机遇，与此同时，跟随社会变迁改变对媒体治理的认知、观念、方法。

关于“信息茧房”的争论一直是技术反思的重要研究议题，算法分发阶段性地解决了海量信息与海量个体的信息匹配问题，同时也造成了基于工程传播学的单一化趋向。对于“信息茧房”这一科研与社会双议题需要辩证地理解，即便在互联网出现之前、大众媒介挑选组织信息的时代，个人仍然会以自我条件为核心，以一定的能力、意愿、兴趣为半径为自己建立信息渠道。所不同的是，互联网时代开启了个人寻找信息的便利性，同时也开启了信息寻找人的便利性，双向互动是互联网对信息传播渠道的最大贡献。而所谓的以个人兴趣为核心的“信息茧房”，其实是由个人的选择和注意所先天决定的，算法与数据技术并不是唯一成因。

另一个关于信息传播的社会危机是“后真相”，后真相并不意味着谣言可以大行其道，但后真相时代的谣言在传播机制上出现了新变化，因此研究后真相时代的谣言修辞及其异化传播具有重要的价值。后真相形成于复杂的社会传播系统之中，具有逆火效应、圈群化传播的负效应以及延时机制，在群体性情绪的加持之下形成传播接力。社群和圈子成为谣言传播的基本单元，情感要素成为谣言传播的基本动力。对后真相的治理需要解决传播的公开透明，客观面对谣言传播机制的非理性因素。值得肯定的是，截至 2020 年 6 月，我国国家政务服务平台注册用户达 1.26 亿人，总计访问人数为 10.02 亿人，总浏览量达 58.91 亿次，在线政务服务用户规模达 7.73 亿，占网民整体的 82.2%。2020 年上半年政府治理体系不断完善、治理能力不断提升。《中华人民共和国民法典》《中华人民共和国数据安全法（草案）》逐步推动数字治理有法可依；围绕政府、平台、社会的多元协同治理体系正在加速形成；在线政务服务日趋成熟，国家政务服务平台建设成效凸显。与此同时，视频泛在化时代的舆情风险、泛媒介化条件下的安全风险、“沉迷”与“上瘾”的社会隐忧、“技术至上主义”的诱惑、“娱乐至死”现象的加剧等社会问题，同样要求社会管理方式的转变，对民主协商机制的采纳，对安全技术的应用等都是当下社会治理的题中应有之义。

在更高的管理层面，人机伦理成为长久的议题。人类创造了越来越亲密的人机界面，技术渗透到人的社会生活、关系与场景之中，我们更多地依赖技术进行辅助思考与决策行为，通过机器界面实现人与人之间的随时连接与永久在线。强调人机互补与协同，重构传播学领域人与机器的共生关系，是承认增强人类（human enhance）现实的重要进步所在。

7.1 网络新媒体的社会价值

连接方式的变革自古以来就是社会变革的开始：文字与组织带来了水利工程、大型定居聚落与城市，于是大型子系统出现，系统之内也有较为紧密的连接与较频繁的互动，系统之间也有了弱或疏的连接。“车同轨、书同文”与“条条大路通罗马”又把这些大型子系统组织成巨型子系统，巨型子系统内有了足以使系统不散架的连接。大航海时代，第一个全球社会网系统成型了。当然，巨型子系统间虽然有了少量的弱连接，却还是一个十分松散的全球系统。随着火车、汽车等机械化运输工具的出现，这个全球系统内部在巨型子系统间有了越来越多、越来越强的“桥”，而电话、电报、飞机等的出现，使得全球真正形成了一张复杂网[①]。而互联网的出现使得这张网更加紧密，移动互联网的出现使得这张网的连接更加自由。

7.1.1 媒介社会价值的变迁

“媒介”一词在中文的语境中已经有相对明确的定义，在中国社会科学院编写的《现代汉语词典》中，其被定义为“使双方（人或事物）发生关系的人或事物”，对应的英文是“intermediary”“medium”“vehicle”。在英文语境中，medium 一词源于拉丁文 medius，其含义为中心或者中间。因此，在综合中文与英文对于“媒介”一词的定义之后，现代意义上的“媒介”可作为一种“中介体”（intermediate agency）或者一种“传播渠道”（channel of communication）而存在，是让人、物、技术之间建立联系的中介。建立的联系可以是作用力，也可以是信息。

1. 技术性的媒介

从 20 世纪开始，由于科学技术的飞速发展，媒介越来越成为影响社会发展的重要因素。在此背景之下，众多学者开始从技术的角度出发，对媒介的定义与内涵开展了丰富的研究，以此形成了关于媒介研究的“媒介技术学派”。哈罗德·英尼斯（Harold Innis）、马歇尔·麦克卢汉（Marshall McLuhan）等传播学者的研究将媒介定义为技术性的存在。在这个定义中，媒介被用来指传播方式，但更常用于指使这些方式成为现实的技术形式，如报纸、收音机、电视、书籍、照片等。约书亚·梅罗维茨（Joshua Meyrowitz）对“媒介”的定义则更偏重于一种工具性的思考：“媒介除了指直接的面对面传播模式外，还指信息传播的所有渠道和手段。”在这种定义之下，媒介需要被具象为一种工具性的实物，如书信、电报和电话等，语言与非语言行为则不是媒介。阿瑟·伯格（Arthur A. Berger）则将媒介定义为传递信息的方式和通道：“媒介可以被定义为通过一对一或一对多（如大众媒介）等方式，传递信息、资讯、文本等的通道。大多数媒介都在传递文本，例如，言语是谈话的媒介，是一种人际媒介。”这种传递信息的方式和通道，本质上还是将媒介作为一种技术进行研究。

2. 社会性的媒介

另外一种视角则将媒介放在人与社会的大背景下，探讨媒介与人的关系，

① 罗家德. 复杂：信息时代的连接、机会与布局[M]. 北京：中信出版社，2017.

将媒介从一种物化的技术工具中抽离出来，从人的使用角度出发，研究媒介的外延功能与本质特征。麦克卢汉便以“媒介是人的延伸”来进一步泛媒介化。他认为任何媒介都不外乎是人的感觉和感官的拓展或延伸，如印刷媒介以及摄影机是人体的视觉延伸；交通工具是人体肢体功能的延伸；电视则是全身感官及触觉的延伸。他集中说明了传播媒介对人类感觉中枢的深刻影响。从各个不同的人类发展时代来看，在只依靠语言进行传播的史前时代中，人的听觉文化在感觉上具有统合性。人的感觉能力由耳朵来把握，大体上处于一种平衡状态。而在文字和印刷媒介催生的视觉文化中，人类的感觉集中新闻观察、新闻思辨于分化的、单一的局部，感觉领域的分割造成了感觉分离，推动着人们对于抽象事物和深层信息的理解。而现代的电子媒介则用一种整体的现场感重新将人类的感觉整合起来，重新回到一种感觉平衡的状态。

3. 时代性的媒介

第三种媒介视角来自马克·波斯特（Mark Poster），他以媒介时代来定义不同类型的媒介。他认为传统的报纸、广播和电视代表的是第一媒介时代，传播模式为信息制作者极少而信息消费者众多的单向性播放型模式。微博、微信等互联网媒体代表的是第二媒介时代，为集媒介的制作者、销售者和消费者于一体的双向型、去中心化的交流模式。以往的科学研究中，普遍以影响社会生产力水平的技术发展来区分人类历史发展时代；随着媒介对人类社会的影响越来越大，以媒介来区分人类历史发展时代的观点日益得到众多学者的采纳。

7.1.2 “信息茧房”

“信息茧房”（Information Cocoons）这一概念，由哈佛大学教授凯斯·R. 桑斯坦（Cass R. Sunstein）在《信息乌托邦》中首次提出，他用“个人日报”来形容互联网用户在海量信息中以个人喜好选择接触其感兴趣的信息，进而对其他内容排斥与无视，长此以往形成“信息茧房”[①]。由于“信息茧房”的存在，人们只看到和选择与自己意见相同或相似的人群，采纳符合自己预期的观点，于是逐渐形成“回音室效应”（echo chambers），所传达的观点和声音都会毫无疑问地得到积极回应与正向加持。“回音室效应”是走向极端、群体化事件的温床。

近年来，“信息茧房”成为研究热点，关于“信息茧房”的治理方式的研

① 凯斯·R. 桑斯坦. 信息乌托邦——众人如何生产知识[M]. 毕竞悦，译. 北京：法律出版社，2008.

究成为跨学科的问题：计算机科学领域探讨“算法优化”以避免“信息茧房”的出现；信息科学领域研究人的信息行为特点和规律；社会科学尤其是新闻传播学领域，相关研究成果多指向批判由于传统“把关人”权利的让渡所造成的对公共利益的隐患，以及针对现状的制度和政策解决之道。

基于公共领域的本质特性，新闻传播学领域对“信息茧房”的隐忧和负面批判明显多于其他领域，同时也存在着一定的误解。

1. “信息茧房”一直存在

传播学奠基人之一的克劳德·E. 香农（Claude E. Shannon）是“信息论”的提出者，他认为“信息是用来消除随机不确定性的东西”。但同时，香农将“信息论”限于工程传播，并告诫科学界防止将其过于广泛地运用于所有类型的人类传播。然而传播学者们没有给予太多注意①。而霍夫兰（Hovland）提出的“个人差异论”阐述了受众的“选择性和注意性”理解，该理论认为，在大众传播提供的信息面前，个人由于需要、习惯、信念、价值观、态度、技能等多方面因素的差异将对信息做出不同的选择和理解。

也就是说，即便在互联网出现之前，在大众媒介挑选组织信息的时代，个人仍然会以自我条件为核心，以一定的能力、意愿、兴趣为半径为自己建立信息渠道。不同的是，互联网时代开启了个人寻找信息的便利性，同时也开启了信息寻找人的便利性，双向互动是互联网对信息传播渠道的最大贡献。而所谓的以个人兴趣为核心的“信息茧房”，其实是由个人的选择和注意所先天决定的，算法与数据技术并不是唯一成因。

2. 海量信息个体化

当下的信息总量无疑是惊人的，而且是急速更新同时海量增长的。Facebook 每天产生 4PB 的数据，包含 100 亿条消息、3.5 亿张照片和 1 亿小时的视频。据 Smart in sight 统计，在 2000 年，Google 每年的搜索量是 140 亿次；2019 年，每天有多达 35 亿次搜索来自 Google，相当于每秒 4 万多次搜索。

与如此大的信息量相比，个人的信息系统的容纳量就愈发显得渺小、狭窄，甚至不够多元。同时，在如此浩瀚的信息海洋里固守一些自己习惯和评价较好的信息菜单、信息渠道，甚至可以解释为在信息过剩时代的某种自我保护，是现代人以个体为基础信息消费的必然结果。

3. “信息茧房”是“独异性”社会的外在表现之一

“个性化”已经不足以表达当下社会与现代社会的根本区别了，德国社会学家安德雷亚斯·莱克维茨（Andreas Reckwitz）提出了更为贴切的概念——

① 罗杰斯. 传播学史——一种传记式的方法[M]. 殷晓蓉，译. 上海：上海译文出版社，2005.

"独异性"。他认为"普适性"社会逻辑与"独异性"社会逻辑的根本不同是当下众多社会现象难以解释的根本原因，"晚现代发生了一种社会结构转向，即面对独异性的社会规律，原来普适性的社会规律失去了主导权……独异性社会不遵循普遍规则或标准流程，而是去耕耘有专属认同感的自己的世界"，"独异性社会有不同寻常、令人惊异的结构，仿佛没有什么合适的定义或视角能够把握它的复杂性"[①]。

在信息行为领域，这种摆脱了"普适性"规律的行为模式就表现为：个人不再遵循大众媒体时代的信息编排、时空限制，而是以个人的兴趣为核心为信息制定价值，这必然会造成跟传统大众媒介时代相比，个人信息系统的千人千面、各有所好。这是社会发展阶段的外在表现之一。

7.2 新闻生产与"后真相"危机

"后真相"（post-truth）是2016年《牛津英语词典》选中的年度词汇，即使得信息传播过程中真相有时变得不重要了，重要的是情感和观点。后真相时代，真相并没有被篡改，也没有被质疑，只是变得次要了，网民不再相信真相，只相信感觉，只愿意去听、去看想听和想看的东西。谣言与流言在网络上广泛地流传，伪装成真相的样子，谣言有时披着真相的外衣比真相更大行其道，因为谣言本身是一种社会对抗[②]。具有后现代主义解构的功能指向，后真相并不意味着谣言可以大行其道，但后真相时代的谣言在传播机制上出现了新变化，因此，研究后真相时代的谣言修辞及其异化传播具有重要的研究价值。

7.2.1 "后真相"的概念

"后真相"一词最早出现在1992年，剧作家史蒂夫·特西奇（Steve Tesich）在美国《国家》杂志的文章里使用了"后真相"一词，用以嘲讽西方政治家对丑闻的极力压制与民众的努力辨别的信息社会状态；2004年，美国作家拉尔夫·凯伊斯（Ralph Keyes）提出"后真相时代"（post-truth era）这一概念，认为"后真相时代"既存在着谎言和客观事实，也存在着一种介

① 安德雷亚斯·莱克维茨．独异性社会——现代的结构转型[M]．巩婕，译．北京：社会科学文献出版社，2019.

② 胡泳．谣言作为一种社会抗议[J]．传播与社会学刊，2009（9）：67-94.

于两者之间的话语，将“后真相”从政治界拓展到大众的日常生活，并进行了道德层面的批判。2010 年，博客作者戴维·罗伯特（David Robert）提出“后真相政治”的概念，认为事实真相被政客们左右，公共舆论与新闻议题完全偏离立法的精神。2015 年，美国媒体人和学者杰森（Jayson）提出了“后真相制度”（regimes of post-truth）一词，将这一社会现实与“注意力经济”的关系加以论证。而传播学者伊格纳斯·卡尔波卡斯（Ignas Kalpokas）在刚刚出版的著作中，则直接将这一特定的现象归结为一场个人与媒体机构在舆论传播中的“共谋”。

7.2.2 “后真相”的形成机制

1. 加冕与祛魅

在话语修辞上，后真相时代使得网络谣言出现了“加冕”与“祛魅”的新机制。“加冕”是通过对网络谣言进行权威修辞和恐惧诉求，加冕最常用的修辞策略是数据化支持与专家化名头。后真相时代新媒体传播有一个重要特征是偶像化，即认为“谁说的”比“说什么”更重要，并以此来决定是否相信，有“我支持的人所说的就是真”的心态。而“祛魅”则是对网络谣言进行日常生活化的庸俗解读，如对一些科学谣言的传播多加上最原始性的元素，并加以“狗血”的日常生活化的故事元素，使得曲高和寡的科学知识成为民众茶余饭后的谈资。加冕与祛魅两者看起来是矛盾的，但都利用了后真相时代民众只关注立场、情感而不关注事实的社会心理机制。

2. 逆火效应

在现实生活中经常遇到这种现象：谣言发生后，相关部门寻找谣言传播的源头，邀请专家科学辟谣，第一时间发出声音……公众在辟谣的当下意识到了这则谣言的危害，但是过一段时间，类似谣言又出现了，再次引发公众的集体恐慌……造谣—信谣—传谣—辟谣，谣言周期性“发作”，这就是谣言的逆火效应（Backfire Effect）。“逆火效应”来自英文“Backfire”，最早是内燃机术语，引申意即“适得其反，事与愿违”。

一般人认为，改变别人错误观点的最好方式就是用事实说话。但实际上，后真相时代立场先行，这种温和而有效的反驳很可能产生反作用，即当人们遇上与自身信念抵触的观点或证据时，除非它们足以完全摧毁原信念，否则人们会忽略或反驳它们，原信念反而更加强化。这也就解释了为什么经常出现以下情况：一些人受骗后非要打钱给骗子，警察和银行怎么解释都不信，怎么拦都拦不住；抑或老人喜欢保健品，而子女摆一堆科学道理甚至是产品欺诈的证据也无济于事。因为从记忆生成的角度来看，大脑中有无数的神经元相联结，而神经元在一次次接受刺激后就会逐渐被强化，所以当我们坚信一个观点时，同时也就是反复强化了神经元的联结，从而形成了根深蒂固的思维。同时，当自身的观念被攻击时，就跟自己被攻击差不多，所以人们就想要捍卫自己的观点。

3. 圈群化传播的负效应

美国前第一夫人南希·里根（Nancy D. Reagan）曾经拍摄了一部反毒品的广告，希望通过大规模的传播，使得观看到的人不要去吸毒。但研究结果显示，这则广告让更多的青少年吸毒[①]。因为它让吸毒这种行为可视化，似乎是一种常见的社会现象。因此，有些辟谣则是扮演着谣言的帮凶，在辟谣的同时也在向人们强调这些错误的认识和想法，如“没有买卖就没有伤害”可能会导致更多人企图猎杀，虽然这则广告只是为了募捐更方便。再如经常报道女大学生失踪的案件，可能会导致更多的女大学生失踪……这些谣言在社会小圈子的传播中会形成所谓的拟态环境和意见气候，即认为这种事情发生很多，为什么不去模仿、去做。这样就使得社会学习效应进一步加剧，谣言不幸地成了社会示范，又反过来“规训”圈子成员的行为，这就是网络谣言的可视化负效应。

4. 延时机制

谣言主要是基于圈群化的嵌套结构而传播的，相较于传统社会的人际传播，网络谣言的传播速度有所提升；但相较于大众媒体的瞬间传播，网络谣言又具有一定的隐匿性和时滞性，它是逐步扩散开来的。基于虚拟社群传播的网络谣言则具有一定的时滞性，并且是从核心城市向边缘城市和地区传播、从核心网络群体向边缘群体传播，这个时间段为 1～3 天，这为网络辟谣提供了黄金时段。

5. 谣言传播的少数群体情绪启动效应

任何舆论操控首先就要控制信息。虽然随着互联网的发达，信息流通呈现秒传播的趋势，但网络谣言的数量和频度却不见减少。最主要的原因之一是后真相时代造谣者和传谣者充分利用了少数群体的启动效应，即不需要让大多数人信，只要让一小撮人信，造谣者和传谣者就成功了。信息控制通常骗不了所有人，但对特定人群效果极佳，由于立场先行，这群人信任恶意的信息源，往往对攻击目标怀有反感情绪，听不进反面意见。

因此，基于布尔迪厄的场域分析框架，可以看出“后真相”时代网络谣言传播场域的基本特征。首先，基于社群传播的谣言话语场是一个关系的网络空

① Jonah Berger. Contagious: Why Things Catch On [M]. New York: Simon & Schuster Press, 2013.

间，场域中布满了各种关系束，这些关系束就像磁场中的磁力线一样作用于其中的主体。其次，谣言话语场是一个相对独立或半自主的社会空间。布尔迪厄认为，场域是一种相对独立的社会空间，这种独立性是各场域存在的基础，也是区分不同场域的“质的规定”，场域相对独立性表现为每一个场域都有自己独特的逻辑、常规和规则，谣言场域内的话语修辞与议题建构也是有章可循的。最后，谣言话语场也是一个时刻充满着力量关系对抗的空间，各种主体在这个场域角逐，因为每个社会活动的参加者都以自身异质性的属性参与。这种异质性首先表现在每个个体拥有不同质或量的资本，经过优胜劣汰的选择，胜利者可以获得制定场域的合法定义的垄断权力，谣言驱逐了真相，产生所谓的“符号暴力”。从某种意义上说，谣言传播场域的最本质特征就是谣言和真相争夺有价值的支配性资源的空间场所。

7.2.3 “后真相”的治理

马克·吐温（Mark Twain）曾有一句举世皆知的名言：“谎言跨越半个地球的时候，真相还在穿鞋。”这句话强调了辟谣的难度和时滞性。“后真相”时代，社群和圈子成为谣言传播的基本单元，情感要素成为谣言传播的基本动力，传统的基于个体传播、事实诉求的辟谣手段的效力在不断消减，“后真相”时代的辟谣必须要变被动为主动、变内容识别为圈群识别和情感识别、变各自为战为社会化综合治理。

1. 辟谣关口前置化

在网络辟谣中经常会遇到这样的难题，即谣言发布时阅读者众多，辟谣时很多人看不到，形成了传谣与辟谣的信息暴露不对称现象。随着人工智能技术的成熟，网络辟谣越来越呈现出新的发展方向。

一是利用大数据技术鉴别谣言信源的唯一性，进行有效锁定。根据谣言传播的信息源具有唯一性的有效识别特征，通过大数据回溯技术，可以有效识别网络谣言，进而进行传播干预。只有在谣言传播初期就能够将其识别，才能将谣言的危害降至最低。

二是充分利用谣言的传播时滞性。网络谣言从核心地区向边缘地区、从核心人群向边缘人群的传播有 1～3 天的时间周期，因此生活在北上广的人们经常发现其在三四线城市的父辈传回来的谣言是几天前的。因此，网络谣言需要抓住这个传播时滞期，及早切断传播路径，实现网络谣言预警的主动性。

2. 为重点人群画像

首先，要对公共账号进行认证身份的明确标示。在很多网络谣言的传播中，由于均是公共账号推送的，很多易感人群没有区分公共账号主体是否被官方有效认证的能力，结果造成很多个人账号也滥竽充数。因此，需要加强公共账号主体对传播内容的认证标示，并将之作为一种基本识别谣言的科普性知识进行推广。虽然微博的加 V 认证策略在一定程度上使网络空间出现了明星围观模式，但对快速形成明星影响力和有效规范明星的言论责任都起到了不可替代的作用。

其次，要分析谣言节点的社会网络结构。信息接收者仅通过内容很难识别谣言，而信息发布者属性和网络传播属性能显著提高信息接收者的识别率。因此需要引入更多的辟谣识别变量，这也是人工智能所具有的基本功能，强化每个节点在最活跃的几个圈群中的社会结构和社会角色，进而对在谣言链条中的角色进行有效识别。

再次，构建信用分级的造谣者、传谣者和易信谣者数据库。网络谣言的治理从根本上讲是对人的治理，对人的治理要考虑针对性和精准化。按照谣言传播链条的角色和地位，可以将之分为造谣者、传谣者和易信谣者，并对之进行传播信用等级的评估，类似于征信体系，并在账号主体明显的位置上予以标识；对信用等级较低的账号进行预警，一旦用户点开其传播的信息，自动预警提示。

最后，警惕“谣言营销”现象的蔓延。在很多谣言传播的背后是一些营销号为了经济利益而进行造谣，甚至将“谣言营销”堂而皇之地作为一种营销伎俩。转发量高的微信可以增加粉丝，超过 5 万粉丝，就可以获得广告收益。一个拥有 5 万粉丝的微信号，一条微信的价格在 1 000 元到 2 000 元不等；粉丝量超过 10 万，微信价格可超 5 000 元；至于坐拥 50 万粉丝的微信大号，一条微信的售价可卖到上万元。同时，微信的转发量和阅读量也和广告费用挂钩，这就是不少公众号挖空心思造谣、传谣的真正原因。

3. 社会化综合治理

目前，新技术平台层出不穷，不同的数据藩篱使得网络辟谣基本上是各个平台孤军作战。因此，首先需要构建网络辟谣的多元主体平台。网络谣言的治理目前多是以平台企业和政府为主，社会第三方等资源介入其中的比例不高；未来需要在政府主导层面，形成数据平台方、企业、专家、高校、政府等五位一体的多元主体平台，实现网络辟谣的社会化和无影灯效应。

其次，要打通辟谣的数据平台，构建国家层级的网络谣言大数据平台。目前微信平台的辟谣助手已经进行了尝试，但整体来说数量不大。未来需要在打通各个平台的层面上，通过社会化的合作，在整个国家层面构建网络谣言大数据平台，融合网站、报纸、电台、电视、社会组织，建立融合新媒体、传统媒体的综合辟谣机制。因为网络辟谣并不是一个平台、一个公司的事情，是整个国家层面的民众新媒介素养的大事情。在此基础上，建立一套成熟的谣言触发机制，设定谣言关键词，当含有关键词的传言在微信群的传播达到一定数量时，自动触发预警，提醒相关专家和辟谣平台关注，并判断其是否属实。

同时，要加强预防式科普宣传，全面提升民众识谣、辨谣的素养。加强日常的预防式科普宣传，尤其是针对敏感人群的通俗易懂的辟谣方式，加强专业俗语的“转译”能力，注意方式方法的革新和改进，学会讲故事，避免简单的说教和告知，强化辟谣的情绪化引导，改变目前的知识堆砌和过于理性的状况，充分利用传媒的影响和传播渠道，注重将信息公开和政策解读同步推出，有效避免谣言的进一步滋生。

7.3 社会治理的机遇与挑战

技术的发展是把双刃剑，5G 也不例外，它在极大促进人类经济社会发展进步的同时，也可能带来新的风险因素。对未来将要出现的新现象，需要社会、行业和政府顺应技术、产业的发展规律，以科学和创新的方式来研究分析。

7.3.1 媒介社会的风险

1. 视频泛在化时代的舆情风险

5G 时代的视频大概率会成为新闻信息和消息传播的主要载体，这将带来新的舆情风险。直观、生动景象的实时传递和万物互联时代更多视角、更多信息维度的信息传递，将极大地增加舆论的复杂性和易变性，会对舆论管控产生重大影响。MGC 没出现时，描述、传达事务及人类实践的数据维度是比较有限的，舆情的社会控制相对来说还比较简单。然而，5G 时代这样的舆情治理方式显然已经无法与海量信息和传播速率相匹配，建立一套完善、透明的信息机制，在舆情和次生舆情发生之前通过公开、透明的方式引导舆情的走向才是更为正确的舆情治理方向。

2. 泛媒介化条件下的安全风险

当数据无处不在时，安全隐患也将无处不在。eMBB（增强移动宽带）海量的业务（如 VR/AR）包含大量的用户隐私信息，如个人的业务信息或标识、设备标识，以及地址信息等。而 5G 网络在技术、组网上的虚拟化方式和开放性特点，使用户数据遭受攻击和隐私信息泄露的概率增加，如基于同一基础设施网络形成的虚拟业务切片可能增加数据安全风险。另外，由于数据挖掘技术的发展，使得隐私信息的提取方式变得更加强大，能够将设备标识与用户标识（如用户的应用或业务标识）相关联，从而挖掘用户的网络行为。

在 5G 的视频化、多元化信息生产和传播环境中，4G 时代的数据、隐私、人身安全等问题可能更加凸显。在信息获取层面，相比当前以身份信息、行为信息等为代表的用户敏感信息，5G 时代用户的虹膜、面部、身体三围、声音、步态等更多元的身体信息可能在使用相关服务时被采集，甚至很多时候这些信息的获得是没有经过用户授权的。在数据存储层面，5G 时代云视频、云游戏等各类云服务的大发展，促使更多数据信息上传云端，这对云服务平台的安全保障能力提出了更高要求，包括用户生理特征信息在内的大规模用户数据泄露，对用户个人和社会秩序的影响将是灾难性的。从好的一面看，安全风险的剧增使用户对安全保护的需求提上议事日程，此时能够提供较高安全保障程度的产品将从同类竞争中脱颖而出，能够为更多互联网企业提供安全政策支持的制度将会发挥其巨大的作用。

3. “沉迷”与“上瘾”的社会隐忧

除前文所述的信息焦虑之外，“上瘾”行为，特别是游戏领域的上瘾行为正在成为世界性的议题。2018 年 6 月，世界卫生组织发布了修订版《国际疾病与相关健康问题统计分类》，首次将电子游戏障碍列为一种精神疾病。5G 时代高清、沉浸、互动、丰富的传播特点为游戏、娱乐产业打开了新的局面，但从社会治理层面如何更好地预防游戏上瘾，特别是防止缺乏自制力的青少年上瘾，将面临新的挑战。

5G 时代，社会对于游戏以及新兴视频类产品“沉迷”的关切可能更加凸显，人们担心电影《头号玩家》中年轻人在虚拟游戏和竞技中花费人生大部分时间的情景可能会变成现实。近年来，中华人民共和国国家互联网信息办公室（以下简称“国家网信办”）、中华人民共和国文化和旅游部、中华人民共和国教育部、国家新闻出版署等采取了很多措施防止青少年游戏沉迷。为规范网络游戏服务，引导网络游戏企业切实把社会效益放在首位，有效遏制未成年人沉迷网络游戏、过度消费等行为，2019 年 10 月国家新闻出版署印发《关于防止未成年人沉迷网络游戏的通知》，要求实行网络游戏用户账号实名注册制度，严格控制未成年人使用网络游戏时段、时长，规范向未成年人提供付费服务，加强行业监管，探索实施适龄提示制度，积极引导家长、学校等社会各界力量履行未成年人监护守护责任，帮助未成年人树立正确的网络游戏消费观念和行为习惯。为防止青少年沉迷于短视频，2018 年以来，有关部门出台并落实《网络短视频平台管理规范》《网络音视频信息服务管理规定》等一系列规章制度，加强对短视频平台的监管，促使其依法履行相关责任。各相关平台与企业也不断推出防沉迷系统、家长监督系统等方式履行社会责任。国家网信办于 2019 年 6 月在全国主要网络短视频平台上全面推广青少年防沉迷系统。基于此，5G 普及之后的产品创新可能会有两个基本趋势，一是大众产品“防沉迷设计”“青少版设计”将会成为所有产品社会责任感体现的基本配置；二是专门设计的符合青少年健康使用方式的游戏、视频等产品将成为创新的方向之一。

4.“技术至上主义”的诱惑

新冠肺炎疫情期间，全国多省市推行“停课不停教、停课不停学”的政策，在线教育在各地中小学及各类培训教育机构中迅速铺开。未来，在线教育在 5G 的加持下可以更多元地发展。但是也有教育专家对此表达了忧虑：“以机器为中心”代替“以教师为中心”的教学模式既背叛了教育规律，又是教育焦虑与“唯科学主义”态度重合的产物，并在嗅到巨大利益的资本推动下广为盛行。教育改革虽然迫切需要技术支持，但切勿使技术凌驾于主体之上，使超度人类灵魂的教育活动遭到贬黜。智能技术之于学习的未来更应妥善处理教育技术的基本矛盾及主要矛盾，摆脱“目的—手段”之链的死循环，将自身定位于作为手段的“引带技术”，而非作为目的的“促逼技术”。如此，智能技术方能显现出教育的意义和价值[①]。

对前沿技术的运用，需要以尊重业务基本逻辑为前提。例如，在教育领域的技术赋能应以教学基本逻辑为引领，而不应反过来干扰或背离教育规律；在娱乐领域过度技术至上将会忽视价值观的传播与信息本身的传递。鉴于 5G 可能带来的广泛、深远的影响，技术追求、业务创新既要尊重行业需求和发展逻辑，更要从一开始就尊重社会“人文与伦理逻辑”。

5.“娱乐至死”现象的加剧

虽然 5G 时代的业务发展将更加体现功能化和价值化，但由于更加强大的表现力和沉浸体验，社会对于“娱乐至死”“泛娱乐化”的担忧也会凸显。

RMU（recreational media use），即娱乐性媒介使用，是指娱乐性、消遣性的媒介使用方式。与信息性媒介使用方式不同，娱乐性媒介使用在媒介的价值取向上以娱乐、消遣为目标，同时也更容易沉迷于这样的媒介诉求。通过对美国 8～18 岁儿童和青少年的全国代表性样本分析，研究青少年娱乐性媒介使用

① 李芒，石君齐. 靠不住的诺言：技术之于学习的神话[J]. 开放教育研究，2020，26（01）：14-20.

成因发现，高质量的亲子关系与低 RMU 相关，但这种关联仅对 11～13 岁的儿童显著[①]。这个调查结果打破了此前人们认为孤独感、亲子互动缺少是导致青少年沉迷媒体娱乐原因的假设，这说明总体上娱乐性媒介的使用程度受家庭影响并不显著。相反，总体来说青少年娱乐性媒介使用程度更多受到代际整体趋势的影响，年轻一代普遍具有较为明显的 RMU 倾向。2019 年北京师范大学新闻传播学院一项全面的调查统计显示，在对媒介价值的认知中，全民性的认知仍然是推崇“信息价值”；但是，“90 后”与“00 后”群体虽然也认同媒介最高的价值是“信息价值”，但这两个群体使用频率最高的却是娱乐型产品，这反映出年轻人媒介使用在认知和行为上的不一致，也反映出技术进步加持下娱乐产品越来越强大的吸引力。

认识到这些问题，2019 年各大视频平台纷纷发力“泛知识类”内容，扶持知识教育类创作者，向用户输出更多经验性与实用性的内容，这些是对泛娱乐化使用的一种有社会责任意识的结构性纠正。5G 时代，各平台需要在深入研究和理解年轻人新的媒介使用方式和价值期待的基础上，科学合理地引导使用行为。

7.3.2 新的管理观念

1. 传播角色的转移

过去，我们认为专业媒体与专业传播工作者的价值表现及社会功能在于，通过直接的内容生产来影响社会与舆论。但随着互联网的发展，UGC（用户生产内容）和 OGC（职业生产内容）大量涌现。尤其是 5G 时代，“全时在线”与“万物互联”产生了大量数据，其通过智能化算法处理形成了大量传感器资讯，也就是 MGC（机器生产内容）。MGC 越来越成为传播生产的内容的主体。而专业媒体与专业传播工作者所生产的内容，虽然有其价值与重要性，但所占的社会传播份额将会越来越被稀释。今天 PGC（专业生产内容）可能占到社会传播总量的 5%，明年可能就只有 5‰，甚至更少。

当专业媒体与专业传播工作者直接生产的内容所占的社会传播份额无限缩小时，其影响社会、舆论的主要诉求点就不再是直接的内容生产了。那么其要抓住的关键是什么呢？答案是基于数据及其智能化的算法。因为数据是未来传播、未来社会组织与运作过程中最重要的动力资源。数据无处不在。数据对内容生产、传播、效果达成、渠道驱动都扮演着极其重要的作用。

① Jakeschoffman,D. E.et al. Wired: parent–child relationship quality and recreational media use in a diverse sample of US children and adolescents[J]. Journal of Children & Media, 2017, 11(3): 1-11.

掌握数据并能运用智能化算法来形成对社会传播资源的有效调控与作用力，是未来专业传播者特别重要的任务。如果不能拥有这样的专业能力与技术，那么未来传播的主动权和影响力恐怕就不在专业媒体与专业传播工作者手中。

2. 民主协商模式

复杂的网络舆情需要用复杂的理论范式来面对，自组织理论应该成为我们思考、解决问题的基础框架。自组织理论反对对复杂事物用原子论的方法机械、简单地对待，而提倡应该放在开放性的架构之下，通过耗散结构，发挥每个个体的自主性及基模的关键性引导，形成合目的的涌现现象。就互联网时代社会舆情的形成与引导而言，这种自组织理论范式的应用范例之一，是斯坦福大学传播学院费斯金教授所创立与倡导的民主协商模式。他认为，民意靠即时、表面、直觉式的反馈，未必能够深刻、恰当地表达自己的利益所在，它需要在一个开放的条件之下，通过交流和不同意见的碰撞，以及适度的理性干预，在个体自主性的基础上形成更加理性的表达。这为社会共识的达成提供了极为有利的条件，便于人们找到社会最大公约数。

民主协商模式确立了“几步走”模式。第一步，让所有相关者充分了解情况。第二步，将相关者分成不同的小组，表达自己的意见，听取别人的意见。分组的原则是充分保障小组成员之间意见的不同属性，并让他们充分表达自己的意见，感受别人的意见对他们的意见的抨击。第三步，面对人们的疑虑与不清楚的情况，引入专家进行情况的说明与各种结果的利弊分析。第四步，在此基础上，征集大家的意见并形成决策。专家意见在其中但并不强加于人，而是针对人们的疑问，提供必要的专业咨询与技术性分析，决定权交给每个人，绝不越俎代庖，这就是自组织结构中基模的作用。它在相当大的程度上起到了压舱石的作用，以小博多，促进自组织系统的涌现现象的发生，这就是未来主流媒介与主流媒介人应该扮演的角色。

那么，未来舆情治理的重点不在于进一步加大管控力度，缩小人们表达的言论尺度与空间，反而应该适度放松这种管控力度，让人们多元的声音有一种表达的自由度。在这种自由度下，实现自组织式的协同整合。

研究表明，随着管控力度的加大，人们会进一步退化到自己的圈层中，而这种彼此隔绝、互不交流的小圈子，只会助长社会偏见、不宽容的产生，加大社会冲突的风险。只有适度扩大话语表达的多样性空间，才能让不同人、不同意见能够发生实质的显露与碰撞。

一方面，人们可以通过彼此的交流，意识到世界的大不同，从而增强人们的接纳度，至少增强宽容不同意见存在的心态与态度。

另一方面，这也有助于基模力量的有效发挥，找到问题的症结所在，以关键性的推动力形成社会舆论的涌现现象发生，以尽量减少耳提面命、简单粗暴式的刚性管制。

3. 抓大放小的舆情治理的新思路

有效的治理是将精力资源用于自己应该管而且管得好的事项，而不是事无巨细，眉毛胡子一把抓。事必躬亲式的细节管理，并不适合作为具有复杂系统的互联网舆情管理的策略。

历史学者曾总结中国封建制度曾经兴盛的原因。其中之一是汉代的统治者总结了秦朝的刚性管理后得到了教训，制定了“皇权不下县，县下皆自治”的管理思路与管理方式。这是值得借鉴的。所谓“皇权不下县”，就是只抓大事，县级及以下的事务交给人们用自己的乡规、民约、自组织来处理。这一方面减轻了中央对于大量相关的事务管理的压力，另一方面也抓大放小，形成了有效的管制。这值得作为面对复杂舆论环境的管制模式的一种借鉴。

我们这里所说的其实都是技术判断，并没有涉及价值判断。但技术判断至少可以告诉我们，在争取人心、达成社会共识方面需要解决的问题以及相应的应对逻辑。如果连这个问题都认识不到、搞不清楚，那么就很难实现既有个人心情舒畅、畅所欲言，又有统一意志与社会共识的舆论格局、人心格局。

7.3.3 新的管理方式

从历史角度看，每一次信息通信技术的重大进步，都会带来媒介形态和传播方式、主体、内容的变革。这其中有的可以预见，而还有很多会在实践发展中以出人意料的方式诞生。同时，技术、行业的发展进步，传播的变革，都需要建立与之相适应的管理理念和方式，使治理方式随着技术提升、产业发展、社会进步而进步，避免用赶马车的方式驾驭汽车，使管理成为促进社会进步的手段，而非阻碍发展的陈规或偏见。

1. “微版权”的必要性与边缘创新

版权是平台媒体用户运营和内容价值挖掘的基础，同时也有可能是产品发展的最潜在危机之一。因此，在新一轮技术增长和市场扩张之前制定行之有效、广泛通行的保护机制势在必行。

与普通版权相比，“微版权”是版权概念的从属；相对于通常意义下的版权来说，微版权是细化的、微妙的，它是数字化知识时代催生的、依托于互联网存在的、由一个或多个知识元组成的网络信息产品的版权，其相关利益者更是牵涉到每一个基本用户。微版权的合理利用既使原始版权方获得合法的版权收益，也降低了短视频创作者的成本和短视频平台的风险，促进短视频可持续发展。但与此同时，基于非版权保护内容的多元化创作方式，同样是发挥网友创造力、激发平台活力的重要前提之一。如何在两者之间保持平衡，是新的技术时代赋予产业的机会，同时也是考验。能够综合处理好两者的平台将在利益保护和保持创新之间取得双赢。国内外的案例证明，依靠立法途径建立的微版权保护法则遭到了抵制，在以开放和免费为基础的互联网生态中，通过建立一套由平台主导和用户自治的体系来扩展授权交易方式，达到微作品保护的目的，似乎更加行之有效。

如何通过有效的微版权运营模式管理好海量的互联网版权资源，同时激发大众的创新创造活力，实现版权资源的盈利？需要平台型媒体企业做到以下两点：第一，成立集中运营中心，对版权资源实行统一管理，实现实时甄别版权资源的利用与侵权预警；第二，建立微版权法律权益维护的基本流程，在版权遭遇侵害时启动维护机制，不断为版权资源的合理利用和价值创造提供机制保护。

2. 区块链实现社会化创作的权益保护和分配

互联网可分享与免费的特点，带来了关于社会化创作的版权之争。互联网发展初期，版权保护一度被忽视，当版权保护日益引起人们重视的时候，人们却发现并没有十分可靠的办法加以实现，特别是在分享环节更是无能为力。既有的平台型媒体在版权资源的运营和保护方面，存在很大的侵权风险。区块链技术有助于解决这一问题，可以实现对版权的实时、高效、低成本权益保护，防止侵权行为的发生。受限于此前的网络条件，区块链技术在计算能力和运算速度上都还难以规模化、普及化应用。5G 网络超高速传输、低时延、大连接的特点，支持区块链系统更大规模部署、高效交互，分布式节点的增加促进区块链系统的计算能力几何级提升。

目前，我国主要采用 DRM（数字版权管理）作为数字版权的保护手段，该手段虽提供了较为完整的数字版权架构，但无法对传播中的数字作品实现高效保护。应用区块链技术能较好地构建低成本、高交易效率及强保护的数字作品交易平台。传统数字版权系统的中心化管理导致的版权数据易泄露、易被篡改等弊端成为音视频版权保护的难题。在出现侵权和版权纠纷时如何利用技术手段确权成为问题的关键。基于改进实用拜占庭容错算法（PBFT）的联盟式音视频版权区块链系统（VC Chain）有助于解决相关问题①。

随着 5G 时代短视频、长视频、游戏、动漫等高清、VR/AR 作品社会化创作的发展，以及更多个体影视制作人、独立游戏人、动漫创作者的出现，当各类作品产生了观看付费、广告、版权收入等收益时，需要实现对众多创作者的贡献识别、大小判别和权益分配。区块链的去中介化、开放性、自治性、不可篡改、全程留痕等特点，借助智能合约等技术手段，有助于帮助创作者拿到更多应属于自己的酬劳和知识产权收益，甚至普通用户也可以通过评论、回复、点赞等行为获得一定收益，这有助于形成更合理的关于数据、内容、知识等数字资产的定价机制，有效解决权益分配问题。区块链技术的集成应用在新的技术革新和产业变革中起着重要作用。需要进一步提升区块链技术的性能，与各类互联网平台有效结合。随着区块链技术的不断进步和成熟，其将进一步发挥提升社会和商业各环节信任度的最本质作用，可以高速、高效、低成本地实现版权识别、收益分享、监管核查等目标，促进 5G 时代数字内容产业的创新发展和繁荣壮大。

3. 非“预审”条件下新的智能化监管

监管制度是视频平台媒介应对非理性传播生态的重要手段之一，5G 时代影视、游戏、动漫等的“平台+个体”社会化创作和智能化创作，以及不同观众、用户的智能化互动体验，使得政府部门无法再按照传统模式由专家评委对作品进行预看、预玩、预审。这就需要顺应技术和产业的发展，在新技术条件和新产业环境下创新监管思路和方式。5G 时代，政府部门和互联网企业需要发挥各自的优势，形成既分工又协同的治理格局，达到有效、高效、精准、智能的管理效果。对政府部门，需要回归政策引导和业务大方向指引的宏观管理理念，并结合事后发现惩处的监管方式，从烦琐的事前预审的微观工作中解放出来。对互联网平台，需发挥主体作用，通过 AI 安全审核技术、云视频等方式，对短视频、影视片段等内容实时监测和规制。同时，平台要在内容创作机制、流程上加强对创作者的引导和规范。

目前，基于深度学习内容识别技术广泛应用于语音、图像、视频等识别的各种模型的变形体或结合体模型，可应用于智能编目、广告检测、智能检索、智能审核等领域。可以利用深度学习技术对视频中的语音、文字、图像进行多维检测，及时发现涉黄、涉暴、政治敏感、广告、违禁品等风险内容，不断积累自定义视频黑库，基于视频指纹技术实现视频对比。音频内容

① 陈子豪，李强，甘俊，张超，黎祖睿．VC Chain：联盟式音视频版权区块链系统[J]．计算机工程与科学，2019，41（11）：1939-1948.

的机器审核方案中，音频识别转文本匹配关键词是目前通用的基础方案。先识别音频中的语言语种，语音识别转化为文本信息后索引出关键词，在这一过程中就可以植入现有文本识别中的上下语义分析，机器识别出与模型相似度最高的垃圾内容进行剔除。视频内容实则由音频内容、视频画面内容两个对象组成，对于视频画面内容的机器审核，业界目前常采用截取画面帧上传识别，最终复用的是图片识别通道对场景、人物、物品进行判断是否违规。5G 时代的互联网业务发展和更丰富的数据要素环境，将给智能监管技术创新带来新的动力，需要进一步提升自然语言理解能力、推理能力和正确的常识知识，为智能化监管提供基础保障。

4. 适应 5G 时代的全民媒介素养教育

媒介素养教育是信息时代教育系统中的必备要素。2020 年 3 月，国家互联网信息办公室颁布的《网络信息内容生态治理规定》开始正式实施，这表明有关部门已经把网络信息生态治理作为社会治理的一项重要工作。良好的信息生态取决于信息发布者、传播者和消费者高水平的媒介素养的共同作用。

面向成人的媒介素养教育是基础教育中信息缺失的补充。5G 时代，媒介素养教育必须纳入基础教育系统，将信息环境中成长起来的儿童作为媒介素养教育的对象，站在认知心理学的角度不断调整素养教育的内容和方式，培养未来受众的媒介基本素养。

一直以来，作为一个几乎没有任何历史和文化意义的新型人群，儿童只被当作互联网的“用户”，与家庭成员、在校学生、年轻公民和新型消费者这些身份分离开来①。然而在 5G 空前泛在化的信息环境之中成长起来的新一代儿童，信息化生活已经不可或缺，媒介化阅读与思考也难以避免。面向全民的素养教育必须从信息基本素养、信息安全意识，以及人机伦理教育等方面展开。

如果说 5G 之前的媒介素养教育，其核心仍然是作为媒介消费者的信息辨别、作为内容生产者的基本信息素养，那么 5G 时代以及 5G 支持下的智能系统时代，将把全民媒介素养教育的议题从媒介、信息的话语框架延展到人机关系层面。将人工情感作为社交机器人的典型特征之一已经成为学界共识，由于人工情感的不真实性和人类情感的真实性之间的失衡性关系，引发了一系列伦理风险问题，其中主要体现于社交机器人对人类同理心的“操控性”和其“欺骗性”②。因此，科学地区分人与机器为源头的信息、前瞻性地理解人与机器

① 索尼亚·利文斯通．儿童与互联网[M]．郭巧丽，译．北京：电子工业出版社，2013.

② 王亮．社交机器人“单向度情感”伦理风险问题刍议[J]．自然辩证法研究，2020，36（01）：56-61.

的伦理区别，理解人机关系中的伦理边界，将是新一轮媒介素养教育的题中应有之意。

7.4 科技伦理与人机关系重构

回顾新闻传播学科的成长史，从印刷技术到广播电视技术，再到互联网社交媒体的发展，媒介技术无疑成为整个学科成长的关键因素。媒介技术正在为我们打开生活中种种无法设想的界限，超越传统界面的薄膜，跨越当下与未来、现实与虚拟。在技术的驱动下，现实世界和赛博空间虚实互动，并形成平行演化的“第三空间”。未来传播的发展趋势，则将从二元系统走向“人—机—物”三元融合的复杂系统。

7.4.1 连接行为与决策行为

在 5G 时代，所有的“人”和“物”都将共在于一个技术所建构的有机数字生态系统之中，内容与信息将通过最优化的方式进行传播，原有的互联互通界线将被重新整合。在人与物的关系中，最为直接的“物”即机器，也就是人机传播中的媒体技术。5G 的万物互联，进一步将人与人、人与机器、人与世界的互联上升到生理级、心理级的互联互通，其疆界的进一步拓展、要素的进一步丰富、结构的进一步生态化，将促成人机传播关系的革命性重构。具体来说，5G 时代的人机传播关系重构，可以体现在关系和决策两个层面。

一是连接行为，即人对于传播技术的依赖性。韦伯说过，人是建立在自我编织的意义和关系之网中的动物。“此在的本质也即是共在”，在人与人、人与物之间的关系中，人的意义也被建立。而随着技术的发展，假使物的庞大超越了关系的意义，人与物之间由技术系统来定义的关系超越了人与人之间的关系，那么传播者就将更加依赖于技术而非其他人，无论是身体层面的传播还是情感层面的传播，都无时无刻不受到技术的影响。“这样一来，人对于人失去了意义，人对于人将成为冗余物，人不再是人的生活意义的分享者”，而成为一种“技术化生存”的存在物，高度依赖技术所赋予的某些功能，如海量存储、虚拟现实、人工智能等。

二是决策行为，即技术对于人的渗透。在 5G 时代，随着信息获取与筛选的速度跨越式发展，人们的决策时间和辅助流程大大缩短，但正如卡普兰所言，算法的渗透使得人在决策中的自主性也面临着威胁，“决策权部分或完全实现了由人向机器的转移”。作为人类信息传播活动的重要工具，媒介的形态进化是一个技术与社会相互作用的过程。从技术因素来看，作为媒介形态变迁的重要驱动力量，技术的每一次迭代更新，都带来传播质量和效率的提升、媒介对前技术环境的复制能力的增强，以及虚拟环境与现实边界的模糊。从社会因素来看，技术的合目的性与合手段性的叠加，又会在传播技术得到成功推广运用后，引发社会制度、社会功能以及传播场景的革新，从而导致社会结构、交往方式、传播方式、认知模式等多方面的改变。

7.4.2 同构、协同与共生

5G 时代，人与机器关系的深刻变革也带来了人机传播与主客体关系的重构，并产生了一些新的传播特点，需要我们在技术、内容、关系、主体等层面对其进行详细探讨。

1. “互补性”与“同构性”

5G 时代的人机传播，在技术层面既要考虑人机互补性，也要考虑人机同构性。在思考人机关系的历程中，“工具性”很长时间以来是学者们理解技术的一种思路。传播学中麦克卢汉的经典论断“媒介是人的延伸”，就是人机传播工具论的典型注脚，即技术的速度和广度可以达到传播的互联互通、无远弗届；同样，斯蒂格勒也提出“代具性”的观点，即使用技术工具来弥补人的某些能力的缺陷和匮乏。然而，这种判断仅仅考虑到人机传播关系的一个侧面，即人机“互补性”，实质上是将传播主体和传播技术分开，把两者当作彼此异质的实体，而忽视了另一个重要的侧面，即人机“同构性”，也就是人机传播关系中两者相互依存、相互嵌入、协同共进。

“媒介是人体延伸”的基本含义，是指人与外部的物理性连接。技术所造成的圈层叠加、高度智能化、全时空、立体交互的特征，造就了人机传播的同构性、一体化、智能化。正如特纳所说，人通过作用于外部世界的力量改变了外部世界，但同时也改变了自己。不断革新的技术逐渐形塑了一个新的外在环境，一个被麦克卢汉称为技术环境或者服务环境（service environment）的新世界，这个世界反过来也影响着人们的身心和整个社会共同体所存在的外部社会环境。在 5G 时代万物互联传感器存在的情况下，生理性连接、心理性连接，甚至人的情绪连接都可以进行数字显示，整个社会就会呈现全新的样貌。在信息哲学的视角下，互补与同构，是一种本质的概念，因为人和媒介技术都是社会中的确在实体，而“存在即可交互”。未来传播中，人机同构性将重塑人与人之间、人与物之间的传播格局，形成“万物皆媒”的复杂耦合的传播新形态。5G 时代，在媒介技术层面，同构性研究将会成为人机传播研究更加侧重的方面。

2. “静态性”与“动态性”

5G 时代的人机传播，在内容层面，既要考虑传播内容的“静态性”改变，也要考虑传播内容的“动态性”改变。传播内容是信息形态与信息载体二者的有机组合，其动态性改变也体现在两个方面。其一，人机传播信息形态的动态性变化。5G 是一项革命性技术，它对传播主体是巨大的革命性释放，同时改变传播的游戏规则和构造方式，不仅使社会主要交流手段从书写文字转为视频语言，也使参与传播的内容实体发生重要改变。其二，人机传播信息载体的动态性变化。海姆认为，以往香农和维纳的信息观都是静态的，而新型人机关系中的交互界面，则是一种动态的过程。5G 造就了人的身体的技术化在场。而在这一接触点上，人与人之间被连接起来，而人的意向性也被传递到机器上，形成一种人机共生、共同演进的关系。

5G 时代，社会主要交流手段将从书写文字转为视频语言，短视频与中长视频将成为 5G 时代人机传播内容最主要的表达方式。媒介及信息，就社会层面而言，以承载长短视频为代表的视频媒介扭转了视觉空间的感觉分裂，使得人类重新部落化。当视频这种表达方式成为关键性社会表达的语言形态时，其构成要素已经远远超出事实、逻辑和理性层面。越来越多场景性因素、关联性因素以及非逻辑、非理性成分，会参与未来的社会性、关键性、主流性传播。面对如此繁杂的一种话语方式和表达逻辑的改变，无论是主流价值观的传播，还是在社会沟通中形成共识，都有很多问题要解决，这可能是未来传播领域尤其是人机传播、危机传播中一个相当大的动态性风险所在。

3. 主客体关系与“主体间性”

5G 时代的人机传播，在关系层面，既要考虑主客体关系，也要考虑主体间性。主体间性是指存在于主体感觉间的、与不同主体经验相符合的信息传播手段，它与“感性的人的活动”所建构的交往世界和交互主体性密切相关。传播的主客体关系是人机传播研究的重要议题，然而超越二维关系，传播主体和媒介技术主体为“共同主体”，应相互协调、共同行动，这也是人机传播共同体构建的关键维度。同时，从社会历史的角度来看，传播主体之间在技术形塑之下产生的社会性、传播价值观的变迁，传播中的非理性因素，传播技术对于社会结构和功能变迁的影响等问题，同样不容忽视。

在 5G 的革命性改变之下，传播学的边界得到了极大的拓展，“万物互联”既包括物理性与生理性的连接，也包括心理性的连接。5G 时代的海量传输，既有信息与事实的传输，也包含情绪的传递。学者们认为，个体决策是认知和情感共同作用的结果，认知系统服务于调节系统，而情绪是两者之间的桥梁，这也符合“后真相”时代的特征。后真相时代，研究者需要讨论受众情感、体验和情绪等对于传播过程带来的影响，以及传授主体两者间基于不同立场对信息展开的个性化解读。语言内容和风格是传授主体之间重要的渠道信息，在非语言内容传播过程中，有助于辨别传播者的身份特征、如何表达情感以及他们的话语意味着什么。此外，特定的人类体验，包括情绪、好恶与经验等非理性和社会性因素，也是5G时代人机传播的主客体关系需要考察的范畴。

4. 人机命运共同体和价值共同体

媒介是信息传播的载体、工具和渠道，其功能与价值已经远远超越了物质和技术层面的意义。“媒介作为大多数现代公众了解过去、现在和未来的主要信息来源，在很大程度上构建了人类对于现实社会的认知和定义，也告知了人类社会生活的标准和规范”。由于不同媒介的介质属性不同，对人们感官的介入程度不同，人们基于不同媒介所产生的对事物的认知和体验也有所不同。在这一过程中，媒介时时刻刻形塑着人们的认知偏好、信息处理方式和思考方式，以一种技术无意识的形式影响着传播内容，塑造着时代文化，改变着受众的行为模式和认知模式。

美国未来学家托夫勒（Toffler）在其所著的《第三次浪潮》中预言了即将来临的信息技术社会。迄今为止，不仅托夫勒的预言已大多数成为现实，如传播媒介的消费群体化等，而且出现了一系列超出其预言的新生事物，如3D打印、物联网、云计算、大数据、智能机器人、智能交通、智能医疗、智能教育、智慧城市等。前不久，斯坦福大学社交媒体实验室主任杰弗里·汉考克（Jeffrey Hancock）在“2020新媒体国际论坛”上也提出了传播学研究将从“以计算机技术为中介的传播”（Computer-mediated communication，CMC）转向为“以人工智能为中介的传播”（AI-MC）的论断。我们必须意识到技术逻辑对于未来传播构建的基础性作用，特别是5G的到来，这些新生事物已超越了“第三次浪潮”时代，开始进入另一个更为先进的人机传播第四范式时代。

因此，“共生”（symbiosis），即有两个或两个以上的有机体共存的状态，也是5G时代人机关系的一种最恰当的隐喻。人类创造了越来越亲密的人机界面，技术渗透到人的社会生活、关系与场景之中，我们更多地依赖技术进行辅助思考与决策行为，通过机器界面实现人与人之间的随时连接与永恒在线。强调人机互补与协同，重构传播学领域人与机器的共生关系，是承认增强人类（human enhance）现实的重要进步所在。

然而，如塞尔所言："技术本身不能够构成心灵，技术的形式也无法确保正确的心智内容的出现。"未来传播中人机关系的模式亟须重构，传播者必须为自己的行动赋予其意义。"共同体"通过改善有机体某些子系统功能的作用，或者创建一个全新的功能或子系统，在彼此的共生关系中，"人类需要设定目标，为技术发展和科学思维中的洞察与决策做好准备"。正如有学者所说，人与机器之间的关系，应该更像是指挥家和乐队的关系，彼此相互协调、交互配合。5G 时代，需要从传统的以人为绝对主体的关系转向人机互在（inter-being）、人机共生的新型关系，重构人机传播思维，向人机传播的"命运共同体和价值共同体"进行转变。

本章练习

名词解释

1. 信息茧房
2. 后真相
3. 算法价值观

思考与练习

1. 如何理解媒体社会价值的变迁？
2. 请简述后真相的成因和治理方法。
3. “信息茧房”与算法之间的关系是什么？
4. 简述为算法赋予价值观的基本路径。

阶梯阅读书目推荐

1. 让·诺埃尔. 谣言：世界最古老的传媒[M]. 郑若麟，译. 上海：上海人民出版社，2018.

2. 乌尔里希·贝克. 风险社会[M]. 何博闻，译. 北京：译林出版社，2004.

3. 南希·K. 拜厄姆. 交往在云端[M]. 董晨宇，唐悦哲，译. 北京：中国人民大学出版社，2020.

4. 尼尔·弗格森. 广场与高塔[M]. 周逵，颜冰璇，译. 北京：中信出版社，2020.

第 8 章　网络新媒体前沿研究

“我们考察用的参考轴必须旋转，但那是围绕我们真实需求不动点的旋转。”

——维特根斯坦（Ludwig Josef Johann Wittgenstein）

本章学习目标

- 对学术研究前沿有基本了解和动态把握。
- 理解以下重要概念：媒介化、虚拟偶像、非理性。
- 理解非理性传播现象与非理性传播因素在当下传播状态下的新阐释。
- 全方位审视内容范式的新维度。

导读

本章是整本书最为动态与可延展的部分，在了解前几章知识的基础上，本章针对网络新媒体研究的前沿课题做出几个方向上的梳理，提供理解框架并展望研究趋势。此部分内容随着版本的“迭代”而不断更新，为读者提供最新的前沿科研方向。本版归纳的基于 2020 年网络新媒体的前沿课题体现为以下几个方向：

第一，媒介化实践。基于特定的媒介特性与媒介实践，媒介技术能够对文化和社会产生广泛的媒介化影响。本文从理论与经验两个层面，考察直播媒介化影响下的媒介实践改变与关键要素，并探讨直播在社会互动中赋予了传播、商业与社会何种新的秩序与规则。经由交流空间的延伸与个体行动维度的扩展，直播模糊了日常生活与媒介生活的界限，建构新的惯习与规范。借助同步、互动、全通道的媒介特性，人际传播中的非理性因素通过符号化互动在直播中得到复现与强化，直播电商以富有临场感与便利性的消费场景促进价值变现。而在直播的媒介化影响下，传播空间距离与表达门槛的消弭使个体的行动空间得到扩展，这进一步增加了网络化社会的整体流动性。

第二，内容范式的新维度。新一代革命性信息技术正建构着“新一代内容”。内容范式在作为资讯传达的深度价值之外，还具有作为情感表达的宽度价值以及媒介功能的中介价值。在深度价值维度上，虽然资讯信息的价值属性未改变，但专业媒介面临工作重心从直接内容生产向数据挖掘与生产组织协调的转型。泛众化传播到来的同时传播的情感属性被放大，视频表达的宽信息容量彰显了内容作为引发情感共鸣的宽度价值。面对碎片化传播语境与流动的受众，内容自身的中介价值显现，聚合趣缘受众、建构场景连接、丰富线上生活。

第三，人工智能与虚拟偶像。正在成为人工智能时代文娱产业的新热点。技术驱动下，虚拟偶像从最初的虚拟歌手拓展至虚拟主播以及人工智能虚拟偶像，样态日益多元。在后现代消费主义“粉丝”文化狂潮下，偶像“粉丝”生态呈现拟象化趋势，为虚拟偶像的兴起提供了文化土壤。相对于真人偶像，在技术想象力下，虚拟偶像更真诚、全能、专属、亲密。然而虚拟偶像的价值实现需要技术支撑，未来的虚拟偶像应当借助虚拟现实和人工智能，成为能够实现沉浸式交互的智能化、人格化偶像。在讨论虚拟偶像的技术发展范式时需反思技术的合理性。

第四，非理性传播。“理性人”假设贯穿于对集群的大众心理学研究，并延伸到网络舆论的研究中。在这种视角下，传播活动的非理性面向往往被视作一种失范与偏航，具体表现为舆论极化、网络暴力等“乌合之众”的肇事元凶。然而，也有学者提出，非理性因素不等同于非理性现象，关于非理性因素的研究应摆脱社会问题的框架。这一方向结合媒介技术与传播系统的变革，从环境、机制和结果三个层面，探讨非理性作为基础传播要素的必要性和合理性。这一命题将有助于我们理解并回应为什么摆事实、讲道理常常收效甚微，而诉诸情感的传播却能够一呼百应，应者如云；为什么短视频、直播等视频媒介的社会影响力越来越大，未来传播的发力点主要在哪里等重大问题，并为后续的传播研究开辟一个重要的研究方向。

8.1 媒介化实践

欧洲传播与文化研究学界正经历一轮“媒介化转向”（turn of mediatization）[①]。众多学者诸如施蒂格·夏瓦（Stig Hjarvard）、克努特·隆比（Knut Lundby）、弗里德里希·克罗茨（Friedrich Krotz）、尼克·库尔德利（Nick Couldry）、安德烈亚斯·赫普（Andreas Hepp）、克劳斯·布鲁恩·延森

① Friesen, N, Hug, T. The Mediatic Turn: Exploring Concepts for Media Pedagogy[M]// Mediatization: Concepts, Changes, Consequences. New York: Peter Lang,2009: 63 - 84.

（Klaus Bruhn Jensen）等，已经组建成了颇具规模的“媒介化研究团队”，试图重新锚定媒介与当代社会政治、文化、经济生活之间的关系。他们的研究主题既有宏观方面的媒介化理论的构建，也有中观层面的社会机制的媒介化研究（如政治媒介化研究、宗教媒介化研究、游戏媒介化研究等），还有微观的针对交往、互动媒介化的考察[①]。

8.1.1 媒介化研究的范式

“媒介化”（Mediatization）意味着媒介与其他社会领域之间关系的结构性转型，也意味着不同社会角色之间社会交往和关系的变动模式，包括个人与组织、个人与媒介、社会与媒介关系的变革。它强调当下媒介与其他社会范畴相互建构的过程。媒介化包含着这样一种逻辑：作用于人类社会形态的媒介形式其意义远胜于其内容，媒介塑造的文化形态越来越社会现实化，甚至直接出现了媒介所造就的行动场域和社会场域。这为传播学提供了一种独特的社会阐释视角[②]。

传统意义上，媒介或被视为影响文化和社会的事物，或被看作个人和组织可以加以利用，成为实现不同用途和目的的手段。这一点从媒介与传播研究的两大不同传统便可以窥见一二。“效果范式”（effect-paradigm）试图将研究重点放在媒介对人做什么（what do media do to people），即特定的媒介传递的讯息对社会中的人和群体产生的影响。文化研究取向的受众研究探讨“人们使用媒介做了什么”（what people do with media），这一研究范式认为，媒介受众即便称不上强大，但也是是主动且有着决定权的。“媒介化”理论不同于上述两种传统。媒介渗透至当今文化和社会的方方面面以至于媒介也许不应再被视为与文化和社会机制相互分离的存在。在这种情况下，我们的研究任务是探究无处不在的媒介影响下，社会机制和文化进程的特性、功能和结构发生了哪些变化[③]。

“媒介化社会”可以被划分为两种路径：其一可以被称为“制度化”的研究传统，即将媒介的形式视为一种“独立的制度化力量”，强调媒介作为社会现实框架的 组成要件。制度视角致力于阐释特定情形下社会结构如何扮演社会交往的资源，以及社会结构如何通过能动性得以再生产和变化。另

① 戴宇辰. 媒介化研究：一种新的传播研究范式[J]. 安徽大学学报（哲学社会科学版），2018，42（02）：147-156.

② 胡翼青，杨馨. 媒介化社会理论的缘起：传播学视野中的“第二个芝加哥学派”[J]. 新闻大学，2017（06）：96-103+154.

③ 施蒂格·夏瓦. 文化与社会的媒介化[M]. 刘君，等，译. 上海：复旦大学出版社，2018.

一种路径是符号互动论的传统。它强调的是主体与传播工具的过程性互动，即媒介提供了新的传播手段，而这又为改变人类生活方式提供了新的可能性，它的基本逻辑是社会建构的传统，即人类可以使用媒介来改变社会的建构方式。媒介是人类社会的“物化”的技术装置，它包含着行动者的习惯性交互反应。[①]而建构化路径下的媒介研究认为，媒介塑造的社会情境潜在地包含了诸种“行动的可能性”（action possibilities）。它们往往在客观上可以感知，与行动者识别的个人能力相关。因此，它们总是与特定的社会行动者（agents）挂钩，依赖于其认知效力。而在“社会建构传统”中，更加充分的参与式观察，对媒介使用者日常生活的民族志考察，媒介使用意义的诠释和解读等研究方法可以更加详实地了解技术的私人使用与日常生活的媒介化之间的关系。[②]

媒介化的研究同时也存在着定义不一的问题。我们可以将“媒介化”看作赫伯特·布鲁默（Herbert Blumer）所定义的“敏感性概念（sensitizing concept）”[③]，“敏感性概念”可以粗略定义为用以引导理论和实证研究的探索性工具，而“决定性概念（definitive concept）”则是被严格界定，并且可以依据一系列特定的特征得以操作化，进而作为实证研究的技术手段。与社会学中的其他广义概念（如制度、社会结构和个体化等）类似，媒介化并不“通过对属性或基本特征的明确定义而精确地指向一类事物所共享的属性”，所以它并非一个“决定性概念”[④]。然而目前几乎所有关于媒介化的定义都无法厘清这些问题：在媒介技术弥散的社会之中，媒介技术是如何制度化地嵌入社会关系建构及个体日常生活互动的，社会关系和社会结构又是如何作用于媒介的形式与内容的……这些似乎都是有待说明的问题[⑤]。

在刚刚过去的 10 年间，我们逐渐认识到“真实世界”并不是离线发生的世界[⑥]。虚拟世界所表达的思想和内容均是从现实世界中获得的，而不是凭空出现的，有了现实世界的庞大的信息量，才能使得虚拟世界变得丰富多彩，同时虚拟世界中的各种思想与关系也均是对现实世界的一种模仿。

---

① 施蒂格·夏瓦，刘君，范伊馨．媒介化：社会变迁中媒介的角色[J]．山西大学学报（哲学社会科学版），2015，38（05）：59-69.

② 戴宇辰．媒介化研究：一种新的传播研究范式[J]．安徽大学学报（哲学社会科学版），2018，42（02）：147-156.

③ Blumer, H. What is Wrong with Social Theory? [J]. American Sociological Review, 1954, 19(1): 3-10.

④ 施蒂格·夏瓦．文化与社会的媒介化[M]．刘君，等，译．上海：复旦大学出版社，2018.

⑤ 胡翼青，郭静．自律与他律：理解媒介化社会的第三条路径[J]．湖南师范大学社会科学学报，2019，48（06）：128-135.

⑥ 菲利普·N．霍华德．卡斯特论媒介[M]．殷晓蓉，译．北京：中国传媒大学出版社，2019：6.

8.1.2 “直播”的媒介化实践

十五年前，谈及“直播”，我们大多会想到电视直播中的新闻连线、节目表演或体育赛事。屏幕就像一道有形的壁垒，受众将自己定义为只能坐在电视机前，无法主动参与直播的“观众”。那时的人们或许未曾想到，十多年后，只要有能上网的终端设备，日常生活中的每一个普通人都可以跨越藩篱，随时随地成为与直播者互动的观看者，乃至表演者。

近年来，直播相关研究主要关注以下四个方面，一是直播平台的自身特性，如直播互动场与现实生活领域平行的媒介场间的关系①、“网红”直播带货现象中身体消费与媒介关系在直播技术平台的重构②、场景化精准传播理念等③。二是从受众的角度讨论直播的“使用与满足”，如社交性的直播是个体在私人空间性质的现场进行的表演④，“表达社交”需求更能促进对网络直播的使用与互动行为⑤。三是关注直播平台的管理治理⑥与直播内容版权⑦等问题。更多的研究从第四个方面进行，即网络直播的具体价值。如直播消费文化的形成不仅体现为符号差异与象征资本之间所产生的交换与互惠，也表征着“生存性消费”向“享受性消费”的时代转位⑧；也有学者从直播的互动仪式链展开分析，认为互联网直播是维系电视剧粉丝社群的重要仪式，实时讨论是相互情感连接产生的基础⑨。

直播既是一种技术，也是一种媒介。从既有研究结论来看，直播具有自己独特的技术逻辑与社会影响。而从具体的技术实践来看，直播已经全方位地渗透到社会的政治、经济、文化和教育各个领域当中，成为一种新的传播形态，搭载着全新的传播要素。在技术扩散的过程中，直播既重塑了传统的即时通

---

① 王长潇，李爽. 网络视频直播平台发展及其对商业场域建构的影响[J]. 当代传播，2017（01）：54-56.

② 张小强，李双. 网红直播带货：身体、消费与媒介关系在技术平台的多维度重构[J]. 新闻与写作，2020（06）：54-60.

③ 严小芳. 场景传播视阈下的网络直播探析[J]. 新闻界，2016（15）：51-54.

④ 彭兰. 移动互联网时代的“现场”与“在场”[J]. 湖南师范大学社会科学学报，2017，46（03）：142-149.

⑤ 周葆华. 谁在使用视频直播？——网络视频直播用户的构成、行为与评价分析[J]. 新闻记者，2017（03）：52-62.

⑥ 李亚兵，张家瑞. 网络直播治理策略的演化博弈——基于利益相关者视角[J]. 经济与管理，2020，34（02）：25-31.

⑦ 冯晓青. 网络游戏直播画面的作品属性及其相关著作权问题研究[J]. 知识产权，2017（01）：3-13.

⑧ 吴震东. 技术、身体与资本——“微时代”网络直播的消费文化研究[J]. 西南民族大学学报（人文社科版），2020，41（05）：170-177.

⑨ 潘曙雅，张煜祺. 虚拟在场：网络粉丝社群的互动仪式链[J]. 国际新闻界，2014，36（09）：35-46.

信，又与各行业结合，成为社会和文化实践中的一个结构性条件，同时存在于特定的文化领域以及作为整体的社会中。直播的影响与价值不止于内容、交流方式、惯习规范等微观层面，依托于社会文化情境，作为媒介的直播在具体场景中形成了自身的媒介制度和逻辑，即基于技术的媒介生产、流通、使用规则。要想深刻理解直播带来的变革，需引入一个更广泛的观察视角，把直播纳入具体社会情境下人的日常实践中进行考察，探讨直播、实践和社会之间的相互关系。

舒尔茨（Schulz）区分了媒介改变交流与互动过程的四种类型：媒介在时间和空间上延伸了沟通能力；媒介代替了先前面对面的社交活动；媒介带来了活动的融合，媒介逐渐渗入日常生活；参与者需要调整自身行为以适应媒介的形式、特征与惯例[①]。这种媒介化的类型研究可以作为一个媒介化研究的实用分析工具。基于延展（extension）、替代（substitution）、融合（amalgamation）与适应（accomodation）四个层面，直播形塑社会，通过用户的行动、流通的意义与形成的制度，产生深远社会影响。

1. 延展：直播延伸交流空间

便携式上网设备与即时通信传播的普及使人的传播行为不再受时空界限的制约。伊尼斯（Innis）曾将媒介区分为“空间偏向”与“时间偏向”两种类型，时间偏向是指使信息能够在时间维度上传递更远，而空间偏向是指能够改变信息空间运动的媒介[②]。直播无疑是一种空间偏向的媒介技术，尽管它在时间维度上可以存储、回放的形式保留信息，但直播真正的实践价值在于，它将信息空间延伸为日常行为的空间，将原本的沟通传播空间展开，用“上线”与“在场”赋予了线下空间新的传播实践价值。普通的即时通信也能够延展个体传播的空间，但直播将个体传播的情境和场域，以尽可能全面的方式，同步复现到直播平台的方寸荧幕中，将全量级、无时限的传播空间以一对多的形式延伸至每一个观看者的个人空间里。经过延伸后的空间中，信息并不是单向度传播的，直播中的传受双方以互动的形式进行信息往来，这种同步性只有在交流空间互连后才得以实现。

2. 替代：直播扩展个体行动维度

借助交流空间的延展，直播使个体在不同空间中的“行动”更加容易。正如戈夫曼所述，交流与互动就像舞台上的表演，参与者在交流互动中寻求达成

---

① Schulz W. Reconstructing Mediatization as an Analytical Concept[J]. European Journal of Communication, 2004, 19(1):87-101.

② 尼克·库尔德利．媒介、社会与世界：社会理论与数字媒介实践[M]．何道宽，译．上海：复旦大学出版社，2014：3.

对当前情境的一种共识。直播之下的身份与现实也许限制了个体的实践，但走上直播的“前台”，行动的维度被大大扩宽了。通过辅助不同情境下的前后台转换，甚至以直播替代原有的社会行动与社会机构，直播赋予了个体行动更多可能性，这也是“直播+”能够与传统行业结合的重要原因。

媒介化可以分为直接与间接两种方式[①]，直播对个体行动维度的扩展主要以直接媒介化的形式实现，即先前的非媒介化活动可以借助直播转化为媒介互动来完成。例如，将即时性的表演从舞台搬上直播，将广告营销与销售活动从线下转移到电商直播中，都是将原有的活动转化为媒介中的互动来实现。原本受空间限制而无法完成的行动可以借助直播来完成，在展开的交流空间中获得更广泛的行动意义。

3. 融合：直播日常化模糊生活与媒介的界线

媒介化视角的一个核心出发点是：媒介日益融入其他社会制度与文化领域的运作中，社会互动在不同制度内、制度之间以及社会整体中越来越多地通过媒介得以实现[②]。直播的媒介化行为正在逐渐与日常生活相互渗透融合，甚至模糊了生活与直播的界限。一方面，直播渗透到原本的日常生活专业化领域中，个人的工作、交往、购物等行动场域部分转移到直播中，受众渐渐习惯自己的陪伴需求、娱乐需求、自我展露需求等借由直播来获得满足，如原本的购物从网购又转化为“看李佳琦的直播”；再如疫情期间，“上课”自然而然成为“上网课”的代称，直播渐趋日常化使线下生活与媒介生活的区隔逐渐模糊。另一方面，个人日常化生活的公开化消弭了私人空间与公共空间的界线，个体生活公开的同时，互动场域向直播空间转移，直播中的生活化展现或成为一种媒介事件。

4. 适应：直播塑造新的惯习与规范

当媒介技术在日常语境中与惯习结合在一起时，受众之间的相互关系、可接受行为、规范也随之改变。当惯习的改变发生，各种不同专业领域里面的组织或者个人必须依照媒介操作信息的方式进行互动，人们更愿意主动或被动的适应媒介形式[③]。

直播塑造了新的惯习与规范体系。一是媒介日常化使用的惯习，受众将直播纳入自己原有的“媒介菜单”，形成了新的媒介使用习惯。甚至有人将直播

① Hjarvard S. From Bricks to Bytes: The Mediatization of a Global Toy Industry[M]// European Culture and the Media. Bristo: Intellect Books,2004:43.

② 施蒂格·夏瓦．文化与社会的媒介化[M]．刘君，李鑫，漆俊邑译，上海：复旦大学出版社，2018：21.

③ 周翔，李镓．网络社会中的“媒介化”问题：理论、实践与展望 [J]．国际新闻界，2017，039（004）：137-154.

作为固定的工作，以此为自己创造收入。二是在不同的实践领域中，“直播+”结合原场域中的规范生成了新的不成文规约。这当中既有互动的规范，也有仪式性的规则。在直播平台中，使用者通过特定的话语、行为将人际互动符号化，生成共性的对话框架，参与对话者则以共识性的规范指引自己的互动行为。例如，直播中惯用的沟通话语：“宝宝”“点亮小心心”等，就是直播特有对话规范等表现。惯习与规范甚至间接媒介化了普遍的社会生活，有人试图以直播完成自我价值的实现与社会资本的积累，有人通过直播寻找陪伴感，这些与大众对直播的媒介化“适应”不无联系。

8.1.3 直播媒介化的关键影响因素

直播平台是基于互联网运作的媒介，其技术可供性很大程度上得益于互联网本身连接、无时、无域的技术特性。但直播平台的信息流通方式构成了一种新的沟通情境，经由同步性沟通、互动性交流、全通道传播，直播才得以在众多互联网技术中吸引到大量用户，在满足其使用需求的基础上生发出变革性的社会影响。

1. 同步性沟通满足即时交流需求

“同步性”指的是沟通双方话语轮次的时间间隔，当个体表现出一种具有共同关注点的协调一致的行为模式时，他们之间就存在同步性[①]。直播媒介创造了一种沟通双方以及众多他人同时在场、同步交流的状态。这种信息流通方式构成了一种新型的沟通情境：用户的一对一、一对多、多对多同时交流成为可能[②]。同步性媒介具有即时反馈的特性[③]，有学者认为即时反馈是影响沟通质量的重要指标之一[④]，这似乎不需要证明：几乎没有人喜欢缓慢的网络、反应迟钝的通信设备以及不回消息的朋友。

人对于信息传播效率的追求，使得媒介进化合乎逻辑地走向了人性化的动机。即用日益逼真和完美的方式表达的、可以传播的现实的图像[⑤]。直播是所有即时通信工具中能够尽可能满足同步性沟通需要的媒介技术之一，基于同一

---

① S. Herring. Dynamic Topic Analysis of Synchronous Chat[C]. New Research for New Media:Innovative Research Methodologies Symposium,University of Minnesota School of Journalism and Mass Communication,Minneapolis,2003:47-66.

② 张丽华，骆世查．同步性中的“存在感”：经由直播媒介的人际交往与日常生活[J]．新闻与传播评论，2019，72（04）：64-77.

③ R.I. Swaab,A. D. Galinsky,V. Medvec,et al. The Communication Orientation Model:Explaining the Diverse Effects of Sight,Sound,and Synchronicity on Negotiation and Group Decision-making Outcomes[J]. Personality and Social Psychology Review,2012,16(1):25-53.

④ A.R. Dennis,J. S. Valacich. Rethinking Media Richness:Towards a Theory of Media Sync-hronicity[C]. Proceedings of the 32nd Annual Hawaii International Conference on SystemsSciences,1999,1:1017.

⑤ 保罗・莱文森．思想无羁：技术时代的认识论[M]．何道宽，译．南京：南京大学出版社，2003：177-178.

种感知速率与交往节奏，传受双方才在平台中拥有了即时沟通与互动的基础。电商直播主可以回答顾客的问题，泛娱乐直播主可以针对观众喜好决定表演项目，生活类直播主甚至可以与参与直播的用户唠嗑，这是其他的媒介技术暂时无法完全替代的独特技术优势。

2. 互动性交流扩展个体行动维度

直播的同步性沟通让互动性交流成为可能。戴扬在对媒介事件进行评述时曾说：电视直播事件之所以产生相应效果的秘密就在于观众从别的机构带来的、使被动观看变为仪式参与的角色[①]。直播通过同步传播，为仪式参与提供了技术条件与交流场域。它具有互动仪式链的四个要素：两个或以上的人聚集在同一场所、对局外人设置界限、将注意力集中在共同的对象或活动上、分享共同的情绪体验，情感能量成为互动仪式的驱动力。用户在这个时候不再是被迫接受信息的受众，他们充分拥有了选择性体验、参与乃至影响“直播内容”的权利。即网络直播打破了时空限制的壁垒，实现了一场跨屏互动[②]。

直播平台可互动性的意义在传受双方均有体现。直播主通过观察受众透过弹幕即时反馈到直播中的想法与行动，可以及时调整自身的行为；受众借助直播平台的功能可供性，很容易就能够完成对直播主的“响应”。例如，打赏直播主，或在电商直播中付诸购物行为，从信息接收到决策行动距离的缩短离不开互动性这一媒介要素。这种非单向、可互动的交流方式勾连了本无瓜葛的一个甚至多个空间，大大扩展了个体的行动维度。

3. 全通道传播复现实际交流中的整合性信息

直播是一种尽可能复现面对面交流场景的全通道传播媒介。这种原始的交流方式有着不可替代的意义，柯林斯认为，只有在面对面的情境中才能建立起强烈的团结意识，“亲身在场使人们更容易察觉他人的信号和身体表现；进入相同的节奏，捕捉他人的姿态和情感；能够发出信号，确认共同的关注焦点，从而达到主体间性状态”[③]。这表明了面对面传播场景的优势：大量的非语言符号、理性与非理性信息交织其中，也许我们无法完整梳理出所有的信息种类，但不可否认的是，这是最完整、最全面的信息交流方式。莱文森所指媒介演进的人性化趋势，亦强调信息传播转化为有温度的信息体验过程[④]。直播作

---

① 丹尼尔·戴扬，伊莱休·卡茨. 媒介事件：历史的现场直播[M]. 麻争旗，译. 北京：北京广播学院出版社，2000：13;17.

② 王艳玲，刘可. 网络直播的共鸣效应：群体孤独·虚拟情感·消费认同[J]. 现代传播：中国传媒大学学报，2019，41（10）：26-29.

③ 兰德尔·柯林斯. 互动仪式链[M]. 林聚任，王鹏，宋丽，译. 北京：商务印书馆，2009：105.

④ 保罗·莱文森. 数字麦克卢汉：信息化新纪元指南[M]. 何道宽，译. 北京：社会科学文献出版社，2001：73.

为一种模仿面对面互动的媒介技术，不仅是其替代品，也拓展了面对面交流的场合。因此可以说，直播中的交流是一种人性化、全通道的传播。

直播作为全通道传播的媒介技术，其独特性在于尽可能保留了面对面交流场景中的非理性因素。以往的传统媒介更注重理性表达与逻辑传播，但在直播中，非理性与非逻辑的内容以符号化的形式被尽可能保留下来，促进传播中的关系认同和情感共振。这种非理性因素的复现在文字中可能比较难，且不具有近似人类社会交流的社会临场感[①]。可在直播这一媒介内，传播内容情感属性可以透过表情、声音、语调等非语言符号放大表露，正如麦克卢汉所说："技术的效果不在意见或观念的层次上发挥作用，却逐渐地改变了感官作用的比例（sense ratios）或理解的形式"[②]。直播扩大了非理性因素作用的比例，对受众的情绪调动与行动促进甚至有超过事实表达和理性表达的趋势[③]。

8.1.4 直播媒介化重塑各领域实践规则

媒介或媒介技术的媒介化影响并非来自传播链条的完全重构，而是来自对符号形式的重新解读和整合[④]。直播以同步性沟通、互动性交流与全通道传播重组了传播要素，在网络技术特征的基础上生成独特的媒介逻辑。媒介不仅仅描述世界，更提供了理解世界的基本框架[⑤]。受直播的媒介逻辑影响，在实践中，一些传播中原本重要的因素变得比较次要，而一些不起眼的操作成为个体行动转变甚至社会整体性变化的重要"启动器"，在此基础上，直播媒介化进一步影响传播、商业与社会的实践规则。

1. 传播：强化非理性因素的符号化运用

视频表达是一种宽信息容量的表达，传播的情感和关系属性在视频表达中被放大，而同步沟通、即时互动的视频直播更加能够引发关系认同与情感共鸣。

在直播中，有两种非理性因素被符号化应用到传受双方的互动里。一是关系感知。沟通的亲密性研究指出，人际关系从疏离到亲密包含两个层次的

① Hassanein K, Head M. Manipulating Perceived Social Presence through the Web Interface and its Impact on Attitude towards Online Shopping[J]. International Journal of Human Computer Studies, 2007, 65(8):689-708.

② Griffith M, Seidman E, Mcluhan M. Understanding Media: The Extension of Man[J]. College Composition and Communication, 1968, 19(1):69.

③ 喻国明，耿晓梦. 未来传播视野下内容范式的三个价值维度——对于传播学一个元概念的探析[J]. 新闻大学，2020（03）：61-70+119.

④ 施蒂格·夏瓦. 文化与社会的媒介化[M]. 刘君，李鑫，漆俊邑，译，上海：复旦大学出版社，2018：18.

⑤ Couldry N. Media, Society, World: Social Theory and Digital Media Practice[M]. Cambridge：Polity, 2012：21.

内容，一方面是事实性基础，另一方面是情感性基础。直播主以特定的称谓或语言反馈拉近与观看者之间的关系距离，例如，观看者不是观众，是我的“宝宝们”，购物者不是顾客，是我的“所有女生”。他们用朋友、知心人的口吻，以一种高密度的信息反馈节奏模拟真实的关系交往情境，快速建立亲密沟通的事实与情感基础。二是情感共振。直播主以丰富的表情、动作作为情绪调动的自然符号，通过直播中的视觉营造、打赏、对话等符号化的互动方式，在不断的围观与直播互动中强化群体情感，使用户沉浸其中，产生强大的情感动员力量[①]。莱文森说，只有满足人类感官平衡的媒介形式才能在媒介生态中有立足之地[②]。直播将非理性因素符号化置入传播场景中，在满足受众感官平衡的同时实现了关系与情感的线上回归。

2. 商业：以人性化逻辑构建兼具临场感与便利性的消费场景

“直播+”商业模式中，电商直播成为 2019 年的互联网“爆点”。在电商平台以直播的方式将营销与零售整合一体化，搭建起媒介化消费场景，使受众向消费者的转化更为便利。

直播为电商塑造了一个独具临场感的消费场景。直播具有传统消费场景的四个重要因素：买方、卖方、商品与周边信息。卖方以符号化的表达将真实消费场景复现，结合理性因素与非理性因素进行广告劝服。而作为周边信息的其他参与者让这一消费场景具有更强的消费临场感。社会助长（social facilitation）理论指出，他人临场会对个体产生唤醒作用，进而影响个体的态度和行为[③]；根据口碑线索做出从众购买决策有可能受到他人临场的作用而被更大程度激发[④]，这种信息性影响干预了受众的行动选择[⑤]，可以说，直播中他者参与所营造出的临场感是价值变现的有效催化剂。

直播为电商提供了极富便利性的媒介工具。根据施拉姆的选择或然率公式，信息或媒介被人们注意和选择的可能性与它能够提供给人们的价值程度成正比，与人们获得它的费力程度成反比[⑥]，而直播这一媒介形式实现了电商便

---

① 汪雅倩．“新型社交方式”：基于主播视角的网络直播间陌生人虚拟互动研究[J]．中国青年研究，2019（02）：87-93+72.

② 常江，胡颖．保罗·莱文森：媒介进化引导着文明的进步——媒介生态学的隐喻和想象[J]．新闻界，2019（02）：4-9.

③ Kushnir T. The Status of Arousal in Recent Social Facilitation Literature: A Review and Evaluation of Assumptions Implied by the Current Research Model[J]. Social Behavior & Personality an International Journal, 1981, 9(2):185-190.

④ Walters A, Long M. The Effect of Food Label Cues on Perceptions of Quality and Purchase Intentions among High-involvement Consumers with Varying Levels of Nutrition Knowledge[J]. Journal of Nutrition Education and Behavior, 2012, 44(4): 350-354.

⑤ Quiamzade A, L'Huillier J P. Herding by Attribution of Privileged Information[J]. Journal of Behavioral Decision Making, 2009, 22(1): 1-19.

⑥ 喻国明．受众注意力的吸纳模式：施拉姆公式的启示[J]．青年记者，1999（05）：5-6+10.

利程度的最大化。一方面，电商直播以人为主要的广告营销载体，通过理性与非理性的劝服，快速强化传受双方的关系纽带，建立起充分的认同感与信任感。在此基础上直播主的推荐更容易让消费者"买账"，根据推荐购物降低了消费者的选择成本，自然更愿意消费。另一方面，电商直播的媒介特性缩短了广告曝光到购买行动之间的决策距离，同步性互动让买卖双方之间的交流更顺畅，挂靠在直播页面中的快速购买通道让消费者网上下单更加方便。可以说，直播以人性化逻辑构建了具有临场感与便利性的消费场景，构建了一种新的商业交换和商业售卖的规则。

3. 社会：以传播空间的连接实现个体行动空间的拓展

任何增加社会流动性的传播形态和技术形态，都将有助于社会的良性发展。对于直播而言，从传统媒体价值来判断，最初兴起时期似乎有些粗糙和无趣，也缺乏必要的规则，然而从新的社会价值坐标系来说，直播技术增加了社会的流动性①。

一方面，直播打破了公域与私域之间的藩篱，缩短了围观与表达之间的距离。直播即上即播的使用方式比需要剪辑配乐的短视频更为普世化，将普通受众的表达门槛降到了最低。另一方面，直播延伸了交流空间，拓展了主体实践的维度。基于广泛的群众基础，已然日常化的直播表达对个体行动空间的拓展提供了便利。例如，新型冠状病毒肺炎疫情期间，字节跳动组织了直销农产品产区供需信息发布对接与县长达人产地直播活动，"战疫助农"的累计成交额过亿元，解决了滞销农民的燃眉之急。日常生活中，学生则借助直播学习打破"面对面学习"的时空限制，有利于扩大名师影响范围、推进教育公平。除此之外，2019 年全年我国网络表演（直播）行业营收规模由 2018 年的 495.5 亿元增至 668.5 亿元②，产业飞速发展的背后，越来越多的人正在通过直播就业实现个人价值。

直播通过扩大人的自主选择权，极大拓展了人的连接方式和体验空间，在与其他文化社会制度互动的过程中，亦对文化、社会以及人本身产生了深远影响。

8.2 内容范式的新维度

"内容"是传媒领域最熟悉不过的概念与实践，"内容"的重要性在任何时

① 喻国明. 从技术逻辑到社交平台：视频直播新形态的价值探讨[J]. 新闻与写作，2017（02）：51-54.
② 文化和旅游部市场管理司. 中国网络表演（直播）市场发展报告（2019 年）[R]. 2020.

期都是不可否认的。“内容为王”的论断曾在很长一段时间之内被传媒业奉为圭臬，虽然随着媒介环境的变革，“渠道为王”“产品为王”“关系为王”等观念不断涌现，但内容的价值从未被否定。先不论王者之争正确与否，在新的传播图景下，内容依然是无法回避的基础要素与战略资源。当然，新媒介场景中的内容已经是“新一代内容”，媒介技术的发展和媒介格局的改变使内容有了新的内涵与外延。具体来说，互联网造就了一个巨大的内容生产与消费场：社会化内容平台大大解放了内容生产力，内容源的数量不断扩张；内容可以利用文字、音频、影像等其中一项或者几项来表达；中国 8.54 亿网民人均每天上网时长达 3.99 小时，[①]除了交易和社交外，其余都可以算得上消费内容的时间。

被互联网重新定义的内容已不仅是边界清晰的精英把控的资讯信息——一篇故事、一则新闻、一个道理，等等；内容生产和组织也已不仅仅是专业媒体机构关于资讯信息的生产和组织。如何理解内容要素的价值延展？如何把握内容范式的增值维度？这些问题的解答对传媒业各参与方赢得生存空间与发展优势至关重要。

8.2.1 深度价值：作为资讯传达的内容

作为资讯传达的内容主要是指以理性、逻辑性为特征的信息内容，它指向的是基本的认知需求和安全上的需要。个体为获取信息而接触媒介，为受众提供社会环境的信息资讯是媒介最重要的社会功能之一。现代化进程中，能够消除不确定性、带来生产力与权力的信息的重要性不断强化，个体获取理性资讯信息的需求日益迫切，从这个角度看，优质资讯信息仍是筑牢内容优势的重要价值维度，但也要洞察到，在新的资讯生产传播格局下，专业媒介的专业价值和工作重心将会发生改变。

1. 提供消除不确定性的资讯信息仍是媒介建构影响力的关键

认知需求（need for cognition，NFC）是一种重要的人格特征。认知需求即“用有意义的、整合的方式组织相关情景的需要”，当这种需要不获满足时个体将产生一种紧张感，从而促使个体用积极的努力去组织情景、提高理解。[②]从马斯洛需求层次理论看，认知需求和安全上的需要紧密相关，个体需要感知安全威胁、减少紧张感。在这个意义上，认知需求是较为基本的需求。认知需

① 中国互联网络信息中心. 第 44 次中国互联网络发展状况统计报告[R]. 北京：2019.

② 曹锦丹，程文英，兰雪，王崇梁. 信息用户研究的认知需求视角分析[J]. 情报科学，2015（05）：3-7.

求往往驱动信息搜寻行为。信息是人类活动的基础。信息论创始人香农首次将物理热力学中“熵”的概念引入信息论当中，认为信息就是“负熵”，即信息是人们对事物了解的不确定性的消除或减少。信息对于人的人际交往、社会活动、心理发展等方面具有重大意义。

获取信息、知识和理解是受众媒介使用的主要动机之一。向受众提供并告知新闻资讯被认为是媒介的重要功能，并且一直以来，优质资讯内容被认为是专业媒介的核心竞争力，是传媒业安身立命之本。拉斯韦尔将监视周围环境视为大众传播媒介的第一功能。媒介发挥这种功能通常表现为向人们提供那些与经济、公众和社会生活密切相关的重要新闻，如股市行情、交通路况、天气预报等，同时还向受众发出危险警报，因此施拉姆把它比喻为“雷达功能”。大众传播时代，内容生产的社会化、网络化尚未被激活，信息内容的时效性、准确性、客观性被强调，专业媒体机构在资讯内容生产上表现出无可比拟的优越性，他们通过发布社会议题的权威信息对社会进行有序引导；在“点对面”“一对多”的传播模式下，通过竞争获得受众与市场份额，从而实现传播效果与传播价值是一种自然而然的逻辑，优质资讯内容成为一种重要竞争手段。

而随着现代化进程深入，风险社会与信息社会等现代社会表征的凸显又进一步放大了人们的风险认知需求和信息获取需求。人类社会本质上是一个充满非线性与不确定性、脆弱性与风险性的复杂性社会，风险是社会作为系统所具有的一种客观实在；现代化在带来生产力爆发式增长的同时，也使现实的与潜在的危险急剧累积，风险泛化在社会生活的每一个角落，社会成为一个以风险为主题和特征的全球风险形态，风险生存成为人们生活的主要逻辑。[①]当个体风险认知加剧，信息的搜索与接触更为主动、更为高频。另一方面，信息技术的发展改变了社会的生产方式与活动中心，继农业社会、工业社会之后，信息社会到来；在信息高度密集的信息社会中，信息的重要性前所未有，信息的生产、处理与传递成为生产力与权力的基本来源，信息资源的地位逐渐大于物质和能源。当信息成为生产和权力的来源，掌握更全面更深度信息成为个体完成社会生产、获得社会地位的关键。

社会发展、技术变革下，个体认知需求与媒体信息功能没有发生根本性颠覆，以资讯内容赢得传播力、引导力、影响力、公信力的价值属性没有发生根本性变化。在“点对点”“一对一”的互联网传播模式占据传播市场大半江山的当下，传统主流媒介仍在强调优质资讯内容的重要性，强调不论技术如何变

① 范如国.“全球风险社会”治理：复杂性范式与中国参与[J]. 中国社会科学，2017（02）：65-83，206.

化，未来媒介工作者还要靠优质内容去引导人、凝聚人、鼓舞人，[①]意在通过优质原创内容的价值提升，实现媒体话语能力与传播能力的改观。

2. 专业价值向掌握数据资源与组织协调社会生产侧重

但必须看到，新技术的不断应用给资讯内容生产与分发带来了极大的冲击，新的内容生产格局和分发模式势必导致专业媒介的工作逻辑与工作重心的转变。

在内容供给侧，人工智能技术在信息采集、内容生产上的应用已经让海量、高效、全天候的资讯生产成为现实，传感器新闻、机器人写作早已锋芒毕露，极大提升了新闻工作的效率。而 5G 将带来更多的技术想象——5G 的高容量推动万物互联成为可能，5G 的低能耗则使各种反映着人与物的状态属性的传感器（如“可穿戴设备”）的无时不有、无处不在成为现实。这意味着，5G 时代内容生产的主体将进一步多元化，继社交媒介带来的用户生产内容（UGC）和机构生产内容（OGC）之后，迎来机器生产内容（MGC）的一波巨量冲击，一个巨量的资讯新品种——传感器资讯将会崛起并成为未来内容生产当中最重要的生产品类之一。随着 MGC 的海量涌现，专业媒介生产内容（PGC）可能只占社会资讯内容总量千分之一、万分之一甚至更小比例，小部分 MGC、UGC、OGC 不能胜任的资讯内容虽仍属专业媒介领地，但这一任务虽重要但已很难成为安放专业传播工作者功能和价值的立足点。

机器生产内容（MGC）的另一侧面是无所不在的数据使整个传播过程处于数据驱动的版图之下。用户的主体性得到开发，“千人千面”的分众化、个性化传播成为可能。机器生产内容（MGC）能够以用户价值为中心，构建用户画像，为用户提供需求适配、场景适配的信息服务，而且还能提供与用户个人生活场景相匹配的私人订制资讯产品；智能算法推荐优化了信息分发的配置效率，信息资讯价值被重估，信息不再有统一的标准，不再有绝对的高低之分，让信息主动“找到”对它感兴趣的人，有效地占领了传统媒介市场无法激活的长尾市场和利基市场。因此，在未来的传播中，数据资源将成为最关键的资源和能量，谁掌握了数据资源及数据的价值挖掘能力、人工智能的应用模式，谁就会成为未来传播的掌控者。

概言之，当传感器资讯崛起，传统的精英化、控制式的价值逻辑已经行不通，专业媒体在未来资讯内容生产传播中的主要价值角色的担当已不是直接的内容生产，更重要的是掌握数据，做好用户精准洞察与把握；同时，组织与协调社会生产，作为“压舱石”和“定盘星”，为 UGC、OGC 和 MGC 生产创制

① 卢新宁.“内容+”将成为媒体融合关键词[J]. 新闻战线，2017（17）：19-21.

模板、创新模式，筑牢底线、建构规则、平衡信息与意见。

8.2.2 宽度价值：作为情感表达的内容

在直播与短视频因 4G 传播速率提升而兴起之初，很多传统专业媒介对于这些由传播生产力所释放出来的丰富内容与巨大能量是不屑的、甚至是抵触的。一些以生活原态为特征的短视频，被按照“精英”标尺衡量的人所鄙视。但恰恰是这样一个单一性的标尺，限制了我们对于内容价值的想象。媒介技术的发展将更多社会群体卷入文化生产，视频时代，真正的泛众传播到来，而网络民间社会的群体结构下受众更容易产生情感共鸣。当视频成为主流表达，内容在理性价值之外，其情感属性得到了无限放大。信息的宽度价值或者说信息引发情绪共振与关系认同功效对于传播效果的达成、对于主流话语表达的影响越来越大，甚至有超过事实表达和理性表达功效的一种趋势。

1. 泛众传播时代传播的情感属性不断强化

随着移动智能终端和移动互联网的普及，网络社会从以往精英人群掌舵逐渐变为大众群体主导。数据显示，我国初中、高中/中专/技校学历的网民群体占比分别为 38.1%、23.8%，受过大学专科、大学本科及以上教育的网民群体分别为 10.5%、9.7%；无收入及月收入在 500 元以下的网民群体占比为 19.9%，月收入在 2001～5000 元的网民群体合计占比超过三分之一，为 33.4%。[①]这样的用户结构表明互联网平台不再仅是精英化的网络场域，一个线上民间社会正在形成，他们不强调精英群体所崇尚的公共领域和理性争辩，反而更加依赖私人性、感性化的关系与道德。[②]

媒介技术的不断发展激活了个体的文化生产力，数字技术和短视频平台将影像表达门槛降低后，影像开始重新回归生活，推动着“日常生活的审美化”和视觉文化崛起。传统的网络弱势群体得到赋权，从昔日的边缘位置迅速崛起，进入互联网内容生产的舞台当中，为互联网文化传播增添了新的内容。事实上，在视频成为主流表达方式之前，网络社交媒介中“人人都是传播者”也只是理论上的一种可能，因为此时文字仍是赢得关注与影响力的主要手段，文字能力也就成为一种门槛，绝大部分人还是“沉默的大众”。但是从 4G 开始，短视频成为一种让普通老百姓毫无障碍地把自己的生存状态和所思所想向全社会进行分享的工具。视频的技术引入以及简单的使用方式，使得社会表

① 中国互联网络信息中心. 第 44 次中国互联网络发展状况统计报告[R]. 北京：2019.

② 王斌. 数字平台背景下情感传播的成因、风险及反思[J]. 电子科技大学学报（社科版），2019（03）：85-90.

达、社会交流、社会传播者的资格在人类文明史上以最低门槛呈现在国民和社会面前。拥有智能终端的用户无论是否能够遣词造句，按下拍摄键的同时就开始了内容创造，这在很大的程度上迎来了真正意义上的泛众传播的时代。①

同样，数字平台对社会的深度嵌入令集体情绪和价值认同的传递与塑造成了网民数字生活的常态。当然，情感传播绝不只是数字时代的产物，形成社会纽带和建构社会结构时对情感的依赖是人类特征之一；但线上民间社会的形成确实为情感传递提供了沃土——网络场域中，人们总是基于一定情境和机制展开人际互动和群体互动，从而达到情感和意义的共享。②由于绝大多数互联网用户受教育程度不高，他们往往不能很快理解接受那些过于理性、逻辑性的文字信息；相对而言，情感化、碎片化的简易表达更易引起群体共鸣。另外，面对海量信息带来的信息超载，在日益有限、碎片化的注意力内，人们往往更易产生情感的共鸣，而不是对理念或事实做出反应。③于是，较之于理性传播，情感传播在平台上带动了信息的快速流动并产生广泛影响。传播的情感属性得到空前增强，个体得以利用网络建构自我认同并获得社会权力。

2. 视频表达的宽容量能产生多元社会群体的共振共识

当下，内容消费视觉化已成为媒介生态的显著特征，新媒体的内容生产也趋向于以视觉为主导。随着短视频的出现，视频开始逐渐介入社会影响力的中心，对主流事件、重要事项的关键性发展发挥自己的作用。5G 时代将会是一个视频语言更加主流化的时代，其突出特点就是传播中关系认同、情感共振在整个传播沟通和共识建构中的作用和地位的凸显。

相比较来说，书写文字是比较单纯的，含义干净、整洁，没有太多杂音或附加成分，作为“信道容量比较窄”的语言，比较偏向于事实性、理性和逻辑性的“窄播”；而视频语言作为“信道容量比较宽”的语言，则承载着较为丰富的关于情感表达、关系认同的非理性、非逻辑的内容成分。姿态、表情、眼神、腔调、动作等，这些都不是理性、逻辑性的资讯表达，而是关系、情感、情绪的一种自然流露，表达的是彼此之间关系的远近、情感的认同与情绪的共振。同样的话，同样的逻辑，同样的道理，不同的人来表达可能效果就不一样。不同于书写文字的传播，视频不仅仅沿着精英阶层所规定的“质量”标准

---

① 喻国明，曲慧．边界、要素与结构：论 5G 时代新闻传播学科的系统重构[J]．新闻与传播研究，2019（08）：62-70，127.

② 蒋晓丽，何飞．互动仪式理论视域下网络话题事件的情感传播研究[J]．湘潭大学学报（哲学社会科学版），2016（02）：120-123，153.

③ 张志安，彭璐．混合情感传播模式：主流媒体短视频内容生产研究——以人民日报抖音号为例[J]．新闻与写作，2019（07）：57-66.

发酵和传播的，视频表达的“引爆点”是多维的，扩散路径也是多元的，其传播的价值维度在质量（深度价值）维度之外，增加了与多元社会人群的“共振”（宽度价值）维度。如果以更加开放的方式来评价视频表达这一与现实需求相对应的内容价值，“信达雅”或者说理性逻辑性已不是唯一标准，更重要的是其作为情感唤起、社交资本的价值。

内容的宽度价值不再依赖于精英化的内容生产策略，表达上的亲近性会使传播效能有显著提升。网民生产的短视频，展现着生活的多样性，以往专业视频生产者认为没价值的题材，在民间短视频里找到了自己的存在感。虽然不像影视艺术那样经过精心设计，在镜头、用光、剪辑等方面也很难达到专业电视的水准，但场景却是真实的，它们不会让观看者产生距离感，也更能唤起观看者的共情。[①]以更夸张的土味视频为例，它们不讲究叙事技巧，也不讲究构图方式，叙事主题浅白，不追求深刻的社会意义，更多用猎奇、搞笑、粗俗的方式展现“社会人”的一面。而当普通大众在土味视频中发现了某种生活的“真实”，只要一种文化现象抓住了他们的情绪痛点，他们都有可能去关注与传播，无论它是精致的，还是粗俗的。[②]

也就是说，理性、逻辑性已不是评价信息质量的唯一标准；在一个道理之下开放每一个社会阶层与群体的表达通路，让他们以自己的方式进行表达，这就极大地有助于跟他所代表的人群产生一种共识和共振。能不能调动这样的一种非逻辑和非理性的因素，能不能在一种关系认同和情感共振的情况下进行有效的传播，这是摆在所有主流媒介面前特别重要的任务。谁擅长于这种关于情感的、关系的内容表达，谁就会成为社会沟通、社会共识达成领域的引领者和长袖善舞的意见领袖。因此，认识和把握这种作为认同表达的内容范式是占有未来传播高地的构建之一。

8.2.3 中介价值：作为媒介功能的内容

媒介是内容的承载体，但反过来，内容同样可以成为一种媒介。技术带来万物皆终端的变革，使得人们可以随时随地利用各种设备作为互联网的接口，融入虚拟世界。在媒介碎片激增、个体需求成为首位的时代，内容自身的连接中介作用彰显。在互联网基础连接之上，内容作为关系与意义的空间，通过聚合同一价值追求、生活模式与文化特征的个体构建起新的时空维度——场景，

① 彭兰. 短视频：视频生产力的“转基因”与再培育[J]. 新闻界，2019（01）：34-43.

② 杨萍. 赋权、审丑与后现代：互联网土味文化之解读与反思[J]. 中国青年研究，2019（03）：24-28.

不断"加宽""加细""加厚"线上生活。内容的中介价值也就是其构建场景连接的价值。

1. 传播语境碎片化与流动的受众

流动性、异质性和个体化是现代社会区别于传统社会的基本特点，这是由现代社会经济、产业和技术的特点及其发展的内在要求所决定的。流动社会中，人们生活所依存的模式、规范和准则不再是已经的、假定的，伴随着生活政治非结构化，系统性结构遥不可及；[①]个体在市场上加速流动，传统社会关系网络被打破，传统的建立在血缘和亲情基础上的社会支持体系被撕裂，社会的个体化和原子化趋势不断加强。碎片化成为当下中国转型社会传播语境的典型特征，传统的社会关系、市场结构及社会观念的整一性——从精神家园到信用体系，从话语方式到消费模式——逐渐瓦解，代之以一个一个利益族群和"文化部落"的差异化诉求及社会成分的碎片化分割。[②]

虽然互联网以连接为基本功能、以连接为内在法则，以社交网站或网络社交工具为媒介的网络交往扩大了交往范围；但另一面却是，去中心化的传播机制将权力移交，个体从面目模糊的庞大社会大众的总体中分化，个性特征与个性需求被强调，作为超级个体的受众高度流动。具体来说，移动互联网将从前无法接触媒介的时间和空间都激活并利用了起来，受众摆脱了大众媒介时代编排带来的"秩序"，得以在无限的信息海洋里根据需要接触和消费；网络社群不仅只是持续互动的群体，因事件而短时间聚集起来、缺乏身份认同、感情投入脆弱的"衣帽间式的共同体"在网络场域更为常见，任何一个用户都不止身在一个社群，他们在不同社群间游走，控制着在不同社群中的角色。总而言之，新媒介时代的受众是充满了多样性、变动性、不确定性的个体。[③]

2. 内容作为新型节点为线上生活构建场景连接

在碎片化的传播语境下，如何连接、沟通和协同流动的受众？互联网的技术发展为我们提供了品性各异、多姿多彩的海量内容作为一种具有巨大连接能力的新的媒介范式。事实上，这种作为媒介的内容是极为常见的——红包是一种内容，但它同时可以起到从人群中把某些对于红包情有独钟特质的人筛选出来、聚拢在一起的连接作用；直播逛街是一种内容，这种内容在某些持精英价值观的人看来是一地鸡毛般的无价值，但从它所吸引来的一大群围观者的角度看，它分明是一种能够聚合特定人群的媒体平台。在互联网上，几乎每个单位

① 齐格蒙特·鲍曼. 流动的现代性[M]. 欧阳景根，译. 北京：中国人民大学出版社，2018.
② 喻国明. 解读新媒体的几个关键词[J]. 广告大观，2006（05）：12-15.
③ 曲慧. 大众之后：流动现代性视域下的受众观[J]. 传媒经济与管理研究，2017，000（001）：52-63.

的内容都能短暂激发一个“衣帽间式的共同体”的出现。

关于媒介的理解可被粗放划分为实体性和隐喻性两种系谱：媒介的实存观关注实体媒介组织或某类媒介形态，将媒介看作可经验、可感知的对象，是一种显现的实存或一种发挥社会功能的社会角色和技术工具；而作为隐喻的媒介观关注媒介所组织的新关系和新意义，强调媒介是各种关系和意义汇聚的空间，个体通过这个窗口可以看到各种社会关系并由此反观自身存在的意义，揭示了媒介作为一种中介物的抽象意义。①麦克卢汉是持隐喻媒介观传播学者的典型代表，“任何媒介（即对人的任何延伸）对个人和社会的任何影响，都是由于新的尺度产生的；我们的任何一种延伸（或曰任何一种新技术），都要在我们的事务中引进一种新的尺度”。②他认为，媒介是人体的延伸，媒介作为意义上的空间、信息方式和社会关系的隐喻而存在。从这个角度看，任何媒介的“内容”其实都是另一种媒介，内容作为意义与关系的建构者，由它引入人类事务的尺度变化、速度变化和模式变化，从而起到人与世界的特定的“连接—中介”作用。

众所周知，传统媒介的危机主要是传播的危机而不是内容危机。在由BAT 公司主导的互联网发展的“上半场”，流量即权力，互联网公司因其技术的先进、资本市场的强大支持以及市场洞察与操作的灵活等优势，构造起了对于社会各要素的连接与再连接；就传播领域而言，基于社交的关系链传播和基于 AI 的算法型内容推送占据社会性传播的半壁江山。大部分传统媒体受限于体制的约束、规模的有限、技术的滞后以及市场运营能力的不足，在流量之争的发展中明显落伍。③但社会连接的初步格局业已构建完毕，在 5G 条件下，万物互联进一步将人与人、人与世界的物理连接上升到生理级、心理级的互联互通，其疆界的进一步拓展、要素的进一步丰富、结构的进一步生态化。受众在链接一切之后会获得更多的选择空间，利基市场将彰显更多的可能性。也就是说，5G 时代将极大促进社会的“线下”生活向着“线上”转移，并使得“线上”生活日益丰富化、主流化；面对“线上”社会生活逐步“加宽”“加细”“加厚”的要求和任务，仅依靠互联网公司的“连接力”已远远不够，BAT 公司构造自身价值的重点已然不是规模化地将自身做大，而是促成社会的、商业的、文化的及个人的资源与能量在自己已有的粗放型的连接平台上生

① 胡翼青．显现的实体抑或关系的隐喻：传播学媒介观的两条脉络[J]．中国地质大学学报（社会科学版），2018（02）：146-154.

② 赫伯特・马歇尔・麦克卢汉．理解媒介——论人的延伸[M]．何道宽，译．北京：商务印书馆，2000.

③ 喻国明．5G 时代的传播发展：拐点、挑战、机遇与使命[J]．传媒观察，2019（07）：5-7.

根发芽、开花结果。[①]对于传统媒介来说，随着用户在平台型媒体上逐渐成为富余资源，媒体转型中获取用户的成本将会大大降低，再辅之以自身独立端口的用户，其在互联网发展"上半场"时所遭遇的渠道失灵、用户流失等问题已不再是关键问题，更重要的是强化合作与协同意识，把自身视为开放网络的一部分，用好内容这一关键资源，将人与人连接的基础从社交关系的连接上升到基于志趣的连接，或是把社群转化为生产力或是实现人—服务的连接。

概言之，当个体成为"链接的自我" 并将"永久在线"，内容将会成为新型连接性节点，场景成为价值变现的范畴。内容范式的价值重点是为人们的新生活、新实践提供场景建构——创造节点，设计作为信息交汇的节点的场景，吸引具有特定趣缘的人们在特定的场景中汇聚，形成价值变现的平台。谁构建了"人——内容——物"之间基于场景的连接，谁就是价值变现的创造者，谁就有可能成为改变世界的推动者。

8.2.4 本前沿研究课题的未来趋势

面对未来传播生态，对内容范式的重新考量成为基础性战略性命题。"新一代内容"或者说"下一代内容"正在重构内容价值体系：虽提供理性资讯信息仍是媒体重要功能，但专业价值重心已从直接内容生产者向数据商、协调者转变；网络社会的民间化以及短视频的平权化助推着非理性非逻辑性信息涌现，视频表达的宽频谱凸显着内容的情感张力；内容本身在万物互联、永久在线时代发挥出超强的连接力，在人—人与人—物的连接中建构着丰富多元的可实现价值变现的场景。从作为资讯传达的内容到作为情感表达的内容再到作为媒介功能的内容，内容在深度价值之外，还拥有宽度价值和中介价值；内容范式从社会议题过渡到个体需求，从社会空间进入个人空间；内容评价逐渐摆脱所谓的精英逻辑，单一的价值衡量标准被打破。无论是宏大叙事还是生活零碎，无论是精致的还是粗糙的，即使缺少理性、逻辑性，只要能引发情感共鸣与趣缘人群聚拢，这样的信息内容在互联网、物联网中就是有价值的；并且这些具有横向连接价值的内容更有可能实现精准高效传播。

内容范式在多重价值维度下，媒体机构单一的、线性的、封闭的生产模式已不适应传播新格局。新媒介时代的内容范式，不是"内容为王"的价值自恋与精英思维，而是以内容为创新原点，开放协同，走出自己的一亩三分地，在资讯信息社会生产、多元群体共识凝聚和"线上"新世界的建构中去影响主流、影响主流人群、影响主流人群的决策。

① 喻国明．5G 时代传媒发展的机遇和要义[J]．新闻与写作，2019（03）：63-66.

8.3 人工智能与虚拟偶像

并不算年轻的虚拟偶像市场再度受到强烈关注，动漫 IP、游戏厂商、互动社区、通信巨头等各方力量纷纷入局，虚拟偶像大有成为人工智能时代文娱产业焦点的趋势。"虚拟偶像"一词早在 20 世纪 90 年代的日本就已出现。但直至今日，人们对"虚拟偶像"还未有十分明确的定义，究其原因，伴随着数字技术特别是人工智能技术的发展与成熟，虚拟偶像样态持续演进，技术对虚拟偶像的形塑仍在进行中。虚拟偶像，从字面上理解就是非真实人类偶像。虚拟，并非客观存在的人物实体，而是依托现代影音技术和手段的无真实本体的虚构形象；偶像，不同于小说、电影、漫画中构建出的具有故事叙事色彩的人物/角色/形象，通过媒介与受众形成交互，行为设计符合大众需求和追爱。概言之，虚拟偶像是在人工智能时代的互联网等虚拟场景或现实场景中进行偶像活动的架空形象，包含了技术手段和运营模式两方面的表征：在技术手段上，利用计算机图形、语音合成等手段人工制造"能说会唱"的虚拟存在；在运营模式上，仿照真实偶像进行演艺活动和开展形象运营。虚拟偶像的兴起与发展得益于技术手段尤其是人工智能的发展，也离不开造星工业体系的成熟。

然而与持续高涨的市场热度对比，国内外研究者对虚拟偶像的关注稍显不足。目前国内外多数研究是围绕着"初音未来"这一典型个案展开，①②③也有国内研究者将研究对象拓展至了本土偶像"洛天依"，④但仍缺少对虚拟偶像整体生态的把握；在这些个案研究中，粉丝群体在虚拟偶像生产消费中的生产者功能以及自组织性等话题成为研究者重点探讨的话题。⑤⑥总体来看，已有研究虽然在虚拟偶像的最新技术形态演进与中宏观产业体系解构等方面稍显薄弱，但也启发式地指明了未来研究可以借鉴的理论工具——迷及迷文化。迷（fans），又被直译为粉丝，作为最积极的受众，一直受到学术界关注，迷研究成为媒介文化、心理学和社会学等领域的热点。迷有电视迷、游戏迷、股票迷等，都是入迷行为的一种；在娱乐工业语境下讨论偶像时，最常使用的名词还

---

① Jrgensen, S.M.H., Vitting-Seerup S, Wallevik K. Hatsune Miku: An Uncertain Image[J]. Digital Creativity.2017, 28(04): 318-331.

② 朱钊. 浅析虚拟偶像"初音未来"与赛博空间[J]. 现代交际，2010（09）：59-60.

③ 张旭. 从虚拟制造到真实消散——以"初音未来"为例论数字技术对当代人的影响[J]. 艺术广角，2016（06）：15-20.

④ 李镓，陈飞扬. 网络虚拟偶像及其粉丝群体的网络互动研究——以虚拟歌姬"洛天依"为个案[J]. 中国青年研究，2018（06）：20-25.

⑤ 黄婷婷. 虚拟偶像：媒介化社会的他者想象与自我建构[J]. 青年记者，2019（30）：28-29.

⑥ 战泓玮. 网络虚拟偶像及粉丝群体认同建构[J]. 青年记者，2019（11）：7-8.

是“粉丝”。如何理解虚拟偶像兴起的必然性？虚拟偶像的价值何在？虚拟偶像离现实还有多远？对这些问题的解答关系着对虚拟偶像的属性认知。本文结合迷理论，从技术与文化的双重视角，就虚拟偶像的驱动引擎、重要价值以及关键技术要素展开探讨，以期为把握人工智能时代的一个现象级存在——虚拟偶像——的动力系统、价值逻辑和未来发展路线提供参考。

8.3.1 技术引擎

虚拟偶像的前身可以回溯到20世纪80年代的英国。George Stone等人创造了一个由计算机合成的名为Max Headroom的虚拟人物。[①]而虚拟偶像的概念其实是在日本诞生与孵化的。20世纪80年代就有公司提出“培育国民级虚拟偶像”的企划；1999年，第一个计算机图形（CG）虚拟偶像“伊达杏子”诞生，但因为当时CG建模技术尚不成熟，3D模型的虚拟偶像在美感上仍逊色很多。[②]整体来看，在进入21世纪之前，虚拟偶像仍处在文娱产业的边缘地带，并未受到大众的关注。真正将“虚拟偶像”这个词带入人们视线的是诞生于2007年的初音未来。初音未来其实只是日本音乐软件公司CRYPTON以雅马哈集团第二代VOCALOID语音合成程序为基础开发的音源库。依托于语音合成技术以及音源库，在初音未来前后诞生了一批虚拟偶像歌手。随着技术的进一步发展，虚拟主播作为新一代虚拟偶像迅速兴起。虚拟主播的典型代表，是全球第一Vtuber“绊爱酱”。虽然“绊爱酱”反复强调自己是AI，但实际上只是带“面具”的主播——利用先进的实时演算和动作捕捉技术，加之虚拟背后的人物动作表演及同步声优配音，结合3D计算机动画人物形象，呈现在前台的便是一个生动的虚拟主播。人工智能技术在虚拟偶像打造上的真正应用以“琥珀虚颜”和“微软小冰”为代表。“琥珀虚颜”是Gowild旗下“AI虚拟生命HE琥珀”的代言人，HE琥珀以3D全息智能音箱的形式呈现，能够对用户进行信息管理、时间管理、健康管理、教育管理。“微软小冰”是微软于2014年提出建立的情感计算框架，经过多次代际升级，已逐渐发展出少女歌手、主持人、诗人等社会化角色，并有了3D可交互模型，还承担着技术赋能的任务，如为“人工智能偶像全息平台”以及国内首个国风AI虚拟偶像组合提供技术支持等。

总体来看，从技术实现视角来看，虚拟偶像是数字技术发展到一定阶段的产物。数字技术的发展进步推动着虚拟偶像市场升级迭代；在新技术支持下，

① 爱范儿. 虚拟偶像，一场二进制人造甜梦[EB/OL]. 2016.

② 人民网-动漫频道. 虚拟偶像：文化的承载与集合 娱乐文化的衍生物[EB/OL]. 2016.

虚拟偶像更加趋向网红化、大众化的运行模式，并逐渐朝着类型更丰富、模式更多元化的方向发展。早期虚拟偶像的出现与数字媒体技术的发展紧密相关。通过现代计算和通信手段综合处理文字、声音、图形、图像等信息，为偶像的形塑提供了新的可能；尤其是计算机图形技术的进步推动虚拟偶像更加立体化、生动化。以初音未来为代表的虚拟歌姬背后的核心技术是语音合成技术，即只需输入音调和歌词就可以生产由计算机合成的类似真人演唱的歌声；同时，全息投影技术为虚拟偶像从赛博空间走向线下空间创造了条件，虚拟偶像歌手借助虚拟成像举办演唱会，试图打破二次元与三次元之间的界限，以更逼真的个体形象与粉丝互动。而由于动态捕捉、实时渲染、人脸识别和人物建模等多重新技术的应用，相比于单一的歌姬式虚拟偶像，新一代虚拟偶像能够以更鲜明的“人格魅力”与粉丝进行多路径互动，也就是不仅可以精准的控制面部表情变化，做出相适应的表情应对和语音应对，还可以做到实时的唱歌、跳舞、脱口秀等才艺展示。更重要的是，虚拟偶像能承载的平台也更多，她们活跃于短视频平台和直播平台，轻松入驻粉丝的手机屏幕，实现实时互动。技术的进一步发展带来的是交互方式的变革，交互方式正在实现从传统的触摸的交互向以人工智能技术为主导的多模态的拟人交互的转变，换言之，人工智能对虚拟偶像的赋能更多体现为“赋予智能”，基于“人工智能感官系统”，让虚拟偶像真正成为具备情感和创作能力、可与人类实现无障碍互动交流的人工智能虚拟偶像。

8.3.2 文化引擎

技术，不仅持续推动着虚拟偶像样态的演进，还在深刻改造着偶像工业体系和粉丝迷群文化。数字化技术的发展跨越了时空的隔阂，人们越来越依赖计算机来传播信息、交流情感等。媒介形式的改变，不仅是信息传播方式的改变，也是文化模式的改变。以互联网为代表的新媒介的出现引爆了后现代消费主义粉丝文化的狂潮，偶像制造与消费趋向虚拟化，偶像粉丝生态的拟象化表征不断被强化。在以“丰盛”和“消费”为主要特征的现代社会，人们不再单纯满足于物品的使用价值，符号价值和形象价值的重要性日益凸显。偶像是有别于专业演员、专业歌手的独立职业，其主要工作内容是“讨人喜欢”而非“贩卖才艺”。作为文化工业的产物，现代偶像的本质是商品化的人物形象。偶像被贴上各种的“人设”标签，经营着商业化的人物设定，贩卖着粉丝喜爱的“形象”与“性格”。偶像成为一种象征，作为“粉丝”期望的“物”，被重新建构成可以获得更普遍认可的人格符码。同样，粉丝并不是全盘接受着偶像形象及其产出品的全部，而是从偶像的整体形象之中，拆解出一部分元素进行重组与再语境化。日本文化研究学者东浩纪将 20 世纪 90 年代之后日本“御宅族”的消费模式描述为由消费故事的“物语消费”向消费素材的“数据库消费”的转向。①不同场域的粉丝各取所需，即使同一个偶像在不同粉丝眼里也有不同的形象与意义。“脑补”与“二次创作”成为新生代“产消者”偶像消费的常态路径。粉丝消费着的其实是依照一定的“程序” 所制造的可供消费的偶像因子及其载体。当偶像被建构为可供制造与消费的文化符码，偶像与粉丝之间的关系其实是一种“准社会互动/准社会关系”，是一种想象性互动，是虚拟的单向社会关系。

在后现代拟像社会，缺席表现为存在，想象表现为真实，媒介营造出由被操控的符码组成的“超真实”世界。当偶像工业与粉丝文化的拟象化不断强化，虚拟偶像在数字化社会中的出现与兴起理所必然。在媒介化社会，借助现代传媒的强大力量，经过全方位的商业包装，文化工业制造出虚拟偶像，与真人偶像类似，他们迎合大众在特定时期对某种特定形象的需求，满足人们的期待和幻想。具体来说，媒介根据粉丝的喜好为虚拟偶像打造标签化身份，如“学霸”“吃货”“老干部”“女汉子”等，将虚拟偶像当作文化消费符号塑造出来；虚拟偶像作为一套完整的意义系统发挥着微型数据库的功用，粉丝从虚拟偶像身上获取“幻想素材”。同时，互联网的新型信息流动结构塑造了一种新型的准社会交往方式，在互联网空间中，虚拟偶像与粉丝展开“在场”般的互动，虚拟偶像得体地回应粉丝想象中的交往，粉丝获得“远程亲密感”。虽然虚拟偶像在现实情景下依然是“肉体缺场”，然而依托社交媒介建构的个人场域，虚拟偶像与粉丝之间相互情感接近，向以关怀、信任、理解、互动和承诺为特征的亲密关系方向发展，形成建立在网络空间的想象的亲密关系。

8.3.3 虚拟偶像的价值逻辑

判断一项事物是否真正具有市场价值与社会生命力，需要考察其是否契合产业的进化逻辑。在互联网成为基础设施的信息社会，线上网络对个体的赋能成为最显著的特征之一；一向试图对媒介娱乐工业施加影响的粉丝在信息科技的赋能下逐渐成为娱乐产业的主导力量，粉丝经济成为媒介娱乐产业的基本运营逻辑。粉丝经济的根本意义在于打破中心化的权力结构，为消费者赋权，消费者需求成为娱乐产业运作的起点与落脚点。②相比于真人偶像，虚拟偶像能够在哪些方面

① 刘子晗. 浅谈日本动漫产业“数据库”消费模式[J]. 大众文艺，2018（7）：172-173.
② 杨玲. 粉丝经济的三重面相[J]. 中国青年研究，2015（11）：12-16.

更好地满足粉丝需求，这是理解和把握虚拟偶像价值逻辑的关键所在。

1. 粉丝心理诉求：理想自我的投射与满足

作为文化消费符号的偶像，是粉丝自我投射的“镜像”。投射是从别人身上发现自己的情感、想法或愿望的心理保护机制。粉丝将自我的某种梦想、欲望、缺憾投射到偶像之上。标签化的偶像符号为各个社会阶层、各个年龄段、各种性格的受众提供了理想的生活模型。偶像在某种程度上是粉丝内心理想化的现实性外延，体现着人们在世俗人生中对完美的追求。偶像对粉丝来说是理想自我的镜像投射，也是一个安全的过渡性领域，从偶像身上粉丝获得了情感寄托。对粉丝来说，对偶像的崇拜与消费是一种以人物为核心或以特质为核心的社会依恋。粉丝和偶像之间的桥梁与纽带往往是有关偶像的各类商品或各种文本，粉丝正是在这种消费中和对偶像的幻觉里完成着一次次情感虚拟的体验，在追逐偶像的过程中实现情感的虚拟性满足。

相对于普通消费者，粉丝群体崇拜、仰慕甚至狂热地迷恋着自己所热爱的对象，并且在经济、时间和情感方面都进行超常的投入；他们不是被动地消费，而是积极、主动、创造性地通过消费来建构自己生活和存在的意义。深度参与是粉丝消费行为的重要表现，参与性是粉丝文化的首要特征。粉丝会以偶像文本为元素，挪用文本和再创文本，从中制造出属于自己的特殊意义。[①]随着互联网技术尤其是移动网络技术的迅速普及，粉丝获得了大量触手可及的媒介交流形式，粉丝在对各类偶像文本的消费、生产与认同中获得更多赋权的可能性。以参与感为精髓的“养成偶像”逐渐成为主流，粉丝试图通过时间、资金与情感的投入深度参与偶像的成长过程，使偶像按照期待的方向成长并收获成功。在养成偶像的过程中，偶像的“神性”进一步消退，粉丝获得“造物主”般的满足感与成就感。

2. 虚拟偶像优越性：值得信任的全能专属亲密偶像

相比于真人偶像，借助于人工智能实现的海量知识储备，虚拟偶像更无限趋近于理想与完美。按照市场需要制造的真人偶像，常常与实用、能力等基本品质脱节。虽然偶像的主要标准是“讨人喜欢”而非“贩卖才艺”，但当他们频繁出现于影视剧作品中或推出音乐作品，演技或是歌唱实力还是会受到诟病。然而依托多种技术手段建构的虚拟偶像可以拥有更多元的“才艺”，开展更多样的演艺活动，无限趋近于完美。借助深度学习、符号推理等，虚拟偶像可以轻松“跨界”：既可以是知识渊博的主持人也可以是风趣幽默的段子手，既可以是说唱歌手也可以是音乐剧演员……虚拟偶像还可以挑战真人偶像们难

---

① 张嫱．迷啊，谜！——传播学研究中的迷理论[J]．新闻记者，2007（6）：16-18.

以做到的工作，如户外探险直播等，在更多领域展示出可塑性。作为不受档期限制的“全栖艺人”，虚拟偶像极力汇集粉丝喜爱的元素，粉丝从“全能偶像”这里或许能获得更多补偿性的成就感和满足感。

相比于养成真人偶像，虚拟偶像给了粉丝更多的参与空间与自主权力，情感关系更加自主。当养成对象是真人偶像时，粉丝往往是以制造流量数据、集资应援等形式参与偶像成长，虽然可以为偶像向经纪公司“争取权益”、为偶像与“黑粉”战斗，但始终无法主宰偶像的成长路径。而相对而言，数字内容产业提供了即兴开放参与的可能，虚拟偶像给予了粉丝充足的权利，粉丝真正享有了文化制作权，体验了一把“我的偶像我做主”的自主式文化创造。粉丝得以深度参与内容的生产和偶像的塑造，虚拟偶像演唱的曲目可以由粉丝创作，粉丝还可以让虚拟偶像演唱自己喜爱的歌曲，甚至可以让虚拟偶像以自己喜爱的方式与对自己对话。虚拟偶像的一切行为均来自大众的创造，虚拟偶像的非唯一性和可复制性让粉丝成为偶像建构中的主体，每个人都可以制作出自己心中的虚拟偶像，每个粉丝都能够拥有专属于自己的“定制偶像”。

相比于表演人物设定的真人偶像，虚拟偶像人物设定即自我本质，是一个更“真诚”的“镜像”，情感关系更加牢靠。偶像符号作为包装设计的产物并不一定与偶像自身的人格相统一，真人偶像们其实是在扮演公众喜爱的并且能带来商业价值的角色，艺人本身的真实性格深藏于后台。但当综艺真人秀、微博、各种娱乐爆料提供了更多接近真人偶像私人空间的机会，隐藏于后台的真实性格更有可能被揭露，真人偶像们扮演的人物设定往往会在某些网络新闻的披露或突发事件的冲击之下遭到瓦解，以至“人设崩塌”成为近年来常见的舆论现象；而一旦“人设崩塌”，粉丝将会陷入情感损耗和认同危机之中。而虚拟偶像为粉丝真实呈现的就是根据粉丝喜好打造的外在形象与内在性格，不存在脱节、不存在扮演，虚拟偶像严格遵照人物设定进行着演艺活动，没有丑闻，也不会“人设崩塌”。同样作为寄托粉丝理想的符码，虚拟偶像更加纯粹，无须伪装加工的虚拟偶像在某种意义上更值得信任。

相比于遥远的真人偶像，虚拟偶像可以能够基于无处不在的网络给予多场景下的陪伴，情感关系更加亲密。媒介在通过曝光偶像的工作及其生活以适当拉近偶像与粉丝之间距离的同时，又控制着大众与偶像之间的距离。①虽然互联网为偶像和粉丝提供了建立联系与进行跨时空互动交往的空间，但微博、直播等新技术平台不但没有将偶像的“后台”展露，反而是“前台”展演的另一

① 李志雄，侯丽杰. 后现代偶像的建构与解构——以“鹿晗事件”反思当下偶像崇拜现象[J]. 传媒观察，2018（2）：31-33.

种延伸，粉丝看似已经深入偶像的衣食住行、学习、工作等私人领域，其实只不过是偶像伪装过的自我展演，粉丝与偶像之间并不是真正基于信任与理解的亲密关系。而随着万物互联智能时代的到来，无处不在的连接让人与外部界面无限融合，虚拟偶像触手可及。随着现实与虚拟界限的消弭，现实性场景不断趋向现实增强性场景，虚拟偶像可以全面嵌入人的日常生活，提供适配于时空场景与心理场景的服务。虚拟偶像在仿照真人偶像开展影视、音乐等大众演艺活动的同时，还能充当一对一陪伴式角色，叫醒、陪练、聊天等以往依靠粉丝幻想才能实现的功能在虚拟偶像身上成为可能，依据粉丝特定场景下的需求与偏好，虚拟偶像能够提供适配的交互，成为“懂粉”“宠粉”的陪伴式亲密偶像。

8.3.4 未来虚拟偶像关键技术要素

虚拟偶像虽然在满足粉丝某些需求上展示出了更大的潜能，但其独特价值的实现需要建立在技术条件相对成熟的基础上。真诚、全能、专属、亲密的虚拟偶像需要是能够实现沉浸互动的智能化人格化虚拟偶像。目前来看，虚拟现实以及人工智能等较前沿技术在虚拟偶像上的应用才刚刚起步，虚拟偶像距离价值落地和市场爆发还有若干关键技术要素。

1. 交互沉浸感：虚拟现实技术助力虚拟偶像走向线下

虚拟偶像长久以来都与二次元文化有着明显的绑定关系，无论是初音未来、洛天依，还是绊爱酱，这些最具代表性的虚拟偶像，从人物设定到作品风格大都未能跳出 ACG 文化圈。“二次元”概念强调的是动画（Animation）、漫画（Comic）、游戏（Game）的媒介特性，区别于由真人、真实事物作为拍摄对象的“三次元”电影、电视剧。“二次元”这个概念还强调 ACG 创造的世界所具有的“虚拟”“幻象”等性质。[①]中国的二次元爱好者，大多是熟练使用数字媒介的“数字原住民”（digital natives）。随着“80 后”乃至“90 后”日益成长为社会中坚力量，二次元文化的主流化已是大势所趋。虚拟偶像的主流化需要虚拟偶像打破“次元壁”，从赛博空间走向线下空间。3D 影像、虚拟现实影像、增强现实影像和全息影像等新的影像形式逐渐打破虚拟和现实的隔膜，为虚拟偶像在线下现实空间活动提供了技术可能。

但目前的技术在虚拟偶像交互沉浸感上还有较大空间。例如，由于受到成像介质的限制，目前较成熟的全息投影技术只能将虚拟影像投射到放置全息膜

① 林品．青年亚文化与官方意识形态的“双向破壁”——“二次元民族主义”的兴起[J]．探索与争鸣，2016（2）：69-72.

的区域，观众和偶像依然存在距离感；[①]主流 VR/AR 方案主要可归为双目视觉类型和光场显示类型，而双目视觉类型 VR/AR 产品会产生辐辏—调焦冲突，可能会让人有眩晕、疲劳等感觉，光场显示类型 VR/AR 产品也存在分辨率下降问题和辐辏—调焦冲突等缺点；等等。[②]要想真正打破虚拟偶像的“次元壁”，虚拟偶像在现实空间的输出是基础，实现虚拟数字与真实的物理时间之间的有效交互是关键。支撑虚拟偶像现实呈现的虚拟现实技术需要提升粉丝的沉浸感，使其身临其境地与虚拟偶像置身同一空间，给粉丝带来更加优质的感官体验，真正实现虚拟与现实、线上与线下的高连接。

2. 智能人格化：人工智能技术赋予虚拟偶像智慧与人格

所谓偶像，自然是有生命感、人格化的，能理解、能交互、有记忆、有情绪。目前的“AI 合成主播”是依托声音合成、表情合成、唇型合成，并结合语音、图像等多模态信息进行联合建模训练后，生成与真人无异的 AI 分身模型；人工智能应用大多属于机器学习——从大量数据中寻找规律，经过训练完成种种工作，依旧是一种更高效的机械。虚拟偶像需要更多人工智能技术的加持来更有人味，比之只能对固定的话语进行回应的程序，利用神经网络、深度学习、知识图谱等来自我思考行动的虚拟偶像才更贴近真实人类的姿态。

虚拟偶像需要感知智能。体感识别、图像识别、语音识别等多模态识别，让虚拟偶像可以通过多种媒介收集外界信息，更加真实地感知现实世界。区别于其他只能等待用户去唤醒的被动交互机器人，虚拟偶像能够主动与用户交互，关怀用户，更加人性化。而语音输出、动作输出等多模态输出，让虚拟偶像可以通过语音、肢体动作来表达自己的情绪。虚拟偶像还需要认知智能。虚拟偶像需要建立自己的知识图谱，实现对于自我的认知和对于用户的认知。当虚拟偶像拥有了自己的知识图谱，它就能够在与粉丝对话时展露出自己的性格特点，性格与情绪不断丰满，还能够不断补充着粉丝在交互时透露的信息，逐渐让用户画像更加圆满。知识图谱帮助虚拟偶像增强认知、理解粉丝并且建立“世界观”。运用人工智能技术，虚拟偶像不再是一组不能交互的设定，而是一个在现实世界也能与粉丝交流互动的、不断成长的 AI 虚拟生命。未来的人工智能技术就是要让虚拟偶像有更类人的性格、更像人的声音、更拟人的神态，有更好的情感识别、更好的意图表达、更好的联想能力，人工智能赋予虚拟偶像智慧与人格。

① 黄泽垚. 全息时代偶像舞台的新生——浅析全息投影技术对舞台的影响[J]. 新媒体研究，2018（22）：34-35，41.

② 何泽浩，隋晓萌，赵燕，曹良才，金国藩. 基于全息光学的虚拟现实与增强现实技术进展[J]. 科技导报，2018（9）：8-17.

8.3.5 伦理反思：人主体性的崛起与消解

人类在其自身发展历史的每一阶段始终伴随着偶像制造与崇拜。偶像制造与崇拜是人类自我认同遭遇到困难时得到的一种变通的自我认同的方式。在后现代社会，媒介和社会大众合谋制造的消费型偶像替代传统生产型偶像成为当代偶像的主角。消费型偶像是资本选择、媒体高密度宣传、受众忠实追随的结果。[①]而随着新媒介技术的赋权，受众在偶像选拔塑造中拥有更多的参与感与主宰权，偶像制造实现由“媒介创造”到“粉丝养成”的变革，偶像不再是“伟光正”代表，更像亲人、朋友或者“曾经的自己”，偶像身上的神性特质逐渐被破除。如果说前现代社会依靠“神”示在指导社会生活，现代社会依靠智者来指导社会生活，那么在后现代社会则是自己在指导社会生活。[②]在当代社会价值多元化与个体选择自由性下，虚拟偶像的兴起与发展正是媒介技术进一步赋能的表现，偶像制造与崇拜从“全民养成”迈向“全民赋能”，大众完全可以通过“自助”的方式完成偶像建构。

然而在消费主义意识形态下，在符码统治的逻辑之下，偶像变成了一种异化的文化符号，偶像崇拜成为一种娱乐和消费的游戏，物欲文化操控大众精神世界。物质实体被消解、遮蔽，转而被唯美的商品影像所取代。后现代社会计算机技术通过克隆实在和以现实的复制品消灭现实的事物使世界提前分解。媒介用拟像符号取代实在之物，创造出一个庞大的虚拟世界，个人已深深陷入符号异化的泥淖之中。在虚拟与现实之间，在物性与人性之间，在从虚拟偶像身上寻求情感寄托和精神指引时，人们逐渐模糊了事实与虚构之间的界限，也消解了作为真实人的主体性。技术幻象不断引导大众远离社会真实，置身于浅表性、暂时性的虚拟文化空间，逐渐失去人类生活的批判意识和超越维度。尤其对构成粉丝群体中坚力量的青少年来说，在心理趋于成熟但又尚未成熟的人生阶段，虚拟偶像可能更容易影响他们的价值判断，他们更容易对虚拟偶像采取一种直觉化与极端化的社会学习和依恋，也更容易在“拟态环境”中迷失自我。

当然，技术不可能以独立于伦理的态势获得发展，伦理是前沿科技发展的框架和底线，伦理的反思和引导需要一直存在于技术发展的始终。虚拟偶像也不例外。在虚拟现实、人工智能技术等关键技术要素逐渐走向成熟的同时，虚拟偶像技术设计者、生产者、消费者等技术主体不仅要考虑技术的可能性，而

① 仝青，程旦丹. 当代偶像生产机制研究[J]. 中国报业，2018（2）：22-23.

② 鲍海波. 媒介文化生产中的偶像制造与消费及其媒体责任[J]. 陕西师范大学学报（哲学社会科学版），2007（3）：122-128.

且还要考虑技术活动的目的手段以及后果的正当性。虚拟偶像适用的不仅仅是对机器人相关人类主体进行规范性约束的机器人伦理，还要考虑让人工智能机器具有伦理属性的机器伦理。无论是一般工程伦理还是作为特殊技术的伦理，以人为本都应该成为虚拟偶像伦理建构的核心——以人为主体，以人为前提，以人为动力，以人为目的。

8.4 非理性传播

8.4.1 非理性因素不等于非理性现象

18 世纪，群众登上历史舞台。政治精英看到了群众的力量，继而开始关注集群（crowd）非理性的问题。从一开始，非理性与集群中的越轨个体之间就被画上了等号——精神狂热的疯子、游走在社会边缘的渣滓罪犯，他们是非理性的化身，是具有破坏倾向的反社会分子，而集群非理性则是个体非理性之和[①]。后来，勒庞等社会心理学家发现，非理性不是固定的，而是流动的特质。任何个体都有可能在集群中失去个性和独立思考的能力，并变得好斗、轻信、易怒。他们在群体催眠、暗示、传染等传播现象的基础上，提出集群不是固定的人群，而是某种“特殊精神情景所展现的独特面貌”[②]的观点。从这个角度来说，非理性并非某一种人的专有属性，而是游荡于所有社会成员之间的一种常态，每个人都有可能在特定环境、特定时间、特定事件中表现出有悖理性计算、甚至冲动过激的行为。人人身上既有一个“文明”的自我，也有一个“原始”的自我[③]。对“非理性”的认识完成了从“患病的他者”到“脆弱的你我”的视角转变[④]。

无论在前网络时代还是网络时代，学者们从来未曾放弃对理性的追求和对重拾交往理性的信心。在塔尔德看来，集群是非理性的，是一种“没有名字的野兽”[⑤]，而公众则是理性的，是一种不基于身体上的接近，完全是精神关系

① 塞奇·莫斯科维奇．群氓的时代[M]．许列民，薛丹云，李继红，译．南京：江苏人民出版社，2003：94-98.

② Martin. The Behavior of Crowds: A Psychological Study[M]. New York:Harper, 1920: 47.

③ 约翰·麦克里兰．西方政治思想史（下册）[M]．彭淮栋，译．海口：海南出版社，2010：799.

④ 刘国强，汤志豪．去蔽勒庞：身体规制与多维的集群“非理性”[J]．湖南师范大学社会科学学报，2020，49（01）：134-144.

⑤ 加里布埃尔·塔尔德．传播与社会影响[M]．何道宽，译．北京：中国人民大学出版社，2005：214.

上的组合，因而更为独立和文明。帕克也在《群众与公众》中试图通过对集群做“群众”与“公众”的划分来回应“理性与非理性之辨”的问题——群众是易受暗示、偏执、情绪化的，而公众则是承认成员个人之间在差异和价值上的对立，是有批判力和富于理性的[①]。但是，公众与集群之间的界限并非牢不可破，理想中的理性公众也有退化成非理性集群的可能。这种理性公众与非理性集群的二分立场贯穿始终，分别指示理想的目标与堕落的现状，由此孕育非理性传播的失范框架，以及对其进行干预和纠偏的管理视角。

作为一种应用最为广泛的理性主义范式，哈贝马斯的公共领域理论也试图将非理性要素纳入讨论范围中。但是，情感的作用仅限于促进理性程序的进行，一旦公共生活变成了情感性的，那么公共性就处于危险之中。理性优于情感的价值预设，为网络舆论贴上了负能量、敌意与颠覆性的标签，而在理性范式的主导下，情感对于形塑公共领域的作用常常被忽视[②]。随着社会科学领域经历“情感转向”，以失范框架来看待非理性的视角正在受到挑战。哈贝马斯的批判者提倡多元实践，强调情感作为弱者的公共实践的价值；持认知主义的情感观的学者也主张“同情”能为理性协商提供良好的基础[③]。非理性因素不等于非理性现象，这是本研究的主要出发点和立足点。

8.4.2 非理性的四重维度

“非理性”的概念在文献中的出现频率很高，但是使用语境零散，含义也相当混杂。在对非理性的价值和意义进行论证之前，我们首先需要厘清在不同语境下“非理性”的内涵是什么，可能会对传播活动产生怎样的影响。

第一，从个体认知过程的角度来看，非理性是一种与熟思相对的信息加工机制。“理性”的词源是拉丁文“ratio”，意为人运用概念、判断和推理的能力。卡内曼（Kahneman）在《思考，快与慢》中提出人类大脑的快和慢两种思维，其中快系统就是直觉系统，依赖感情、经验和记忆的无意识快速思考，慢系统是思考系统，需要投入更多的认知资源来进行判断[④]。在这一双模型的基础上，媒介心理学者提出“动机性媒介信息处理的有限容量模型”[⑤]，来解释人们对具体媒介信息的加工效果。该模型假设人们的认知能力是一个容量有

① 埃尔斯那. 帕克的集群行为理论[J]. 国外社会学，1992（5-6）.

② 白红义. “媒介化情感”的生成与表达：基于杭州保姆纵火事件报道的个案研究[J]. 湖南师范大学社会科学学报，2018（5）：139-148.

③ Nussbaum. Upheavals of thought: The intelligence of emotions[M]. Cambridge: Cambridge University Press, 2003.

④ 丹尼尔·卡尼曼. 思考，快与慢[M]. 胡晓姣，李爱民，何梦莹，译. 北京：中信出版社，2012.

⑤ Lang, A., Limited Capacity Model of Motivated Mediated Message Processing (LC4MP)[J]. The International Encyclopedia of Media Effects. 2017: 1-9.

限的资源池，而信息加工的程度取决于人们能从池中调用的认知资源的多寡。人们之所以不能有效地处理信息，有可能是因为处理该信息所需的认知资源超过了他们所能调用的资源上限，也可能是因为他们没有足够的动机去调用所需的认知资源。在信息过载的环境中，人们不想、也无法对所有信息一一消化处理，因此依靠一些“捷思”（mental shortcuts）做出快速判断，已成为人们日常生活的常态。

第二，从人类行动类型的角度来看，非理性是一种有别于理性的动力机制。非理性元素可以分为情绪（emotion）和感情（feeling）两个层面；情绪一词来自拉丁文 e（向外）和 movere（动），有着移动、运动的意义，在心理学中指情感性反应的过程，特别是非常短暂但强烈的体验；感情（feeling）指的是情绪的主观体验，是情感性反应的内容，通常只用于指称人类的社会性高级感情[①]。忧虑、愤怒、野心、羡慕、妒忌、爱情、热情、骄傲、复仇欲、孝心、忠心和好奇心、尊敬、自我牺牲、爱国主义、对荣誉的热爱等，都属于非理性元素。需要注意的是，虽然“非理性”从构词法来看是“理性”的反面，但实际上二者只是概括了人类行为动机的不同侧面，不应被视作对立的概念。在很多情况下，人的行为不是泾渭分明地只受到理性因素或非理性因素的驱使，而是二者共同作用的结果。美国心理学家海特（Haidt）提出“骑象人”理论来解释二者的关系，即人的意识由“象”与“骑象人”组成，“骑象人”代表推理论证，而“大象”则代表情绪、直觉、下意识，它发生在理性意识之外，却实际操控着我们的大部分行为；骑象人有时可以驯服大象，但更多的时候是在服务大象[②]。

第三，从社交互动的角度来看，非理性代表一种有别于信息传递的交往机制。一些交往行为本身未必构成人类知识与观点的增量，但是能够体现、维系或强化传受双方的关系，如“吃了吗”“注意身体”“别熬夜”等话语，就其自身的信息量来说十分有限，关系价值大于资讯价值，但是这些表达所承载的关爱与亲密，才是其真正的价值所在。陪伴性媒介的发展也是基于这一逻辑：从慢节奏、无剧情的弱叙事电视节目的兴起，到网络主播陪观众打游戏、上自习、甚至是直播睡觉的陪伴性直播内容，再到以全能、专属、亲密、陪伴为主要价值属性的虚拟偶像愈发受到年轻一代的追捧，重关系轻信息、重体验轻逻辑的交往类型已成为社交互动的重要组成部分。

---

① 傅小兰. 情绪心理学（当代中国心理科学文库）[M]. 上海：华东师范大学出版社，2015.

② 乔纳森·海特. 正义之心：为什么人们总是坚持“我对你错”[M]. 杭州：浙江人民出版社，2014.

第四，从符号载体的角度来看，非理性指的是一种有别于异质性观点表达的表征机制。这种机制具体表现为传染与复制，同质性是其最突出的特征，典型的例子就是网络模因。“模因”一词是道金斯从生物学基因理论中借用的概念，用以指代人类社会中的文化传播单位，通过模仿和复制的方式在人脑间相互传染而进行传播[①]。从“王侯将相宁有种乎”“驱逐鞑虏，恢复中华”，到“We are the 99%”“Black Lives Matter”，从恶搞表情包到模仿视频，模因没有固定的形态，可以是符号、影像、叙事等多种信息样式。模因还可以彼此建立联系，产生更大的能量；诺贝尔经济学奖得主席勒用“叙事星座”（narrative constellation）来概括人们凭空创造出的经济叙事，并指出当越来越多人关注并相信某一叙事时，他们的行为就会发生共振，并最终导致了美国大萧条、比特币暴涨等重大历史事件的发生[②]。共同喊出一个口号，共同攻击一个对象，共同挥舞一个标签，共同相信一个叙事，这种同质同步的符号表征，能够迅速生成一股强大的力量，构成网络舆论的重要方面。

8.4.3 作为基础传播要素的非理性

正如李普曼所指出的，非理性其实是人类社会的常态[③]，但是将非理性作为一种基础传播要素来加以理解，则需要以传播系统的变革为起点。媒介技术的发展颠覆了传播系统的方方面面，内容生产、传播渠道、媒介效果等传播基本环节都经历了重大变革，构成了观念更新的底层逻辑。

1. 富媒化的传播渠道使非理性要素得以充分呈现

传播技术的革新大大提高了传播的表征丰富度（representational richness）和交互性（interactivity）[④]，从而使信息的形式和容量得到了极大丰富，传播活动日益朝着全通道、人性化的方向发展。

从“窄车道”到“宽车道”，信息传播渠道逐渐富媒化。表征丰富度，体现为感官通道数量的增加，即从视觉符号到听觉符号，再到融合了多重感官的AR、VR 等多种媒介形式的丰富，实现了从窄信道到宽信道的拓展。这种传播虽然仍然是有中介的，但是在构成元素上却日趋接近面对面交流，包括了被文字媒介排除在外的表情，被声音媒介排除在外的动作，以及被视频媒介排除在外的场景。媒介演进的“人性化趋势”，指的就是从信息传播到具有温度的信

① Dawkins, R.,The Selfish Gene[M]. Oxford:Oxford University Press, 2016.

② Robert Schiller, Narrative Economics: How Stories Go Viral & Drive Major Economic Events[M]. Princeton, NJ: Princeton University Press, 2019.

③ 沃尔特·李普曼. 公众舆论[M]. 阎克文，江红，译. 上海：上海人民出版社，2011.

④ Fortin and Dholakia, Interactivity and Vividness Effects on Social Presence and Involvement with a Web-based Advertisement[J]. Journal of Business Research, 2005, 58(3):387-396.

息体验的发展演变[1]。在此过程中，原本因为信道狭窄而不得不被舍弃的情感性、关系性元素得以还原重现，传播活动愈发具有人性化的特征。

从"单向车道"到"双向车道"，信息传播渠道具备了交互性。如今的社会性传播愈发呈现大众传播、群体传播、人际传播融合的趋势，一对一、一对多、多对一、多对多等多元复杂传播形态交织。而且，这种交互日益朝着实时同步的方向发展，网络视频直播便是这种实时交互性的集中体现：观众与主播的关系超乎了大众传播时代看似双向、实则单向的拟社会互动（para-social interaction）[2]，观众反馈甚至能够直接影响直播的内容，使观众参与真实的社会互动，从而形成一种相互专注的情感与关注机制，以及在当下瞬间彼此共享的现实。

2. 热媒介为以直觉、情感、经验为主要动力的说服路径的调用创造条件

在详尽分析可能性模型（Elaboration Likelihood Model）、启发—系统式模型（Heuristic-Systematic Model）等说服理论中，普遍存在两种路径，一是以直觉、情感、经验为主要动力的说服路径，二是以逻辑、推理、熟思为主要动力的说服路径。格里芬斯（Griffith）等曾经指出，技术的效果不在意见或观念的层次上发挥作用，却逐渐地改变了感官作用的比例（sense ratio）或理解的形式[3]；富媒化与交互性的媒介特性，主要通过对某种感官或感官组合的强化，实现传播场景的增强，使媒介用户的在场感大大提升，这样的媒介内容正是麦克卢汉所说的高清晰度的"热媒介"——受众不需要受众投入太多思考，相应地就更容易调用快系统进行信息的加工处理，为直觉的调用、情感的产生和经验的激发创造有利条件。

视频表达的崛起，使越来越多非逻辑、非理性因素成为社会交往和共识达成的关键。以短视频为例，大多数短视频都具有短小精悍且高度结构化的特点[4]，通常有精心设计的"看点"来吸引观众的注意力，并选取流行歌曲中最脍炙人口的片段作为背景音乐；从这个意义上来说，短视频是一种高清晰度的热媒介。在这种"沉浸式注视"中，人们将自己完全交给视频创作者所创造的节奏与氛围中，从而产生了较强的使用惯性、观看黏性与内容认可度。VR技术也是一种热媒介。在新闻报道中运用VR技术，能够使读者以第一人称视

---

① 保罗·莱文森. 数字麦克卢汉：信息化新纪元指南[M]. 何道宽，译. 北京：社会科学文献出版社，2001：73.

② Giles. Parasocial Interaction: A Review of the Literature and a Model for Future Research[J]. Media Psychology. 2002: 4(3).

③ Griffith, Seidman and Mcluhan. Understanding Media: The Extension of Man[J]. College Composition and Communication. 1968: 19(1): 69.

④ 胡泳，陈秋心. 抖音观看情境下的用户自我认识研究[J]. 新闻大学，2020（5）.

角“亲历”新闻现场，“参与”事件全程，而不再需要对着文字“脑补”画面，从而有效改变人们对新闻议题的观点。随着 5G 的普及，具备丰富层次和完整结构的长视频内容，以及配合可穿戴设备和数据传感器的 VR 技术将会得到更加广泛的普及，以全景性描绘代替选择性呈现，以沉浸代替旁观，以感染代替说理的传播效果将变得愈发普遍。

3. 微粒化信息环境为非理性要素提供了有效载体

互联网的联结特性，充分激发了个体的价值。个体作为网络节点深度参与到内容的生产与分发过程中，整个社会从传统社会以机构为社会运作的基本单位裂解到以个人为社会运作的基本单位。一个以资讯碎片化、需求碎片化、传播渠道碎片化和市场碎片化为特征的“微粒社会”由此诞生[①]。

相较于概念廓清、理论推演、事实阐述等理性要素，非理性要素与微粒化的信息环境有着更高的兼容性。在大部分社交媒体赋予个人相对有限的篇幅中，事实和逻辑往往无法施展身手而显得平淡苍白，但情感和意志却可以得到充分的体现。视频弹幕的信息容量难以形成完整连贯的对话流，因此常表现为单纯的情感抒发和模因的复制与增殖。这些微资源的价值并非体现于社会整体信息量供给的提高，而是对于社会感性要素的呈现；这些要素原本因为不被掌握传播渠道的专业人士所重视，因此在信息的生产与传播环节中被层层过滤，但微粒化的信息环境则使这些要素的符号化、表征化成为可能。

8.4.4 非理性要素的两大影响路径

在詹姆斯·凯瑞提出区分传播的仪式观（a ritual view of communication）与传播的传递观（a transmission view of communication）这一主张后，以仪式的隐喻来理解传播活动的视角得到愈发广泛的认可和接受。仪式观认为，传播是一个制造、保持、修补和转换现实的象征性过程，重要的不是我们通过传播获得了什么信息，而是通过传播我们与其他人获得了怎样的内在联系和对现实的共同理解[②]。这一观念所承袭的是杜威的实用主义，即传播是对行动的协调，是让双方参与一个共同的世界。

实际上，从涂尔干开始，社会学家就十分重视仪式在社会整合方面的作用，特别是欧文·戈夫曼，他对日常生活中的仪式展开了大量研究，并提出了“互动仪式”作为一种表达意义性的程序化活动的观点[③]。但是，这些研究仅强

① 喻国明. 技术革命主导下新闻学与传播学的学科重构与未来方向[J]. 新闻与写作，2020（7）：15-21.

② 刘海龙. 大众传播理论：范式与流派[M]. 北京：中国人民大学出版社，2008：27.

③ Goffman, E. Interaction Ritual[M]. New York:Doubleday,1967.

调了仪式的概念和仪式的社会功能，未对仪式发生作用的机制进行深入探讨，而美国心理学家兰德尔·柯林斯对互动仪式链的研究，特别是他所提出的互动仪式的两大核心机制，则为我们理解非理性要素的作用方式提供了有益参考。在“触达—认知—认同”的信息传播三环节中，认同是最后一步，也是最关键的一步，而互动仪式则是解决这一最后传播环节痛点之关键所在。

互动仪式的核心机制之一是高度的相互关注，即高度的互为主体性——互动的参与者不仅注意到他人，还注意到他人的关注点与自己的相同。这里的重点不再是关注对象具体是什么，而是参与者之间的默契与同步。全通道、强交互、高同步的媒介技术可供性，加强了行动者间关系的可识别性和可建构性，从而为拉近传受者立场、促进社会共识的关系传播打下基础。核心机制之二是高度的情感连带。情绪感染已被证实是一个社会生理学的事实：人们在葬礼上感到更悲伤，在聚会中感到欢愉，在会话节奏确立时变得更加全神贯注，其背后是启动（prime）效应在发挥作用，而这种情感协调的结果是长期感情的生成，成为维系群体交往的情感能量（emotional energy），促进群体中持续的信息交换与社交互动[①]。

相互关注与情感连带之间是相互促进的关系，集体关注提高共有情感的表达，而共有情感会反过来进一步增强集体活动和互为主体性的感受。换言之，情感共振和关系认同是相互增益的。联系中国社会的实际情况，在经历了剧烈的现代化进程后，原本依附于血缘和地缘的熟人社会开始解体，频繁流动的人口处于游离和松散状态。不同于前现代社会，人们“出生于”家庭，却需要“加入”社会阶层；一方面，身份的不断消失和获得，造成了认同感和归属感的危机，人们过着没有本体、没有根基的生活[②]，另一方面，作为个体的人拥有很少的资源，因而拥有很少的选择，因此不得不通过寻找集体的归属，来弥补个体的脆弱[③]。这也就是为什么许多传播活动所承载的信息量有限，有的与受众已有的知识结构高度重合，甚至客观来看信息的质量差强人意，但并不妨碍受众对这些信息的认同，究其原因，正是情感共振与关系认同在其中发挥了重要作用；视频媒介之所以日益取代图文媒介，成为人们优选的媒介消费对象，其中又以网络直播、视频弹幕势头最盛，正是因为这种消费行为构成了一种互动仪式，为受众提供了至关重要的情感体验和共同体身份之确认。

---

① 兰德尔·柯林斯. 互动仪式链[M]. 林聚任，王鹏，宋丽君，译. 北京：商务印书馆，2012：57-59.

② 晏辉. 现代性场域下生存焦虑的生成逻辑[J]. 探索与争鸣，2020（3）：84-92+194-195.

③ 齐格蒙特·鲍曼. 流动的现代性[M]. 欧阳景根，译. 上海：上海三联书店，2002：50.

8.4.5 主观性、情感性、体验性的未来趋势

信息论的核心观点是，信息是不确定性的消除，而作为其反面，噪音则是导致不确定性增强的一种存在。这种观点的背后是传播的传递观，即传播是一种信息的传递与位移，其传播效果以传播者的意图是否达成为标准。在这一逻辑下，大众媒体高举理性和逻辑的大旗，以展现客观事实、提供深度分析为己任，自诩公共议程的“设置者”和公共信息的“把关人”。然而，社交媒体的出现打破了媒体机构的渠道垄断，让内容生产从由少数专业人士的把持转变为非专业精英与专业人士的共舞；短视频与网络直播平台普及后，传播的门槛更是进一步降低，传播队伍实现了人类文明史以来最为多元、最大规模的扩容，进入泛众化传播时代，传播主体的变化极大地影响了内容供给的局面。

相比于新闻专业主义逻辑下强调客观性、真实性、准确性的内容生产，互联网所释放出的新兴生产力则带来了更加注重内容的主观性、情感性和体验性的内容供给。从传播的传递观来看，主观性、情感性和体验性内容干扰了信息的传播与接收，造成了信息编码的模糊与信息解码的误读，使传播者的意图无法实现，应当被归结为一种“噪声”。但是，内容生产格局发生剧变的同时，内容价值的评判标准也相应产生了变化。在人们看来，事实与逻辑固然重要，但不再是最重要的，每个人都可以按照自己的标准进行筛选采信；上述本应被视为“噪声”的内容，如今在受众的心中具备了能够消除不确定性的信息价值。立场优先于事实、感性压制理性的“后真相”就是对理性逻辑的最大颠覆，而失去了“压舱石”地位的主流媒体，仍然未能很好地理解这一变化。单纯摆事实、讲道理的内容无法“入脑入心”，要想实现有效的内容供给，需要彻底转变思路。

卡斯特曾经预言，互联网并不会带来紧密的社会网以及更平等的权利，而是会产生很多圈子，认同的力量会崛起。需要承认的是，非理性要素一方面有助于观念共同体、认同共同体、价值共同体的形成，另一方面也有可能导致偏见共同体、群体盲从等问题的出现。负面的情感暴涨虽能让我们管窥社会问题的所在，但是无助于问题的探讨和解决；高排外性的群体认同虽然能给身处其中的个体带来确定性、安全性、稳定性，却无助于鸿沟的弥合。面对这些问题，谁掌握了横向沟通与立场整合能力，谁能够将具有不同价值观念和文化属性的人凝聚在一起，谁能够创造共享的传播体验与生命体验，谁就能够占领传播高地，成为社会共识的协调者。这为主流媒体在未来传播中的发展策略指明了方向。

本章练习

名词解释

1. 媒介化/媒介化社会。
2. 非理性。
3. 虚拟偶像。

思考与练习

1. 如何理解非理性因素在当下传播中的表现和成因？
2. 请论述如何对虚拟偶像现象做伦理反思。
3. 请阐述“内容范式新维度”的内涵。
4. 请结合实际简述媒介化社会的具体表现。

阶梯阅读书目推荐

1. 尼克·库尔德利. 媒介、社会与世界：社会理论与数字媒介实践[M]. 何道宽，译. 上海：复旦大学出版社，2014.

2. 赫伯特·西蒙. 人类活动中的理性[M]. 胡怀国，冯科，译. 桂林：广西师范大学出版社，2016.

3. 凯瑟琳·海勒. 我们何以成为后人类：文学、信息科学和控制论中的虚拟身体[M]. 刘宇清，译. 北京：北京大学出版社，2017.

4. 约翰·杜翰姆·彼得斯. 对空言说：传播的观念史[M]. 邓建国，译. 上海：上海译文出版社，2017.

附录　章节导读微课列表

第 1 章 网络新媒体的本质概念	第 2 章 网络新媒体系统
第 3 章 网络新媒体用户	第 4 章 网络新媒体技术
第 5 章 网络新媒体场景	第 6 章 网络新媒体经济
第 7 章 网络新媒体治理	第 8 章 网络新媒体前沿研究
补充视频： 5G 时代的传播革命与学科重构	

